彭 加 勒

李醒民 著

2013 年・北京

图书在版编目(CIP)数据

彭加勒/李醒民著.—北京:商务印书馆,2013
ISBN 978-7-100-05368-6

I.①彭… II.①李… III.①彭加勒(1854~1912)—传记 IV.①K835.656.1

中国版本图书馆 CIP 数据核字(2009)第 115574 号

著作权所有:ⓒ东大图书股份有限公司
本书中文简体字版由东大图书股份有限公司授权商务印书馆有限公司在中国境内(台湾、香港、澳门地区除外)独家出版。
本书中文简体字版禁止用于商业用途于台湾、香港、澳门地区散布、销售。
版权所有,未经著作权所有人书面授权,禁止对本书之任何部分以电子、机械、影印、录音或其他方式复制或转载。

PÉNG JIĀ LÈ
彭 加 勒
李醒民 著

商 务 印 书 馆 出 版
(北京王府井大街36号 邮政编码 100710)
商 务 印 书 馆 发 行
北京瑞古冠中印刷厂印刷
ISBN 978-7-100-05368-6

2013 年 5 月第 1 版　　开本 880×1230　1/32
2013 年 5 月北京第 1 次印刷　印张 12¼
定价:32.00 元

新 版 序

本书以《彭加勒》繁体字版本(台北:三民书局东大图书公司,1994年第1版)为底本排印,增补了三章:第七章"猜测大自然永恒的奇迹——彭加勒的自然观",第八章"空间和时间是同一个整体——彭加勒的时空理论",第九章"揭开科学自身的面纱——彭加勒的科学观"。这三章出自《理性的沉思——论彭加勒的科学思想和哲学思想》中的第五章"彭加勒的自然观",第六章"彭加勒的时空理论",第七章"彭加勒的科学观"(沈阳:辽宁教育出版社,1992年第1版)。该书完稿于1986年,后因种种变故拖了七八年才艰难面世。关于该书经磨砺劫的过程,作者在该书最后的"作者附识"做了交代)。因此,本书由《彭加勒》繁体字版本的八章增至十一章。

《彭加勒》繁体字版本原来各章只有分节序号,此次添加了小标题。原来没有年表,此次新编了"亨利·彭加勒年表"。

增补的第七、八、九章首页原有题记语录,按《彭加勒》繁体字版本的体例,改为中国古典诗。

为保持历史原貌,《彭加勒》新版只纠正了个别字词和校对错误,对各章的内容和文字均未做改动("自序"有所删节)。

由于商务印书馆的积极支持,使本书得以顺利出版。此时此刻,作者身处北国而非江南,岁在寒秋而非阳春,有的只是香山红叶而无南国梅花,可我还是愿意引用南朝人陆凯《赠范晔》的诗句——"折花逢驿使，寄与陇头人。江南无所有，聊赠一枝春。"——借花献佛，以表达我的厚意和铭感之心。

是为新版序。

李醒民

2006年10月22日于北京西郊寒江雪屋

自　序

塞北梅花羌笛吹，
淮南桂树小山词。
请君莫奏前朝曲，
听唱新翻杨柳枝。
　　——杨柳枝词（其一）
　　　唐·刘禹锡

19 世纪末 20 世纪初，是经典科学向现代科学转变的伟大时代，这个伟大的时代造就了伟大的科学巨人和哲学巨人，朱尔·昂利·彭加勒（Jules Henri Poincaré，1854－1912）就是这个伟大时代最伟大的科学和哲学巨人之一。

彭加勒是一位卓越的数学家，是世纪之交的数学领袖；他几乎在数学中的各个领域都做了开创性的贡献，是对数学及其应用具有雄观全局能力的最后一个人；他开拓的研究方向和课题有些至今仍是数学家关注的热点。彭加勒是一位著名的天文学家，他充分发挥了他的数学才能，设计出天体力学研究的新方法，开辟了理论天文学的新纪元。彭加勒是一位第一流的物理学大师，他对经典物理学作出了重大贡献，对物理学基础有深刻而敏锐的洞察，是首屈一指的相对论的先驱。彭加勒也是一位颇有造诣的科学哲学家，他行动在当代许多科学哲学问题之先,率先表达了现代科学的哲学意向;他的经验约定论(empirio-conventionalism)富有独创和新意,既在"科学破产"的声浪中为科学的客观性、合理性、进步性谋求了地盘,又充当了现代科学诞生的助产士;他的综合科学实在论(synthetic scientific realism)厚积薄发,集思广益,又融入自己的理性的沉思,显得丰厚而圆融;他关于科学美和数学发明心理机制的论述妙语连珠、博大精深;他在哲学史上占有不可磨灭的地位:他是逻辑经验论的始祖之一,是经典科学哲学向现代科学哲学过渡的桥梁。

彭加勒就这样以其出众的才华、渊博的学识、广泛的研究、杰出的贡献和深刻的思想而遐迩闻名,赢得了上辈人、同代人和后来人的钦佩和赞誉。人们纷纷称颂彭加勒这位"本世纪初唯一留下的全才"。英国数学家西尔威斯特(J. J. Sylvester,1814—1897)在1885年谈到他对彭加勒的印象时说:"当我最近访问彭加勒时,……在他的不可遏止的非凡智力面前,我的舌头一开始就不听使唤了,直到过了些时间(可能是两三分钟),当我全神贯注地注视着他那充满青春活力的仪容时,我才找到说话的机会。"法国政治家、哲学家、航空学家和数学家保罗·潘勒韦(Paul Painlevé,1863—1933)称彭加勒是"理性科学的活跃智囊"[1]。美国著名科学史家、《伊西斯》(*Isis*)杂志创办人萨顿(G. Sarton,1884—1956)在1910年的日记中表明,他试图在大学找到职位之前,有意"成为昂利·彭加勒的学生,因为他是我们这个时代最有智慧的人物"[2]。进化论创立者达尔文的儿子、英国数学家和天文学家乔治·达尔文爵士(Sir George Darwin,1845—

---

[1] E. T. Bell,*Men of Mathematics*,Dover Publications,New York,1937,p. 554.
[2] A. 撒克里、R. K. 默顿:〈萨顿〉,《科学与哲学》(北京),1981年第1、2期合刊,第37页。

1912)在提到彭加勒对他的影响时说:"他必须被看作是起统帅作用的天才人物——或者也许可以说,他是我的守护神?"①

可是,在相当长的一段时间内,在中国和苏联学术界,却对彭加勒及其思想存在莫大的误解和曲解。在本书中,我立足于彭加勒的原著,参阅了国内外较多的文献,并通过自己独立的思考,力图勾勒出作为科学家和思想家的彭加勒,以及作为一个普通人的彭加勒的比较完整的形象,并尽可能地揭示他的内心世界和精神气质,提出一系列不同于传统观点的估价和看法。我相信,每一位了解到起码事实的读者,都会运用自己健全的理智,做出自己认为公正的判断。我也希望,本书能进一步激发读者和学术界同仁的探索兴趣和热情,启发乐于追根求源的人在此基础上进一步深思和求索,探讨一些与此有关的深层的学术问题和社会问题。

在撰写本书时,我还有一个奢望,就是想以此唤起读者和世人对"哲人科学家现象"②的关注。所谓"哲人科学家",也可称为"作为科学家的哲学家"或"科学思想家"。他们在科学发展史和人类思想发展史上是一身二任式的人物:他们主要是具有开创性科学贡献的第一流的科学家,同时也是对人类思想和文化具有深刻影响的哲学家或思想家,即集伟大的科学家和哲学家于一身。

与一般科学家和传统哲学家相比,哲人科学家有许多鲜明的特征。他们往往从小就对科学和哲学怀有浓厚的兴趣,一生喜欢沉思

---

① G. B. Halsted, Henri Poincaré, cf. H. Poincaré, *The Foundations of Science*, Authorized Translation by G. B. Halsted, The Science Press, New York and Garrison, N.Y., 1913, p. ix

② 参见李醒民:〈论作为科学家的哲学家〉,《求索》(长沙),1990 年第 5 期,第 51—57 页。

一些带有根本性的科学和哲学问题。他们不过分拘泥于一种认识论体系,善于在对立的两极保持必要的张力。他们面对科学中的现实提出问题和寻求答案,而不是不切实际地提出问题和背着沉重的哲学偏见寻求答案。他们很少自诩为哲学家,不企图构造庞大的哲学体系,但他们对问题的理解却迸发出闪光的思想火花,可以当之无愧地列入人类的思想宝库。他们都是科学的人文主义者,具有自觉的人文主义思想、精神和实践。哲人科学家的历史作用不容低估:他们是人类思想史上路标的设置者,是沟通科学和哲学的桥梁,是科学家和哲学家联盟的纽带,是科学文化和人文文化的承载者和缔造者。从超级哲人科学家彭加勒身上,我们不难看到这一切。

当前,我们正处在20世纪和21世纪之交。新的世纪之交,已经是并将继续是权力社会分崩离析、财力社会风起云涌的时代。在这个双重奏的主旋律中,也日益明显地呈露出向智力社会过渡的迹象。未来的21世纪,必将是一个财力社会向智力社会全面转变、智力社会逐渐勃兴的崭新时代。在真正的智力社会中,自然将人化,人将自然化,从而达到名副其实的"天人合一"的理想境界。同时,科学文化也将人文化,人文文化也将科学化,从而一举消除二者之间现存的藩篱和鸿沟。人将不再是被异化的单纯劳动力或眼光狭小的专门家,而是自由的、全面发展的智慧人。因此,在古老的中华大地上,从现在起就注意培养、造就并最终涌现出自己的哲人科学家,既是科技、经济和社会发展的迫切需要,也是提高民族精神素质和文化水准的长远要求,更是为了向未来的智力社会过渡和转变积蓄足够的力量。这确实是我写作本书的一个初衷。

本书的着眼点在于,试图对彭加勒整个智力生涯中的理性的沉思再作一番理性的沉思,力图发掘这位"理性科学的活跃智囊"的思想精髓，并把那些真正的精神财富置于人类思想遗产的宝库之中，作为人类文化发展的一个有机组成部分。

时下，科学的扩张在广度和深度上都大大加强了，每一门科学的分支都变得非常众多、非常狭窄、非常专门、非常深奥。对于仅有有限能力的科学家来说，要对科学的全貌（更不必说对人类的整个文化了）作大略的了解也是相当困难的，而没有这样的了解，不仅真正的科学精神会受到损害，而且也会使科学家本人丧失广阔的视野，沦为一个匠人的水平。因此，从教育上和社会导向上重视造就哲人科学家，是具有重大的现实意义和深远的历史意义的。否则，人类将会像《圣经》中的巴贝尔通天塔故事所象征的那样，被放逐到互相隔绝的、不断缩小的知识圈子内。

1993年1月于北京中关村

目 录

自序

第一章 理性科学的活跃智囊
　　——彭加勒的生平和业绩 ······················· 1
§1.1 走上生活之路 ································ 1
§1.2 世纪之交的数学全才 ························· 7
§1.3 开辟了理论天文学的新纪元 ················ 11
§1.4 理论物理学所有分支的专家 ················ 15
§1.5 名副其实的哲人科学家 ····················· 21
§1.6 自由思考、持续斗争的一生 ················ 26

第二章 "危机"是"革命的前夜"
　　——彭加勒关于物理学危机的观点 ·········· 32
§2.1 物理学危机的产生 ·························· 33
§2.2 物理学家对危机的反应 ····················· 41
§2.3 彭加勒关于物理学危机的基本观点 ········ 45
§2.4 一些广为流行的误解和曲解 ················ 52
§2.5 对《唯物主义和经验批判主义》有关论述的分析 ··· 56
§2.6 彭加勒对物理学危机为什么会有基本正确的见解？
　　·· 65

§2.7 物理学危机的实质 ……………………………………… 68
第三章 探究数学王国的根底
　　　　——彭加勒的数学哲学思想 …………………………… 73
　§3.1 数学直觉主义的先驱和倡导者…………………………… 73
　§3.2 数学中的直觉和逻辑 …………………………………… 79
　§3.3 数学归纳法是从特殊到一般的工具 …………………… 87
　§3.4 关于数学的对象、目的和本性 ………………………… 90
第四章 别树一帜的哲学创造
　　　　——彭加勒独创的经验约定论 ………………………… 93
　§4.1 彭加勒的约定论的起源………………………………… 95
　§4.2 彭加勒的约定论的内涵 ……………………………… 108
　§4.3 对一些误解的辩驳 …………………………………… 118
　§4.4 经验约定论的认识论和方法论意义 ………………… 125
第五章 丰厚圆融的哲学集成
　　　　——彭加勒独特的综合实在论……………………… 135
　§5.1 关系实在论的先驱：实在即关系……………………… 136
　§5.2 关于真理的实在观点 ………………………………… 139
　§5.3 科学观中的实在论烙印 ……………………………… 143
　§5.4 彭加勒的约定论、经验论、理性论与科学实在论 … 148
第六章 美的旋律和创造的神韵
　　　　——彭加勒对科学方法和数学发明的心理探秘……… 161
　§6.1 假设的作用、分类和内涵 …………………………… 162
　§6.2 作为理性美的科学美 ………………………………… 165
　§6.3 发明就是识别、选择………………………………… 169
　§6.4 数学发明的心理机制 ………………………………… 174

§6.5　一位准心理学家的形象 ………………………… 182

第七章　猜测大自然永恒的奇迹
　　　——彭加勒的自然观…………………………………… 187
　§7.1　对自然界的统一性和简单性的信念 …………… 187
　§7.2　偶然性和决定论 ………………………………… 192
　§7.3　自然规律因时而异吗? ………………………… 198
　§7.4　关系是我们能够得到的唯一实在 ……………… 205
　§7.5　物质和以太 ……………………………………… 208
　§7.6　力学自然观与电磁自然观 ……………………… 211

第八章　空间和时间是同一个整体
　　　——彭加勒的时空理论………………………………… 218
　§8.1　时间及其测量 …………………………………… 219
　§8.2　几何空间与知觉空间 …………………………… 225
　§8.3　空间的相对性 …………………………………… 227
　§8.4　空间为什么有三维? …………………………… 231
　§8.5　空间和经验 ……………………………………… 236

第九章　揭开科学自身的面纱
　　　——彭加勒的科学观…………………………………… 241
　§9.1　科学:它的定义、目的和规范 …………………… 241
　§9.2　科学发展的动态图像 …………………………… 246
　§9.3　科学向统一性和简单性进展 …………………… 250
　§9.4　科学理论的结构和本性 ………………………… 254
　§9.5　科学具有促进社会进步和人类文明的强大力量 … 260
　§9.6　为科学而科学 …………………………………… 266

§9.7 科学家的信仰、秉性和美德……………………… 271

第十章 学派相同而"主义"迥异
　　——马赫、彭加勒哲学思想异同论 ……………… 275
　§10.1 批判学派的两位首领:马赫和彭加勒 ………… 276
　§10.2 有关哲学见解同中有异……………………… 284
　§10.3 主导哲学思想大相径庭……………………… 290
　§10.4 彭加勒是马赫主义者吗？…………………… 295
　§10.5 最后的评论…………………………………… 315

第十一章 心有灵犀一点通
　　——彭加勒对爱因斯坦思想的影响……………… 318
　§11.1 爱因斯坦与彭加勒的思想交往 ……………… 319
　§11.2 彭加勒在认识论上对爱因斯坦的影响 ……… 330
　§11.3 彭加勒在方法论上对爱因斯坦的影响 ……… 337
　§11.4 彭加勒对爱因斯坦科学观的影响 …………… 342
　§11.5 彭加勒的几何学思想对爱因斯坦的影响 …… 347
　§11.6 一条值得注意的思想纽带…………………… 350

彭加勒年表………………………………………………… 352
主要参考书目……………………………………………… 355
索引………………………………………………………… 358
《理性的沉思》作者后记…………………………………… 370

第一章 理性科学的活跃智囊
——彭加勒的生平和业绩

> 瘦玉萧萧伊水头,
> 风宜清夜露宜秋。
> 更教仙骥旁边立,
> 尽是人间第一流。
> ——对竹思鹤
> 宋·钱惟演

§1.1 走上生活之路

1854年4月29日,昂利·彭加勒出生在法国南锡。他的祖父曾在拿破仑军队中供职,隶属于圣康坦部队医院。1817年,祖父在鲁昂定居,并结婚成家,后有两个儿子。大儿子莱昂·彭加勒(Léon Poincaré)生于1828年,他是一位第一流的生理学家兼医生、南锡医科大学教授,他因精湛的医术和高尚的医德博得了人们的尊敬和爱戴。二儿子安托万·彭加勒(Antoine Poincaré),曾升迁为国家道路桥梁部的检查官。

莱昂的妻子是一个善良、机敏、聪明的女性,她生有一子一女,儿子就是后来成为伟大科学家的昂利·彭加勒。安托万有两个儿子,一个是昂利的堂弟雷蒙·彭加勒(Raymond Poincaré, 1860 - 1934),他曾于1912年、1922年和1926年几度组阁,出任总理兼外交部长,1913年1月至1920年初,荣任法兰西第三共和国第九届总统。安托万的另一个儿子吕西安·彭加勒(Lucien Poincaré)是中等教育局局长,并在大学担任高级行政职务。昂利就是这个显赫的彭加勒家族中的成员。

据说,昂利不喜欢 Poincaré 这个姓,因为在法语中,point 是"点"的意思,而 carré 是意为"正方形"或"平方"的名词、形容词。在这位著名的数学家看来,Poincaré 意味着"点的平方",这显然是毫无意义的。可是,有人认为,carrè 是 quarré 的后缀,法国古诗中有"挥起正方形的拳头(poing quarré)……"这样的句子,Poincaré 这个姓也许由此而来。

从彭加勒家族成员的显赫名单中,人们也许会想,昂利·彭加勒可能会显示出某些行政管理才能。可是出乎预料的是,他除在童年时代和妹妹以及其他小朋友作政治游戏时做过高官外,从未表现出这方面的能耐。在这些政治游戏中,他总是秉公办事、合理待人,他的每一个伙伴都能从他的"衙门"获取应得的报偿。俗话说,从小看大,三岁看老。昂利·彭加勒后来没有像雷蒙那样成为一个显赫一时的政治家,但却是一位诚实、正直、严肃的科学家。

昂利·彭加勒的童年是不幸的。在幼儿时,他的运动神经共济官能就缺乏协调。他的两手后来虽说都能写字画图,但他的字、画都不好看。乍看起来,他也没有什么超人的天才,这可由一件趣闻佐证。当他后来被公认是他所处时代的第一流数学家时,他接受了比内(A. Binet,1857 - 1911;法国心理学家)试验,结果他被断定是一个笨人。由于在他的孩提时代,母亲把全部心血倾注到子女的教育上,所以他的智力发展较快,很早就学会了讲话。不过开始也不大顺利,他思考得很快,但迟迟找不到要说的恰当词语。

5岁时,白喉病把他折磨了整整9个月,从此留下了喉头麻痹症。这次疾病使得他长期身体虚弱、缺乏自信。他无法和小伙伴们作粗野的游戏了,只好另找娱乐。

他的主要娱乐是读书,在这个广阔的天地里,他的天资通过锻炼逐渐显露出来。当他6、7岁时,他们家的一位好朋友,初级检查员安泽兰(M. Hinzelin)经常给他介绍有关基础知识方面的书,也每每提问题让他思考,从而激发了他的强烈的求知欲。大约从7、8岁时起,他对博物学发生了兴趣,《大洪水前的地球》一书给他留下了深刻的印象。他读书速度之快令人难以置信,而且过目不忘,往往能说出哪页哪行讲了些什么。他在自己的一生中都保持着这种视觉记忆(空间记忆)能力。他的时间记忆——以不可思议的准确性回忆往事——能力也非常强。大多数的数学家通常都通过眼睛看来记忆公式和定理,彭加勒视力极差,他上课时看不到老师在黑板上写的东西,也不好记笔记,全凭耳朵听,这大大增进了他的听觉记忆能力。到后来,他在头脑中能够完成复杂的数学运算,他能够迅速地写出一篇论文而无需大改。人们对此觉得不可理解,在他看来这却是自然而然的。这种"内在的眼睛"大大有益于他的工作,因为抽象的数学研究正需要丰富的想象和敏锐的直觉。

幼年的残疾弄得他手指不大听使唤,从而妨碍了实验技巧的训练。尽管他后来教过实验物理课程,也掌握了一些实验技能,但总的说来仍比较逊色,这也是他后来主要从事理论研究的原因。有人说,假使他在实验科学方面和在理论科学方面的兴趣一样强烈的话,他也许会成为与牛顿相媲美的人。

彭加勒十分喜爱动物。他初次玩来福枪时,无意中射死了一只小鸟。他为此深感内疚,此后再也不愿摸枪支了(除在战争期间强制进行的军事训练而外)。9岁时,他写了一篇出色的作文,法文老师认为,彭加勒的作文在形式和内容方面都有独创性,它是一篇"小杰作"。这篇作文第一次表明,彭加勒将来会成为一个有出息、有成就的人。

彭加勒在初等学校的学业成绩是优秀的。但是,他并没有一天到晚趴在桌子上死啃书本,像其他孩子一样,他也乐于游戏和玩耍。他喜欢跳舞,还自编自演过一出诗剧。功课对他来说就像呼吸一样容易,他把许多时间用来娱乐和帮母亲干活。从小时候起,彭加勒就具有"心不在焉"的性格:他每每忘记吃饭,几乎从未记清他是否吃过早餐。这种性格直到成年也未改,比如离开旅馆时,他有时便稀里糊涂地把房间的台布、床单之类的小物件卷进自己的行李中。

在15岁前后,奇妙的数学紧紧地扣住了彭加勒的心弦。一开始,他就显示出终生的怪癖:当他不停地来回踱步时,那正是在聚精会神地思考数学问题。只有彻底想好了,他才把结果记在纸上。他工作时,各种外界干扰对他来说毫无影响。有一次,一位芬兰数学家长途跋涉到巴黎与彭加勒商讨问题。当女仆告诉彭加勒有客来访时,他似乎没有听到,还在继续来回踱步,整整踱了3个钟头。其实,彭加勒这种工作专注的特点是从小就养成的。勒邦(G. Le Bon,1841－1931,法国社会心理学家)谈到这一点时说:"彭加勒对数学有高度的直觉,在南锡大学附校,他的同学就为此感到震惊。……从在附校第一年起,彭加勒就有他的工作方法,他强使自己坐在学习桌旁,无论是嘈杂声还是谈话都不会扰乱他的思考。要使思想集中于一个问题,他不需要其他帮助,只要逻辑思维充满他的头脑就行了。"①

1870年,普法战争爆发,当时彭加勒才16岁。他年幼体弱,没有服兵役,可是也经受了风险。德国侵略者占领了他的家乡南锡,他在战地巡回医院协助父亲工作。后来,他和妹妹随母亲到阿兰瑟的外婆家去,他童年时代最幸福的日子就是在那里度过的。他还清楚地记得,在阿兰瑟的公园里,他曾和妹妹跟年龄相仿的表兄弟、表姐妹一块儿玩耍,同他们一起跳舞、游戏、猜字谜,他总是扮演活跃的喜剧角色,逗得他们笑得前仰后合。可是现在的阿兰瑟却距圣普里瓦战场不远,母子三人忍饥挨饿,在滴水成冰的天气里越过一个个沦为焦土的村镇。到达目的地,映入他们眼帘的只是一片残垣颓壁,侵略者的铁蹄蹂躏了美好的家园。敌人的兽行促使彭加勒终生成为一位热情的爱国主义者。但是,他从来也没有把敌国的数学和敌国军队的野蛮行径混同起来。正像他的老师埃尔米特(C. Hermite, 1822-1901, 法国数学家)没有反对高斯(C. F. Gauss, 1777-1855, 德国数学家)一样,彭加勒也从未敌视过库默(E. Kummer, 1810-1893, 德国数学家)。可是,彭加勒的堂弟雷蒙却迥然不同,每当他提起德国人时,总是伴随着憎恨的尖叫声。在战争期间,彭加勒为了听懂德国兵的交谈和阅读德文报纸,通过自学掌握了德语。

按照法国通常的习惯,彭加勒在17岁(1871年)进入专业训练之前,接受了首次学位(文学和理学学士)考试。在考数学时,他由于迟到而心神不安,连证明收敛几何级数求和公式的简单试题都做错了。由于平时成绩优秀,他还是在数学不及格的情况下通过了学位

---

① R. C. Archiband, Jules Henri Poincaré, *Bull. Am. Math. Soc.*, 22 (1915), 125-136.

考试。主考人说:"彭加勒是一个例外,若是其他任何学生,无论如何也不会被录取。"

他进入福雷斯学校学习,在没有记一页课堂笔记的情况下赢得了一次数学奖金,这使他的同学惊讶不已。他们以为彭加勒是个吊儿郎当的人,便闹了个恶作剧,哄骗他代表四年级学生参加数学竞赛,解一个十分难对付的数学题。彭加勒似乎没有怎么思考就直接写出答案,然后扬长而去。那些垂头丧气的戏弄者还在纳闷:"他究竟是怎样做出来的?"在彭加勒的整个一生中,其他人经常询问同样的问题。的确,当一个数学难题摆在他面前时,他的答案就像刚刚离弦的箭一样飞来。

1871年底,彭加勒进入巴黎综合工科学校深造。据说,在入学考试时,一位主考人得知彭加勒是"数学巨怪",故意把考试推迟了3刻钟,想用一个经过精心推敲的试题难倒他。结果,彭加勒回答得很出色,得到了最高分数。他尽管在数学上名列前茅,但体育成绩很不好,绘画则得了零分。按当时的规定,零分意味着淘汰。主考人熟知他的情况,还是破例录取了他。

彭加勒1875年从巴黎综合工科学校毕业,其时21岁。他接着到矿业学校学习,打算做一名工程师。他满怀信心地攻读工程技术课程,一有闲空就劲头十足地钻研数学,并在微分方程一般解的问题上初露锋芒。1878年,他向巴黎科学院提交了这个课题的"异乎寻常"的论文,为此于第二年8月1日得到了数学博士学位。

彭加勒并非命中注定要成为一个矿业工程师,但是在见习期间,他却表现出一个真正的工程师的勇气。在一次矿井爆炸时,他奋不顾身地冲进去营救十六个遇难的同事,为此深得矿工们的信赖。然而,这个职业与他的志趣不相投,他又想做一个职业数学家。得到博士学位后不久(12月1日),他应聘到卡昂大学做数学分析教师。两年后,他升迁到巴黎大学做教授,讲授力学和实验物理学等课程。除了在欧洲参加科学会议和1904年应邀到美国圣路易斯博览会讲演外,他一生的其余时间都是在巴黎作为法国数学界乃至世界数学界的领袖度过的。

§1.2 世纪之交的数学全才

1789年的法国大革命推翻了成为社会发展桎梏的封建制度和专制政体,促进了科学的发展,使法国在18世纪末和19世纪初取代英国,一跃而成为世界科学的中心。在这里,只需提一下拉格朗日(J. Lagrange,1736–1813)、蒙日(G. Monge,1746–1818)、拉普拉斯(P. S. Laplace,1749–1827)、傅里叶(J. B. J. Fourier,1768–1830)、柯西(A. L. Cauchy,1789–1857)等著名数学家的名字,就可想而知法国科学的盛况了。可是,由于启蒙主义在德国的活跃和以普鲁士为中心的各诸侯国的统一,德国在世界舞台上崭露头角,并后来居上,在19世纪后半期夺得了科学的主导权。尽管如此,由于彭加勒等人的继往开来,仍使法国有能力自立于世界科学之林。彭加勒被认为是19世纪最后四分之一和本世纪初期的数学主宰,并且是对数学和它的应用具有全面知识的、雄观全局的最后一位大师。要知道,当时的许多数学分支都变成了封闭的体系,它们各有其特殊的术语和专门的研究方法,要同时跨越几个领域实在不易,要做个通才,更是难上加难。可是,彭加勒就是这样的通才,人们公认他是堪与高斯相媲美的大数学家。

在彭加勒出生后的第二年,高斯就去世了。高斯是德国著名的数学家,被誉为"数学家之王"。他的研究遍及所有数学部门,也是非欧几何学的创始人之一。可以说,19世纪数学的发展一开始就在数学巨人高斯身影的覆盖之下,而后来却在同样一位数学大师彭加勒的支配之中。他们两人是最高意义上的广博的数学家,并且都在物理学和天文学上作出了重要贡献。事实上,彭加勒在数学的四个主要部门——算术、代数、几何、分析——中的成就都是开创性的。洛夫(Love)在评价彭加勒时说过:

> 他的权威现在已被公认,他能够进入所有时代最伟大的数学家行列之中,未来的几代人将不可能修改这一论断。[②]

彭加勒的首次成功是在微分方程理论方面。这项工作完成于1876年11月(论文题目是〈关于微分方程所定义的函数的性质〉),其时他只有22岁。1878年,他又完成了同一课题的又一篇论文〈自变量为任意个数的偏导数方程的积分〉,它涉及更加困难、更加普遍的问题。这篇博士论文又一次显示出彭加勒卓越的数学才能。论文评审人认为,论文是异乎寻常的,它包含着足以向几篇好论文提供材料的结果,完全值得接受。对于常微分方程的研究促使彭加勒从事超越函数新类系——自守函数——的探讨,自守函数是椭圆函数的推广。彭加勒把自己发现的一类自守函数命名为富克斯函数。克莱因(F. Klein, 1849 - 1925)倒是考虑过富克斯函数,但富克斯(L. Fuchs, 1833 - 1902)却没有考虑过,为此克莱因就优先权问题向彭

[②] H. Poincaré, *The Foundations of Science*, The Science Press, New York and Garrison, N.Y., 1913, p. xi.

加勒提出抗议。彭加勒的回答是把自己紧接着发现的一类自守函数命名为克莱因函数,因为这类函数正像有人幽默地注视到的,克莱因从来也未想到过。

1884年,彭加勒在《数学学报》前五卷发表了关于自守函数的五篇重要论文,这一划时代的发现使不到30岁的彭加勒闻名于世。从此,他一生事业的魔杖被抓住了,阿拉丁的神灯③被擦亮了。可是,当这组论文的第一篇发表时,克罗内克(L. KronecRer, 1823 – 1891,德国数学家)却警告编辑说,这篇不成熟的和隐晦的论文会把期刊扼杀掉。

自守函数的研究和微分方程定性理论的研究一样,促使彭加勒重视拓扑学。1887年,33岁的彭加勒被选入巴黎科学院,像这样年轻的新人进入科学院实属罕见。大多数数学家在签署意见时认为,彭加勒的工作成就超过了通常的赞扬,这必然使我们想起雅科毕(C. G. J. Jacobi, 1804 – 1851)描述阿贝尔(N. Abel, 1802 – 1829)的情况——他解决了在他之前未曾设想过的问题。事实上必须承认,由于椭圆函数的成功,我们正在目睹数学领域里的一次革命,这次革命在每一个方面都可以和半个世纪前出现的革命相比较。

彭加勒说过,数学家具有两种截然相反的倾向。有的人具有不断扩张版图的兴趣,在攻克某个难题后,便抛开这个问题,急着出发进行新的远征。另外的人则专心致志地围绕着这个问题,从中引出所有能够引出的结果。前者像一个乘汽车的旅行家,后者则像一个徒步游客。彭加勒本人就是这样一个在数学新版图上乘车驰骋的旅

---

③ Aladdin's lamp,阿拉丁是阿拉伯神话《天方夜谭》中寻获神灯与魔指环的青年,阿拉丁的神灯即如意神灯,此灯可使持有者百事如意。

行家。法国数学家、彭加勒的传记作家达布(G. Darboux, 1842-1917)谈到彭加勒的这一特点时说:"他一旦达到绝顶,便不走回头路。他乐于迎击困难,而把沿着既定的宽阔大道前进、肯定更容易到达终点的工作留给他人。"[4]彭加勒属于库恩(T. Kuhn, 1922-1996)所说的发散式思维的科学家,对于一个科学开拓者来说,这的确是不可或缺的素质。

就这样,彭加勒接二连三地出击,雄心勃勃地进行新的征服。他在函数论、组合拓扑学(代数拓扑学)、代数学、微分方程和积分方程理论、代数几何学、发散级数理论、数论、概率论、位势论、数学基础等方面都做出了开创性的贡献,成为后继者拓展和深究的课题,有些至今仍具有诱人的魅力。[5] 在数学研究的众多领域中,彭加勒永远走在前面。新问题等待着他,他没有时间仔细琢磨已被攻克的旧问题,他不愿把精力花在那些细枝末节的小问题上,修正、拓广他做过的东西不是他的职责。维托·沃尔泰拉(Vito Volterra)在评价彭加勒这一工作作风时说:对彭加勒而言,"整体即是一切,无所谓细节"[6]。在这方面,彭加勒与高斯迥然不同。高斯的研究成果发表的相对较少,因为他不管做什么工作,都要琢磨修饰:既要求完美,又要求他的证明达到最大限度的简明而不失严密性。关于非欧几何,他没有发表过权威性的著作。彭加勒则是一位性急而多产的科学家,他甚至说过,他从未发表过一篇既不后悔它的内容,也不后悔它的形式的论

---

[4] E. T. Bell, *Men of Mathematics*, Dover Publications, New York, 1937, p. 537.

[5] 关于这方面的内容相当艰深,一般人实在难以领悟,我们不拟在此赘述。有兴趣的读者可参阅 Jean Dieudonné, Henri Poincaré, C. C. Gillispie ed., *Dictionary of Scientific Biography*, Vol. XI, pp. 51-61.

[6] Vito Volterra, Henri Poincaré, *Rice Institute Pamphlet*, 1 (1915), 133-162.

文(这当然也有严于律己的意思)。不过,他们二人有一点是共同的:他们都没有几个学生,而且都喜欢独自一人工作。

在数学哲学和数学创造的心理学方面,彭加勒也进行了有意义的探索,发表了富有启发性的看法。彭加勒巨大的权威性、他的文体的优美,以及他打破传统的思想,使他的著作超出范围有限的数学界。有的传记作家估计,他的作品有五十万读者,创造了数学界的空前纪录。

§1.3 开辟了理论天文学的新纪元

自牛顿以来,天文学向数学家提出了许多问题。直到19世纪之前,天文学家在处理天文学问题时所用的武器实际上是牛顿(I. Newton,1642-1727)、欧拉(L. Euler,1707-1783)、拉格朗日和拉普拉斯所发明的武器的改良。但是,从19世纪开始,柯西发展了复变函数论,他本人和其他人对无穷极数收敛问题进行了研究,天文学的武库通过数学家的努力正在扩充起来。对于彭加勒来说,他很自然地想到自己的解析学,他把这种从未运用过的数学新武器用来进攻天文学。他发动的战役在当时如此地现代化,以致在40多年后,还没有几个人能够掌握他的锐利武器。

在19世纪,法国在理论物理学和其他学科方面失去了霸主地位,但在理论天文学方面仍然领先一步。彭加勒是这一光荣传统的继承人,他站在他的同胞克莱劳(A. Clairaut,1713-1765)、拉普拉斯、勒维烈(U. Le Verrier,1811-1877)这些天文学巨人的肩上,当然会看得更远一些。他的主要工作有三个方面:旋转流体的平衡形状(1885年);太阳系的稳定性,即n体问题(1899年);太阳系的起源

(1911年)⑦。

彭加勒对第一个问题的兴趣是被威廉·汤姆逊(William Thomson,即开耳芬勋爵〔Lord Kelvin〕,1824-1907)和泰特(P.G. Tait,1831-1901)的《论自然哲学》一书中的一节激起的。此外,他在讲授流体力学时,也对标准教材中关于旋转流体的处理感到不满。

彭加勒在1885年发表的长篇论文中,讨论了由雅科毕椭球体派生出来的、角动量渐增的新体系的平衡形状,这种形状后来被称为梨形。彭加勒定性地描述说:

让我们设想一个因冷却而收缩的旋转流体,但是它慢到足以保持均匀,并且在旋转时,它的所有部分都是相同的。起初,它们是十分近似的球形,逐渐变成旋转椭球,旋转椭球会越来越扁。接着在某一瞬间,它将变为三个轴不等的椭球。后来,图形将不再是椭球,而变成梨形,直到最后图形腰部越来越凹进,分裂成两个独立的、不等的物体。

彭加勒认为,这种体系演化的下一个阶段可能是一大一小彼此绕着旋转的两个天体的平衡状态,该假设肯定不能用于太阳系,某些双星必然会呈现出这样的过渡形式。后来,俄国数学家李亚普诺夫(A.M.Lyapunov,1859-1924)和英国天文学家金斯(J.Jeans,1877-1946)分别在1905年和1915年证明:梨形是不稳定的。当然,现在有些人不再相信彭加勒的梨形能在宇宙演化中起任何作用。但至今

---

⑦ S.G.布拉什:〈彭加勒和宇宙演化〉,《科学与哲学》(北京),1982年第2辑,第52-72页。

仍然有人研究，流质经过旋转不稳定后发生的分裂可能导致形成双星体系，甚至有人认为地球也是梨形，因而彭加勒处理问题的一般方法也许可能再度得势。

彭加勒在天文学上的最大成功表现在对"n体问题"的处理上，这是瑞典国王奥斯卡二世（Oscar II, 1872－1907）在1887年提出的悬赏问题。设n个质点以任意方式分布在空间中，所有质点的质量、初始运动和相互距离在给定的时刻假定都是已知的。如果它们之间按照牛顿万有引力定律相吸引，那么在任何时刻，它们的位置和运动（速度）怎样呢？对于数学天文学来说，一群星系中的每个恒星都可以视为这样的质点，于是n体问题就相当于今后天空的情况将是什么样子，假使我们有足够的观察资料描述目前天空的普遍结构的话。显然，这个天文学问题不仅具有数学特色，而且具有物理学特色。

"两体问题"（n＝2）已被牛顿圆满地解决了。著名的"三体问题"（n＝3）后来受到人们的注意，因为地球、月亮和太阳就是三体问题的典型例子。自欧拉以来，人们把它视为整个数学领域最困难的问题之一。从数学上讲，该问题归结为解九个联立微分方程组（每个都是线性二阶的）。拉格朗日成功地把这个问题加以简化，可是其解即使存在，也不能用有限个项来表示，而是一个无穷级数。如果级数在形式上满足方程组，并且对于变数的某些值收敛，那么解将存在。彭加勒在他1889年的论文中提出了一种新的、强有力的技巧，其中包括渐近展开和积分不变性，并且对微分方程在接近奇点附近的积分曲线行为做出了根本性的发现。

尽管彭加勒没有解决n体问题，但在三体问题上却获得了明显的突破，因此评审团还是把奥斯卡奖——2500瑞典克朗和金质奖章——授予他。法国政府不顾瑞典国王的阻拦，也授予彭加勒"宪兵团荣誉骑士"的称号。彭加勒在写给奥斯卡奖评审团的信中说:"你们可以告诉你们的君主,这项工作不能看作是对所提出的问题提供了完美的答案,然而它具有这样的意义:它的公布将为天体力学开创一个新时代,因此,陛下所期望的公开竞赛的结果可以认为是达到了。"

彭加勒在数学天文学方面的早期工作汇集在他的专题巨著《天体力学的新方法》(三卷本,1892、1893、1899年)中。接着该书的是1905-1910年出版的另外三卷著作《天体力学教程》,它具有更为实用的性质。稍后又有讲演集《流体质量平衡的计算》和一本历史批判著作《论宇宙假设》。

彭加勒的传记作者达布断言(他的观点受到许多人的支持):这些著作中的头一部事实上开辟了天体力学的新纪元,它可与拉普拉斯的《天体力学》和达朗贝尔(D'Alembert, 1717-1783)关于二分点岁差的工作相媲美。乔治·达尔文爵士在评论《天体力学的新方法》时说:"很可能,在即将来临的半个世纪内,一般研究人员将会从这座矿山发掘他们的宝藏。"[8]达布在评价彭加勒的这些工作时写道:

在50年间,我们生活在著名德国数学家的定理上,我们从各个角度应用并研究它们,但是没有添加任何基本的东西。正是彭加勒,第一个粉碎了这个似乎是包容一切的僵硬的理论框架,设计出展望外部世界的新窗户。[9]

彭加勒的《论宇宙假设》普遍地被这个领域的研究者看作是经典

---

⑧ 同注②,p.x。
⑨ 同注④,p.544。

的,书中对建立在拉普拉斯星云说上的模型的性质做了全面的分析和认真的尝试。这本书作为回顾太阳系起源的各种理论,即使在今天也值得一读,但是由于忽略了 20 世纪初其他天文学家提出的一些理论,因而有某些不足之处。彭加勒关于宇宙演化的观点在 19 世纪末是有代表性的:真实世界的进程是渐变的、不可逆的,不连续的变化也明显地发生,但只是在确实需要时才发生,而且不是以大变动的形式。这种观点显然与今天流行的大爆炸宇宙学格格不入。

像一个直觉主义者所作的那样,彭加勒在天文学研究中的不少工作与其说是定量的,还不如说是定性的,这种特点导致他研究拓扑学。在这方面,他发表了六篇著名的论文,使该课题起了革命性的变革。拓扑学方面的工作又转而顺利地应用到天文学的数学之中。

通过研究天文学,彭加勒深深体会到:天文学是有用的,因为它能使我们超然自立于我们自身之上;它是有用的,因为它是宏伟的;这就是我要说的。天文学向我们表明,人的躯体是何等渺小,而人的精神又是何等伟大,因为人们的理性能够包容星辰灿烂、茫无际涯的宇宙,并且享受到它的无声的和谐,在它那里人的躯体只不过是沧海之一粟而已。于是我们意识到我们的能力,这是一种花费越多收效越大的事业,由于这种意识能使我们更加坚强有力。

§1.4 理论物理学所有分支的专家

彭加勒讲授物理学达 20 年以上,他以特有的求全性和充沛的精力完成这项任务,结果使得他成为理论物理学所有分支的专家,发表了不同论题的文章和书籍达 70 种以上,其中涉及毛细管引力、弹性学、流体力学、热的传播、势论、光学、电学、磁学、电子动力学以及混沌(chaos)等,他对每个课题都有深刻的洞察,并揭示其本质。他也能敏锐地集中于一个问题,细致地考察它,善于从各个方面对它进行定性研究。他特别偏好光理论和电磁理论。彭加勒关于电磁理论的教科书,成为麦克斯韦(J.C. Maxwell, 1831-1879)理论在欧洲大陆得以广泛传播的范本。

说实在的,在物理学方面,彭加勒的运气并不怎么好。为了使他的才能得到体现,他应该晚生30年或多活20年。恰恰在经典物理学发展到它的顶峰时,他却处于精力充沛的时期;当物理学重新焕发青春——以普朗克1900年量子论的提出和爱因斯坦1905年狭义相对论论文〈论动体的电动力学〉的发表为标志——之时,他的头脑却被19世纪的经典理论所充塞,以至于在他逝世前,他几乎没有多少时间消化那些令人惊奇的新事物。尽管如此,他还是在物理学革命的三个前沿领域做出了杰出的贡献。

1. 在物质结构研究方面的贡献

1895年12月28日,伦琴(W.K. Röntgen, 1845-1923)发现了X射线,彭加勒对此感到十分振奋,他在1896年1月20日科学院的周会上展示了伦琴寄给他的X射线照片。当贝克勒尔(A.H. Becquerel, 1852-1908)问他射线从管子的哪一部分发出时,彭加勒回答说,射线似乎是从管子中与阴极相对的区域发出的,在这个区域内玻璃管变得发荧光了。彭加勒还在1月30日发表了一篇关于X射线的论文,他在论文中提出:"是否所有荧光足够强的物体,不管它们的荧光的起因如何,都既发射可见光又发射X射线呢?"尽管彭加勒的预想并不完全正确,但是它毕竟是导致贝克勒尔发现放射性的直接动因。⑩

对于世纪之交分子实在性的争论,彭加勒基本持中立态度,因为还没有确凿的实验事实证明分子是真实的。不过,他早就意识到用实验来验证分子运动论的可能性。他在 1900 年提醒大家注意古伊(L. G. Gouy,1854－1926)关于布朗(R. Brown,1773－1858)运动的有独创性的观念。他指出:"那些无规则运动的粒子比致密的网孔还要小;因此,它们可能适用于解开那团乱麻,从而使世界逆行。我们几乎能够看到麦克斯韦妖作怪呢。"⑪1904 年,他在提到运动和热在布朗运动中相互转化而毫无损失时说:"如果情况如此,为了观察世界逆行,我们不再需要麦克斯韦妖的无限敏锐的眼睛;我们的显微镜就足够了。"⑫后来,爱因斯坦(A. Einstein,1879－1955)和斯莫卢霍夫斯基(M. von Smoluchowski,1872－1917)分别于 1905 年和 1906 年给出了布朗运动的理论,导出了计算分子大小的公式。1908 年,佩兰(J. B. Perrin,1870－1942)和他的合作者通过用显微镜观察藤黄树脂微粒的布朗运动,证实了分子的实在性。彭加勒面对这一事实,坦率地承认:"长期存在的原子假设已经具有充分的可靠性","化学家的原子现在已经是一种实在了"。⑬

---

⑩ E. 赛格雷:《从 X 射线到夸克》,夏孝勇等译,上海科技文献出版社(上海),1984 年第 1 版,第 31 页。

⑪ H. Poincaré, *La Science et l'Hypothèse*, Paris:Ernest Flammarion,1920,p. 209. 彭加勒的这本《科学与假设》初版于 1902 年,我们在本书中要经常引用它,约定以 *S. H.* 代之。

⑫ H. Poincaré, *La Valeur de la Science*, Paris:Ernest Flammarion,1905,p. 184. 我们在本书中要经常引用彭加勒的这本《科学的价值》,约定以 *V. S.* 代之。

⑬ Mary Jo Nye, *Molecular Reality*, London,1972,p. 157.

2. 相对论的先驱

早在 1900 年之前,彭加勒就掌握了建立狭义相对论的一切必要材料,并在 1904 至 1905 年间找到了它的数学表示。作为相对论的先驱,他比马赫(E. Mach,1838-1916)和洛伦兹(H. A. Lorentz,1853-1928)更前进了一步。

在 1895 年,彭加勒就对当时以太漂移实验的解释表示不满,他批评洛伦兹过多地引入特设假设。他相信,用任何实验手段——力学的、光学的、电学的——都不可能检测到地球的绝对运动。他已经意识到,采取这种立场相当于在理论上提出一个普遍的物理定律:"不可能测出有重物质的绝对运动,或者更明确地说,不可能测出有重物质相对于以太的运动。人们所能提供的一切就是有重物质相对于有重物质的运动。"[⑭]1900 年,他把这个定律称为**相对运动原理**。1899 年,彭加勒在索邦所作的关于电和光的讲演中又提到这一普遍定律。第二年在巴黎的国际物理学会议上,他把相对运动原理表述为:

> 任何系统的运动必须服从同样的定律,不管它是相对于固定轴而言还是相对于做匀速直线运动的可动轴而言。(*S. H.*, p.135)

在 1902 年出版的《科学与假设》中,首次出现了**相对性原理**的说法

[⑭] C. Scribner, Henri Poincaré and the Principle of Relativity, *Am. Jour. Phys.*, 32 (1964), 672-687.

($S.H.$, p.281)。不过,相对性原理的标准表述是彭加勒 1904 年 9 月在圣路易斯讲演中做出的。他把它作为物理学六大基本原理之一提出来:

相对性原理,根据这个原理,物理现象的定律应该是相同的,不管观察者处于静止还是处于匀速直线运动。于是,我们没有、也不可能有任何手段来辨别我们是否做这样一种运动。

也就是在这次讲演中,他惊人地预见了新力学的大致图景:惯性随速度而增加,光速会变为不可逾越的极限。原来的比较简单的力学依然保持为一级近似,因为它对不太大的速度还是正确的,以致在新力学中还能够发现旧力学($V.S.$, pp.176-177)。

在 1898 年的〈时间的测量〉一文中,彭加勒不仅批判了绝对时间、绝对空间和绝对同时性的概念,而且还提出了建设性的建议:承认光速不变是一个公设,并用爱因斯坦后来使用的术语讨论了远距离的同时性的确定问题。他说:"光具有不变的速度,尤其是它的速度在一切方向上都是相同的,这是一个公设,没有这个公设,就无法测量光速。"[15]彭加勒利用两个观察者(爱因斯坦的讨论只用一个观察者)、光讯号和时钟,讨论了时钟同步和同时性的定义问题,得出了与爱因斯坦 1905 年的结论相同的结果。

1904 年后期到 1905 年中期,彭加勒给洛伦兹写了三封信,这三封信的基本思想在〈论电子动力学〉一文中得到发展。这篇论文的缩

---

[15] S. Goldberg, Henri Poincaré and Einstein's Theory of Relativity, *Am. Jour. Phys.*, 35 (1967), 934-944. 或参见 $V.S.$, p.54。

写本于 1905 年 6 月 5 日发表,全文则发表于 1906 年。他在文中第一个提出了精确的洛伦兹变换,指出该变换的群的性质。"洛伦兹变换"、"洛伦兹群"、"洛伦兹不变量"等术语,都是他首先使用的。他还得到了正确的电荷和电流密度的变换(洛伦兹得出的变换式是错的),证明了速度变换,考虑了体积元的变换,得到了电荷密度和电流的变换。这样一来,麦克斯韦-洛伦兹方程首次在洛伦兹变换下严格地变成不变量。彭加勒还导出了电磁标量势和矢量势、单位体积的力、单位电荷的力的变换,这些公式甚至在 1960 年代前后的文献中也难以找到。尤其是,彭加勒为了利用在具有确定的正度规 $x^2 + y^2 + z^2 + \tau^2$ 的四维空间中的不变量理论,还引入了四维矢量,使用了虚时间坐标($\tau = ict$)。他还揭示出洛伦兹变换恰恰是四维空间绕原点的转动。彭加勒的这一工作,对闵可夫斯基(H. Minkowski, 1864-1909)后来的四维时空表示法有直接影响。彭加勒也是第一个在他的电子动力学中研究牛顿引力定律的人,他甚至使用了"引力波"这个词。

3. 量子论的积极倡导者和热心研究者

1911 年的索尔维(E. Solvay, 1838-1922)物理学会议,使量子论越出德语国家的国界。彭加勒应邀参加了这次最高级会议,首次了解到量子论。他在很短时间内就成为量子论的积极倡导者和热心研究者。[16]

1911 年 12 月 4 日,即索尔维会议一个月之后,彭加勒向科学院

---

[16] R. McCormmach, Henri Poincaré and Quantum Theory, *ISIS*, 58 (1967), 37-55.

提交了一篇论述量子论的长篇论文的缩写本,全文于翌年1月发表。他在论文中指出,量子论的出现"无疑是自牛顿以来自然哲学所经历的最伟大、最深远的革命"。他坚持认为,旧理论不只是在能量能够连续变化的假定上是错误的,而且物理定律本性的概念也要经受根本的变革。他在论文的最后指出,人们必须寻求差分方程,对于不连续的几率函数的情况,它将起哈密顿微分方程的作用。后来,他还就量子论发表了几篇文章和讲演。他甚至猜想,任何孤立系统乃至宇宙也像粒子一样,"会突然地从一个状态跃迁到另一个状态;但是在间歇期间,它依然是不动的。宇宙保持同一状态的各个瞬时不再能够相互区分开来。因此,这将导致时间的不连续变化,即时间原子。"[17]彭加勒的工作大大推动了非德语国家的物理学家接受和研究量子论。

§1.5 名副其实的哲人科学家

彭加勒对科学和数学的哲学意义一直兴味盎然,他在早年发表的许多专业论文中,经常涉及科学哲学问题。在本世纪初,他认真总结了在科学前沿多年探索的经验,对科学的基础进行了系统的哲学反思,提出了许多有价值的、有启发意义的思想和见解。这集中体现在他于1902、1905、1908年出版的《科学与假设》、《科学的价值》、《科

---

[17] H. Poincaré, *Mathematics and Science: Last Essay*, translated by J. W. Bolduc, New York: Dover, 1963, p. 86. 这是彭加勒的第四本科学哲学著作《最后的沉思》(*Derniéres Pensées*),法文版初版于1913年。我们在本书中经常要引用这本著作,约定以 *L. S.* 代之。

学与方法》》⑱三本书中,它们既是畅销一时、至今仍富有吸引力的科学哲学著作,也是内容丰富、语言优美的科普读物。在那些年代,经常可以看到工人和店员们在巴黎的公园和咖啡馆贪婪地阅读彭加勒的通俗著作,尽管这些书籍印刷低劣、封面破旧。在法国的图书馆或阅览室,彭加勒的书都被手指翻脏了,显然有许多人借阅过。这些书被译成英、德、俄、西班牙、匈牙利、瑞典、日、中等文字,几乎传遍了整个文明世界。

由于他的文字才华,彭加勒得到了一个法国作家所能得到的最高荣誉。人们称他为"法国的散文大师",文学研究院接纳他为会员。一些妒忌心强的小说家心怀不满地散布说,彭加勒作为科学家能够获得这种独一无二的荣誉,是因为文学研究院经常要编辑权威性的法语字典,兴趣广泛的彭加勒显然能在工作中帮助文学研究院的诗人和语法学家,告诉他们自守函数是什么。但是众人却公正地认为,彭加勒已经得到的荣誉并不比他应该得到的多。勒邦在谈到彭加勒的文字才华时这样写道:

> 数学家、哲学家、诗人、艺术家的昂利·彭加勒也是一位作家。他的唯一目的是用他的全部诚意表述他的思想,并把他的

---

⑱ 彭加勒的前两本书在注⑪、⑫中已列出,第三本书是 H. Poincaré, *Science et Mèthode*, Paris: Ernest Flammarion, 1908. 我们在本书中引用的是 1922 年版的法文本,并约定以 $S.M.$ 代之。这三本书的英译合集本为前注②。商务印书馆于 1930 年、1928 年、1934 年分别出了这三本书的中译本,译者分别是叶蕴理、文元模(似据日译本转译)、郑太朴。我在 1980 年代初依据注②的英译本重新翻译了彭加勒的著作,按英译本定名为《科学的基础》,并依据法文本校对。本来,《科学的基础》的书名是很名副其实的,但《现代文化丛书》编委会或出版社为追求经济"价值",非要把书名改为《科学的价值》不可。该新中译本于 1988 年由光明日报出版社(北京)出版。

激情和崇高的热忱传达给他的读者。他以锐利的笔锋写作,因为他的见解是这样精密,他的思维是如此活跃,以致他几乎总能找到它们的完美表示。

极其流畅和变化多端的风格现在是专家的风格,当时是文豪和诗人的风格,这也是真正的法国作家蒙田(M. de Montaigne,1533 - 1592)、莫里哀(Molière, 1622 - 1673)、帕斯卡(B. Pascal, 1623 - 1662)的风格。雅致、简单、清晰、极大的简明,这种风格充满了有趣的妙语(引人发笑的俏皮话),充满了在特殊场合中的尖刻的反语。但是这些妙语对准的是荒谬的事物,而从未对准个人。彭加勒常常巧妙地使日常语言恢复活力,或者通过把它所包含的比喻延伸到结论,或者使所用的修辞手段充满独创性、新颖性和感染力。[19]

彭加勒在科学哲学上继承了马赫和赫兹(H. Hertz, 1857 - 1894)的传统,并汲取和改造了康德(I. Kant, 1724 - 1804)的一些思想,他的哲学思想显然受到数学研究的影响。约定论是彭加勒的一大哲学创造,它后来和马赫的经验论一起成为逻辑实证论兴起的哲学基础,因此彭加勒被理所当然地认为是逻辑实证论的始祖之一。尽管如此,彭加勒从未自诩为哲学家,也没有为写哲学著作而写哲学著作。他的四本哲学著作中的大部分章节,都是他的科学著作的序言、结论,或是会议讲演和学术报告,都是他的科学研究的"副产品"。由于它们是在不同时间为不同的目的而写的,因而相互之间仅有松散的联系,有时似乎还有些矛盾。但是不容置辩的是,它们透露出现

---

[19] 同注①。

代科学的哲学意向和时代的新鲜气息。

《科学与假设》分为四编十三章(后又增补一章,即〈物质的终格〉)。它们是,第一编:〈数与量〉(数学推理的本性,数学量和经验);第二编:〈空间〉(非欧几何学,空间和几何学,经验和几何学);第三编:〈力〉(经典力学,相对运动和绝对运动,能和热力学);第四编:〈自然界〉(物理学中的假设,现代物理学的理论,概率计算,光学和电学,电动力学)。

在《科学与假设》中,彭加勒坚持实验是真理的唯一源泉。从这种立场出发,他批判了经典力学的一些基本概念和原理。他强调假设在科学中不仅是必要的,而且是合理的,他把假设分为三类进行论述,并指出假设要经常经受检验和不可滥用假设。彭加勒对科学的统一性和简单性也很感兴趣。在该书中,彭加勒通过对非欧几何学和物理学中一些基本原理的分析,提出了约定论哲学。另外,彭加勒还对世纪之交物理学理论的状况进行了较全面的论述。值得注意的是,爱因斯坦在"奥林比亚科学院"时期读过《科学与假设》,该书给他以极强烈的印象。

《科学的价值》分为三编十一章。它们是,第一编:〈数学科学〉(数学中的直觉和逻辑,时间的量度,空间的概念,空间及其三维性);第二编:〈物理科学〉(解析和物理学,天文学,数学物理学的历史,数学物理学现在的危机,数学物理学的未来);第三编:〈科学的客观价值〉(科学是人为的吗?科学和实在)。

《科学的价值》引人注目的有三点。其一是关于物理学危机的论述。彭加勒通过对物理学历史和现状的考察指出,物理学已处于危机之中,这种危机是好事而不是坏事,它能加速物理学的改造,是物理学革命的前兆。其二是比较系统地阐述了他的科学观。他认为科学是一种分类方法和关系体系,科学的发展是非直线的、无止境的,科学走向统一和简单的道路,科学的基本原理具有极高的价值,并倡导"为科学而科学"。其三是明确地表白了他对某些哲学问题的看法,这些看法往往被许多人统统视为唯心主义的胡说。此外,他还就直觉在科学研究中的作用以及时空的本性等问题发表了一系列见解。

至于《科学与方法》,它由四编十四章、外加一〈总论〉组成。它们是,第一编:〈科学和科学家〉(事实的选择,数学的未来,数学创造,偶然性);第二编:〈数学推理〉(空间的相对性,数学定义和数学,数学和逻辑,新逻辑,逻辑学家的最新著作);第三编:〈新力学〉(力学和镭,力学和光学,新力学和天文学);第四编:〈天文科学〉(银河与气体理论,法国的大地测量学)。本书最精彩之处是关于科学美和创造心理学的论述。

在彭加勒逝世后的第二年,还出版了《最后的沉思》[20](1913年),这是彭加勒所希望的第四本科学哲学著作。该书是勒邦集其遗著编辑而成的,它由九个短篇组成。这些关于科学及其哲学的文章和讲演包含着彭加勒一些值得注意的见解:〈规律的进化〉一文是关于自然规律的哲学思考;〈空间和时间〉讨论了相对性问题;〈空间为什么有三维?〉对这个问题作出了新颖的解释;对数学中的〈无限的逻辑〉的分析讨论了罗素(Bertrand Russell,1872－1970)的类型理论;〈数学和逻辑〉一文分析、批判了实用主义和康托尔(Georg Cantor,1845－1918)主义对逻辑在数学中的作用的见解,提出了作者自己的看法;〈量子论〉是作者临终前不久写的一篇评述性文章,论述了量子论和

---

[20] 见注[17],该书已由我于1985年译出,由商务印书馆(北京)出版。

它的现代应用,阐述了作者的独到见解;〈物质和以太的关系〉讨论了世纪之交物理学家普遍关心的问题;最后的〈伦理学和科学〉以及〈道德联盟〉二文论述了科学和伦理学的关系,说明了科学在道德教育中的重大作用,这在其他三本科学哲学著作中还没有涉及过。

由于彭加勒长期在科学前沿从事创造性的探索和开拓性的奠基工作,因此他不得不经常对科学的哲学基础进行批判性的审查,对已取得的科学成果进行恰当的哲学解释。而且,他所研究的问题的广度和深度使得他的思考不可能限制在狭窄的专业领域,他必须去考察一个更加困难得多的问题,即分析思维的本性问题,否则他就不会前进一步。彭加勒既有"近水楼台先得月"的有利条件,又勇于求索、勤于思考、善于提炼,因此他在谈到自然观、科学观、认识论和方法论等问题时,往往鞭辟入里、深中肯綮,难怪爱因斯坦称彭加勒这位具有广阔哲学视野的科学家是"敏锐的、深刻的思想家"[21]。

§1.6 自由思考、持续斗争的一生

彭加勒认为,热爱真理是伟大的事情,追求真理应该是我们活动的唯一目标和唯一的价值。彭加勒言行一致,为追求真理,他一直奋斗到生命的最后一息。勒邦指出,在科学问题上,彭加勒唯一专注的事情就是探求真理。他不关心荣誉,不喜欢用自己的名字命名他的任何发明,直接面对面地深思真理是唯一的报偿,这在他看来是最值得努力的。他也受到强烈的正义感的支配。

---

[21] 《爱因斯坦文集》第一卷,许良英等编译,商务印书馆(北京),1976年第1版,第139页。

彭加勒富有创造力的时期是从1878年的博士论文开始的,在短暂的34年科学生涯中,他却写出了将近五百篇论文和卅本科学专著[②],这些论著囊括了数学、物理学和天文学的许多分支。当我们考虑到那些开创性工作的重重困难时,不能不钦佩他高度的创造性和坚韧不拔的毅力。由于他的杰出贡献,他赢得了法国政府所能给予的一切荣誉,也受到英国、俄国、瑞典、匈牙利等国政府的奖赏。

进入20世纪,彭加勒的声望急剧地增长。1906年,他当选为巴黎科学院主席;1908年,他被选为法兰西学院院士,这是一个法国科学家所能达到的最高地位。他是科学院唯一一位因其研究而能参加所有学科小组的成员。当时,他蜚声国际学术界,受到同行们的称颂,一些有志干一番事业的年轻人都想拜他为师。特别是在法国,他被视为大智者,越来越多地被邀请对范围更大的听众作各种主题的讲演(1910年甚至有人要求他就彗星对气候的影响加以评论)。他对这些"杂事"似乎并没有表现出不乐意,也许他觉得这是向公众普及科学知识的好机会。他在各种问题——从科学到哲学,从政治到伦理——上的见解总是直率的、明快的,被公众当作决定性的意见而接受。

在最后的四年中,除了恼人的疾病期外,彭加勒的生活总的来说是安定的、幸福的。他有一个美满的小家庭:温厚的贤妻、一个儿子和三个女儿。他喜欢他的子女,特别是当他们还是小孩子的时候。他也爱好交响乐。

可是,彭加勒既没有沉湎于小家庭的脉脉温情,更没有躺在荣誉

[②] 从1916年到1954年,在法国巴黎陆续出齐了彭加勒的十一卷全集(*Oeuvres de Henri Poincaré*)。其中包括彭加勒的重要科学论文,他对自己工作的部分叙述、达布写的传记(第二卷)以及关于他的生平和工作的诞辰100周年纪念讲演集(第十一卷)。

和地位上高枕而卧。作为一个永不满足、永远进击的学者,他忘我地向新的未知版图挺进,在生命的最后征途上,依然留下了坚实的足迹。

在1908年的罗马国际数学会议上,彭加勒因病未能宣读激动人心的讲演:〈数学物理学的未来〉。他的病是前列腺肿大,意大利的外科医生为他做了手术,这似乎可以看作是痊愈了。回到巴黎后,他像以往那样不知疲倦地工作着。但是到1911年,他觉得自己身体不适,精力减退,他说他在世上的日子不会长了。可是,他不愿放下手头的工作去休息,他头脑蕴育的新思想太多了,他不愿让它们和自己一块葬入坟墓。他也许认为,向人类传播他的思想,而不是把它们隐藏起来,是他的天赋的职责。

1911年10月30日至11月3日,彭加勒应邀参加了在布鲁塞尔召开的第一届索尔维会议,会议的中心议题是"辐射理论和量子"。在这之前不久,彭加勒对量子论是完全陌生的,通过参加会议,他变成新理论的倡导者和发展者,从而在量子论的历史上留下了光辉的一页。洛伦兹后来回忆说,彭加勒在讨论中表现出"他的思想的全部活力和洞察力,人们佩服他精力充沛地进入那些对他来说是全新的物理学问题的才干"。[23]

从布鲁塞尔返回巴黎后,奇异的量子使彭加勒难以安静下来。在生命的最后时刻里,他完全沉浸在这个奇妙的世界里,以难以置信的毅力和速度从事这项困难的研究。彭加勒向科学院提交的论文在物理学界引起很大反响。

与此同时,彭加勒还在思考一个新的数学定理,这就是把狭义三

---

[23] 同注[16]。

体问题的周期解的存在问题归结为平面的连续变换在某些条件下不动点的存在问题,这可能是分析中根据代数拓扑学所作出的存在性证明的第一个例子。他悲痛地预感到,自己没有时间和精力来证明这个定理了,于是在1911年12月9日一反通常的习惯,写信给《数学杂志》的编辑,询问是否能接受一篇未经深究和修改的专题论文。他在信中写道:

……在我有生之日,我无法解决他们了。不过,它们的最后结果能够把研究引向新的、未曾料到的路线上,在我看来,它们似乎具有十分充分的发展前途。不管它们使我遭到什么蒙骗,我仍将顺从地把它们奉献出来。……[24]

在彭加勒的这一"未完成的交响乐"发表后几个月不久,所需要的证明就由美国年轻的数学家伯克霍夫(G. D. Birkhoff, 1884-1944)给出了。在彭加勒的整个学术生涯中,他总是慷慨地把自己的新发现作为一种公共财富给予那些具有巨大才智的人,使他们能够从容地利用它们。他总是毫不迟疑地敞开他的新思想,而不介意它们是否完全成熟。对科学的发展来说,这无疑是幸事。

1912年春,彭加勒再次患病,可是他还是顽强地奋斗着。同年4月,在法国物理学会的一次讲演中,他又谈到量子论问题,要求人们不要为推翻根深蒂固的旧见解而烦恼。就在当月公开发表的一篇评述性文章中,他再次强调:把不连续性引入自然定律,这样一个非同寻常的观点能够成立。他说,尽管量子假设面临着一些困难,我们也

---

[24] 同注①。

必须拯救它,否则我们就不会有可供建筑的基础了。他对普朗克的"倒退"感到困惑,认为坚持最初的观点是比较合适的。彭加勒猜想,宇宙万物像电子一样,都应当经历量子跃迁,由于在普遍的跃迁之间的不运动状态内具有无法区分的瞬时,因此必然存在着"时间原子"。这就是逝世前三个月,彭加勒在头脑中酝酿的大胆思想。5月4日,彭加勒又在伦敦大学做了题为〈空间和时间〉的讲演。在这次讲演中,他论述了一个可检验的物理学相对性原理,之所以可检验,是因为这个原理参照近似孤立体系的经典力学。他也论证了他的引力理论,指出它与水星近日点的运动观测值不一致。他还就当前理论物理学的发展做了评价。

临终前三周,即1912年6月26日,彭加勒抱病在法国道德教育联盟成立大会上发表了最后一次公开讲演。他说:"人生就是持续的斗争。""如果我们偶尔享受到相对的宁静,那正是因为我们的先辈顽强斗争的结果。假设我们的精力、我们的警惕松懈片刻,我们就将失去先辈们为我们赢得的斗争成果。"($L.E.$, p.114)他还指出:"强求一律就是死亡,因为它对一切进步都是一扇紧闭着的大门;而且所有的强制都是毫无成果的和令人憎恶的。"($L.E.$, p.116)彭加勒本人的一生就是自由思考、持续斗争的一生。维托·沃尔泰拉中肯地评论道:"我们确信,在他的一生中,他没有片刻的休息。彭加勒永远是一个朝气蓬勃的、健全的战士,直至他的逝世。"㉕

7月9日,医生为彭加勒施行了第二次前列腺手术,手术是成功的。7月17日,他在穿衣时因栓子(堵塞血管使血管发生栓塞的物质)而十分突然地去世了。紧张的工作过早地把他虚弱多病的身体

㉕ 同注⑥。

推向了危险点,超额的负荷过早地把他引向死亡的大门,这一切似乎又是他心甘情愿的。不过,令人遗憾的是,他仅仅活了58岁,这正是他的能力的高峰时期。

在茫茫的夜空中,一颗"智多星"陨落了!这颗"智多星"发出了他所能发出的熠熠光亮,给人类带来了一线光明,即使在坠入大地时,也要把最后一道余光毫无保留地奉献出来。彭加勒的所作所为,得到了能够鉴赏他的成就的人的赞誉。据说有这样一件轶事。在第一次世界大战期间,一些英国军官问他们国家的大数学家和大哲学家罗素:"谁是当代法国最伟大的人?"罗素不假思索地回答:"彭加勒!""噢,是那个人!"这些对科学一窍不通的军官以为罗素指的是法国总统雷蒙·彭加勒,一个个兴奋得呼叫起来。当罗素得知他们呼叫的缘由时,便解释道:"我指的不是雷蒙·彭加勒,而是他的堂兄昂利·彭加勒。"

可是,彭加勒也被一些人误解,蒙受了不白之冤。长期以来,在前苏联、东欧、日本和中国大陆出版的许多书刊中,他竟被描绘成在科学史上"兴风作浪"的反面人物。当我们用事实拭去抹在他脸上的油彩和尘埃时,面对这样一位在科学前沿奋不顾身战斗的伟大战士,难道不应当做一点历史的沉思吗?

第二章 "危机"是"革命的前夜"

——彭加勒关于物理学危机的观点*

> 爆竹声中一岁除,
> 春风送暖入屠苏。
> 千门万户曈曈日,
> 总把新桃换旧符。
>
> ——元日
>
> 宋·王安石

19世纪末20世纪初,在物理学领域内,一系列新的实验事实与经典理论发生了不可调和的矛盾,暴露了经典概念之间的裂痕,从而严重地动摇了整个物理学的基础,导致了物理学危机。彭加勒在20世纪伊始第一个明确指出了物理学危机,并对它进行了全面的分析和论述。即使在今天看来,彭加勒的看法也是符合当时的历史事实和物理学发展规律的。可是,长期以来,他的基本观点却受到普遍的误解和曲解。这个问题实有澄清之必要。

---

* 本章是在我1981年完成的硕士论文〈彭加勒与物理学危机〉的基础上改写的。论文的指导教师是许良英教授,在此顺致谢忱之意。

§2.1 物理学危机的产生

1687年,牛顿出版了他的名著《自然哲学的数学原理》。牛顿在他的这部巨著中,把伽利略(G. Galilei,1564-1642)所揭示的"地上的"物体运动规律与开普勒(J. Kepler,1571-1630)所揭示的"天上的"星球运动规律统一起来,建立了牛顿力学。牛顿力学以其理论体系之完美和实用威力之强大,在人类认识自然界的历史上开创了一个新的时期。正如爱因斯坦所说:"在牛顿以前,并没有一个关于物理因果性的完整体系,能够表示经验世界的任何深刻特征。"[①]

牛顿力学的巨大成就对后来物理学家的思想和研究方向产生了决定性影响。牛顿力学被顺利地由质点推广到刚体和流体,并逐渐发展成为严密的解析形式,而且光学、热学、电磁学也于19世纪先后在牛顿力学的理论框架的基础上确立起来。现实情况使得物理学家们深信,宇宙中所发生的一切自然现象都能够用力学来描述,只要给出系统的初始条件,就可以毫无遗漏地把握过去、预见未来。这样,牛顿力学被视为科学解释的最高权威和最后标准。而且早在18世纪,就流行着想把一切都归结为力学运动的狂热。甚至到19世纪末,力学自然观在物理学家中间还处于支配地位。例如开耳芬勋爵在1884年宣称:"在我没有给一种事物建立起一个力学模型之前,我是永远也不会满足的。如果我能够成功地建立起一个模型,我就能

[①] 《爱因斯坦文集》第一卷,许良英等译,商务印书馆(北京),1976年第1版,第222页。

理解它，否则我就不能理解。"②J.J.汤姆逊(J.J. Thomson,1856 - 1940)的言论代表了一代物理学家的思想，他在1888年说："一切物理现象都能够从力学的角度来说明，这是一条公理，整个物理学就建造在这条公理之上。"③1894年，赫兹甚至在批评牛顿力学有关基本概念的著作中还坚持认为："把一切自然现象还原为简单的力学定律是物理学的课题，在这一点上，所有的物理学家都是一致的。"④

的确，自1687年以来，物理学200年间基本上是在牛顿所提出的理论框架内发展起来的，到19世纪后期，已经形成了经典物理学的严整理论体系，几乎能说明所有已知的物理现象。当时，许多物理学家踌躇满志，他们以为宇宙秘局，无有尽辟，后人只要继守先人之遗业，稍加雕饰就可以了。1880年代初，当普朗克(M. Planck,1858 - 1947)表示决心献身理论物理学时，他的老师、著名的德国实验物理学家约利(P. von Jolly,1809 - 1884)规劝他说："年轻人，你为什么要断送自己的前途呢？要知道，理论物理学已经终结，微分方程已经确立，它的解法已经制定，可供计算的只是个别特殊的情况。把自己的一生献给这一事业，值得吗？"⑤1894年，另一位未来的著名物理学家密立根(R. A. Millikan,1868 - 1953)也受到类似的忠告。当时与他同宿舍的从事社会学和政治学研究的同学告诉他，物理学"已经僵死了"、"没有搞头了"，希望他能转到社会科学这一"新颖的"、"活生生

---

② P. Duhem, *The Aim and Structure of Physical Theory*, Princeton University Press,1954,pp.71 - 72.

③ 杉山滋郎：〈19世紀末の原子論論爭と力学自然觀〉，《科学史研究》,16(1977),199 - 206.

④ H. Hertz：《ヘルツ・力学原理》，上川友好訳，東海大学出版会,1974,第15頁.

⑤ А.Ф.Йоффе,*Встречи с физиками*,Москва,1960,cc.77 - 78.

的"领域[6]。迈克耳逊(A. A. Michelson, 1852—1931)在1894年的演说中甚至公开宣称:"未来的物理学真理将不得不在小数点后第六位去寻找。"据说,这句话大概是开耳芬早先讲过的[7]。

正当物理学家怡然自得之时,一些实验事实却在他们心头暗暗地投下了阴影。1887年,迈克耳逊和莫雷(E. M. Morley, 1836—1923)通过精密的实验,发现在地球和以太之间并没有显著的相对运动,从而否定了较为流行的菲涅耳(A. J. Fresnel, 1788—1827)的静止以太说[8]。但是,静止以太说不仅为电磁理论所要求,而且也受到早先的光行差现象和菲索(A. Fizeau, 1819—1896)实验的支持。这样,作为光现象和电磁现象传播媒质的以太这一力学模型在性质上就难以自圆其说,光学和电磁学的力学基础面临动摇的危险。为了摆脱困境,斐兹杰惹(G. F. Fitzgerald, 1851—1901)和洛伦兹分别于1889年和1892年提出了收缩假设。根据这一假设,物体在运动方向的缩短恰恰抵消了地球相对以太运动时所引起的干涉条纹的位移。洛伦兹认为,这种收缩是一种真实的动力学效应。因此,物体在运动时,它的密度就会因方向而异,透明体理应显示出双折射现象。可是,瑞利勋爵(Lord Rayleigh, 1842—1919)1902年做了实验,并未发现预期的结果。

经典理论所无法解释的新的实验事实,即所谓的"反常现象"接踵而至,气体比热的实验结果也与能量均分定理发生了尖锐的冲突。

---

[6] R. A. Millikan, *Autobiography of Robert A. Millikan*, New York, Prentice-Hall, 1950, pp. 269—270.

[7] L. Badash, The Completeness of Nineteenth-Century Science, *ISIS*, 63(1972), 48—58.

[8] A. A. Michelson and E. M. Morley, On the Relative Motion of the Earth and the Luminiferous Ether, *Am. Jour. Sci.*, 34 (1887), 333—345.

19世纪中叶,玻耳兹曼(L. Bolizmann,1844-1906)和麦克斯韦提出的能量均分定理能够解释许多现象,对于常温下的一般固体和单原子气体的比热,也能给出比较满意的答案。但是对于双原子和多原子气体,实测的定压热容量与定容热容量之比显著地大于理论计算值。连吉布斯(J. W. Gibbs,1839-1903)也不得不承认:"众所周知,理论要求双原子气体每个分子有六个自由度,在我们的比热实验中,我们发现不能多于五个。的确,人们正在一个不牢靠的基础上进行建设。"[9]在19世纪最后10年,开耳芬、瑞利、彭加勒等人都对这个课题进行过细致的分析。

但是,总的说来,当时的物理学家并没有充分认识到这些实验事实的巨大意义。就连迈克耳逊本人对自己的实验结果也大失所望,他称自己的实验是一次"失败",以致放弃了原定的计划,不愿再进行长期观察了。他觉得自己的实验之所以在历史上有意义,是因为设计了一个精密的干涉仪[10]。其他人对这个实验也感到迷惑不解和郁郁不乐。洛伦兹1892年在写给瑞利的信中说:"我现在简直不知道怎样才能摆脱这个矛盾。不过我仍然相信,如果我们不得不抛弃菲涅耳的理论,……我们就根本不会有一个合适的理论了。"洛伦兹疑虑重重地问道:"在迈克耳逊先生的实验中,会存在一些迄今仍被看漏的地方吗?"[11]在相当长一段时间内,人们对气体比热的反常现象也茫然无措。瑞利这位经典理论的坚定信奉者在1900年虽然认为,

---

[9] R. J. Blin-Stoyle ed., *Turning Points in Physics*, North-Holland Publishing Company, Amsterdam, 1959, p.35.

[10] G. Holton, Einstein and Crucial Experiment, *Am. Jour. Phys.*, 37 (1969), 968-982.

[11] R. S. Shankland, Michelson-Morley Experiment, *Am. Jour. Phys.*, 32 (1964), 16-35.

人们所面临的基本困难"不仅仅与气体运动论有关,而且确切地讲,涉及一般动力学",它破坏了根据能量均分定理进行"计算的简单性"。然而,瑞利却坚持认为:"似乎所希望的东西就是避免破坏关于能量均分这一普遍结论的简单性。"[12]开耳芬 1900 年 4 月 27 日在英国皇家学会的讲演中,曾称上述两个疑难为"在热和光的动力理论上空的 19 世纪的乌云"[13]。

开耳芬毕竟把物理学的天空看得过于晴朗了。其实,当时物理学的天空并非只有"雨朵乌云",早在他讲演之前,就已经是"黑云压城城欲摧"、"山雨欲来风满楼"了!在 19 世纪末,事实上光电效应、黑体辐射、原子光谱等实验事实也接二连三地和经典物理学理论发生了严重的对立,实际情况比我们所述的还要广泛、还要深刻。

物理学危机可以说是从 1895 年之后真正开始的。特别是由于放射性的发现和研究,有力地冲击了原子不可分、质量不可变的传统物质观念,摇撼了经典物理学的基础。就连那些顽固坚持旧观点的人,也无法反对大量确凿的实验证据,至多只能抱一种走着瞧的态度。

1895 年 11 月 8 日到 12 月 28 日,伦琴在德国维尔茨堡大学实验室研究阴极射线时发现了 X 射线。这种射线具有惊人的穿透能力。伦琴断定:"X 射线和阴极射线不是一种东西,X 射线是由阴极射线引起的,是在放电装置的玻璃管壁上发生的。"[14]由于这种实验

---

[12] Lord Rayleigh,The Law of Partition of Kinetic Energy,*Phi. Mag.*,32 (1900),98-102.

[13] Lord Kelvin,Nineteenth Century Clouds Over the Dynamical Theory of Heat and Light,*Phi. Mag.*,2 (1901),1-40.

[14] W.C.Röntgen:〈新しい型の放射線について〉,物理学史研究刊行会编:《物理学古典论文丛书・放射能》,东海大学出版会,1970 年。

装置当时在欧美各国百余处都是现成的,加之 X 射线又具有奇异的性质和医疗上的价值,因此伦琴的发现不仅引起了惊讶,而且产生了轰动。美国报纸报道了这一发现的急电后,在短短的 48 小时内,至少就有 6 个 X 射线装置在各处实验室安置起来。在伦琴公布其发现的头一年内(1896 年),在世界上至少制造了 32 种不同型号的伦琴管,西方国家还接纳了一批专利。而且,以 X 射线为内容的小册子不下 50 种,论文超过 1000 篇[15]。一种新发现能够引起如此迅速而强烈的反响,在科学史上实属罕见。

  X 射线的发现,打开了一个奇妙的新世界。随后,一系列冲击经典物理学理论基础的新发现纷至沓来。贝克勒尔在彭加勒的建议下,着手研究这个课题。他于 1896 年 3 月 1 日意外地发现,放在铀盐下的没有曝光的照相底片异乎寻常地发黑。起先,他以为这是在磷光现象中产生不可见射线的寿命要比物质发出磷光寿命长的缘故,直到 5 月他才弄清楚,铀的存在是产生这种射线的主要因素。[16]

  紧接着在 1897 年,英国的 J.J.汤姆逊和荷兰的塞曼(P. Zeeman,1865－1943)各自证实了电子的存在。这年 4 月 30 日,汤姆逊在英国皇家学会宣布:阴极射线是由比原子小的带电粒子组成的。他用两种方法(量热法和电磁偏转法)测定了阴极射线的质荷比,其值远比离子的质荷比小。汤姆逊根据阴极射线的平均自由程断定,这只可能是由于阴极射线粒子的质量比普通分子的质量小得多的缘故。他明确指出:"在阴极射线中,物质以某种新的状态存在着","处

---

[15] G. Sarton, The Discovery of X-Rays, *ISIS*, 26 (1937), 349－369.

[16] L. Badash, Chance Favors the Prepared Mind: Henri Becquerel and the Discovery of Radioactivity, *Archives Internationales D'histoire des Sciences*, 18 (1965), 55－66.

于这种状态的粒子就是构成一切化学元素的材料。"[17]塞曼在洛伦兹的指导下,根据他1896年发现的塞曼效应,也于1897年报告了他的测量和计算值[18]。后来,汤姆逊采纳了斯托尼(G.J. Stoney,1826－1911)1874年提出的建议,把这种带负电的粒子命名为"电子"。

自贝克勒尔1896年的发现之后,对放射性的研究进展不大。贝克勒尔本人也认为,对铀射线的了解已比X射线还要透彻,因而没有必要开展进一步的研究[19]。1898年初,居里夫人(Marie S. Curie,1867－1934)以敏锐的眼力穿透迷雾,开辟了一个新的领域。她猜想,铀射线就是铀原子本身发射出来的;是否还有像铀一样的其他放射性元素呢？她与居里(Piérre Curie,1859－1906)合作,发现钍也具有放射性,接着又发现了放射性更强的新元素钋和镭。1879年他们还注意到,如果把钋或镭的化合物与磷光物质叠在一起,磷光物质便能持续发出微光,可是外界并没有给它提供能量。不幸,由于居里夫妇受到当时在法国流行的实证论和唯能论思潮的影响,他们不仅过于谨慎,而且事先就倾向于一种毫无结果的热力学模型。他们错误地认为,放射性物质的射气不是普通的物质,而是一种能量[20]。这就使他们在放射性本质的研究中未能取得突破。

相反,当时在加拿大工作的卢瑟福(E. Rutherford,1871－

---

[17] J.J. Thomson, Cathode Rays, *Phi. Mag.*, 44 (1897), 293－316.

[18] P. Zeeman, On the Influence of Magnetism on the Nature of the Light Emitted by a Substance, *Phi. Mag.*, 43 (1897), 226－239.

[19] L. Badash, Radioactivity before the Curies, *Am. Jour. Phys.*, 33 (1965), 128－135. 这里有一个数字很能说明问题:贝克勒尔1896年发表了七篇关于铀放射性的论文,1897年只发表了两篇,而1898年连一篇也未发表。

[20] M. Malley, The Discovery of Atomic Transmutation: Scientific Styles and Philosophies in France and Britain, *ISIS*, 70 (1979), 213－223.

1937)从1899年开始研究放射性时就认为,射气是物质的和粒子性的。他通过实验发现,铀射线是由 α 射线和 β 射线组成的。他和索迪(F. Soddy,1877-1956)在研究放射性物质的射气和淀质时,还发现了放射性变化的指数规律。从1902年9月起,他们两人先后发表了四篇论文,提出了元素嬗变理论。1903年3月,居里等人发现了镭的热效应。卢瑟福等人也在1904年2月测定了溴化镭和纯镭的热值。

元素嬗变理论的提出和镭的热效应的发现又一次引起轰动。从贝克勒尔发现放射性起到1902年10月31日止的7年时间,在英国《自然》杂志的索引中,论述放射性的文章总共才有60篇左右,在随后的两年内,同类的文章猛增到260篇。卢瑟福1904年出版的《放射性》一书,除列举了5位知名人士外,还提到了大约65个人的名字。当时,各种报纸和普及杂志也充满了报道放射性新发现的大字标题。彭加勒曾把镭誉为"当代伟大的革命家"($V.S.$, p.180)。密立根于1904年初写道:

古代炼金术家的梦想成为现实了。对于放射性元素来说,全部都缓慢而自发地嬗变为别的元素。[21]

这一系列纷至沓来的新发现不仅动摇了整个物理学大厦的基础,而且也震撼了在自然科学领域占统治地位的力学自然观,于是出现了所谓的物理学危机。当时在科学界和哲学界,有人盲目乐观,看

---

[21] R. H. Kargon, The Conservative Mode: Robert A. Millikan and Twentieth-Century Revolution in Physics, *ISIS*, 68 (1977), 509-526.

不清物理学面临的大变革形势。有人千方百计地"拯救现象",妄图把新事实强行纳入旧理论框架之内。也有人悲观失望,认为作为真理源泉、作为知识实在形式的科学破产了,与理智和理性方法极不相同的其他方法,如神秘的感觉,是合理的。

§2.2 物理学家对危机的反应

在世纪之交,物理学家对危机是如何做出反应的呢?

当时的大多数物理学家都没有觉察到物理学危机,至少是没有意识到危机的严重性。他们依然坚信经典力学的理论框架"是整个理论物理学大厦赖以建立的基础,是所有其他科学分枝赖以产生的根源"[22]。谁也没有想过,整个物理学的基础可能需要从根本上加以改造。在德国柏林,物理学家甚至认为,把每一种物理现象化归到经典力学的基础上才是现代化的方法。[23] 这些物理学家把经典的基本概念珍藏在"'绝对的东西'或'先验的东西'的珠宝箱"内,宣称它们是"根本不可改变的"。当具有革新精神的物理学家企图变革它们时,这些人"就会发出严厉的抗议,并且抱怨说,这是对最神圣遗产的革命的威胁"[24]。

英国科学界元老开耳芬没有觉察到物理学危机。他只是认为,物理学的发展不过是遇到了几个较为严重的困难而已,这些困难能

---

[22] L. Boltzmann, *Theoretical Physics and Philosophical Problems*, D. Reiclel Publishing Company, Dordrecht-Holland, Boston, U.S.A., 1974, p.146.

[23] Tetu Hirosige, The Ether Problem, the Mechanistic World-View, and the Origins of the Theory of Relativity, *Historical Studies in the Physical Science*, Annual Volume 7, Edited by R. McCormmach, 1975, pp.3-82.

[24] 同注①,第85-86页。

够通过适当的方法逐一加以解决,而无须触动整个物理学的基础。因此,他对于动摇这个基础的新实验和新理论往往持怀疑态度,甚至公开站出来反对。对于 X 射线的发现,他竟宣称这是一场"精心策划的骗局"[25]。对于镭的热效应的发现,他甚至不顾自己早年为之做过巨大贡献的热力学第二定律,硬说热能是从周围得到的。他竭力反对元素嬗变理论,理由是该理论与原子的词源(原子在希腊语中意味着不可分)相矛盾[26]。1906 年 8 月,开耳芬几乎单枪匹马地在《时代》杂志向元素嬗变理论挑战。他断言,嬗变理论是为了解释镭的性质而巧妙捏造出来的,镭产生氦并不能证明原子嬗变,因为镭原子中本来就含有氦。开耳芬不承认太阳的能源来自元素转化,他把能源归因于万有引力[27]。开耳芬始终迷恋以太的力学模型,他在逝世前的最后一次公开露面时,还宣读了一篇论述以太的文章,表示赞同"空间中每立方毫米的宇宙以太其质量为一千吨"的观点。

引起所谓"紫外灾难"的黑体辐射问题本来大大加剧了经典物理学的危机。可是,就连当时深深卷入这个问题的维恩(W. Wien,1864 - 1928)、瑞利、洛伦兹等人都没有意识到这种危机。他们力图在经典理论的框架内解决难题,因而始终找不到正确的出路。甚至连量子论的创始人普朗克当时也没有认识到这种危机。因此,他的开创性的工作不是自觉的,而是被迫的。为了从理论上推导辐射的

---

[25] T. S. Kuhn, *The Structure of Scientific Revolutions*, The University of Chicago Press, 2nd ed., 1970. p. 59.

[26] Lord Rayleigh, Some Reminiscences of Scientific Workers of the Past Generation and Their Surroundings, *The Proceedings of the Physical Society*, 48 (1936), 217 - 246.

[27] F. Cajori, *A History of Physics*, Revised Edition, The Macmillan Company, 1928, pp. 300 - 301.

经验公式,他不得不引入熵与几率的关系式和量子假设。用他自己的话来说,这不过是"孤注一掷的行动","实际上并没有对它想得太多"。当时,他恐怕根本不可能理解到自己的发现是"牛顿以来最伟大的发现之一"[28]。就这样,普朗克在迈出了关键性的一步后便开始犹豫彷徨,他怀疑自己的推导可能有某种缺陷,竭力设法把量子论与经典理论调和起来。1911年,他撤回了1900年的部分观点,认为振子只在发射电磁辐射时才是量子过程,而吸收则是连续的。到1914年,他完全收回了自己1900年的观点,认为不仅吸收,而且连发射也是连续的了。普朗克后来回忆起这件事时说:

> 我企图设法无论如何也要把作用量子纳入经典理论的范畴,结果总是枉费心血。我的这种徒劳无功的尝试持续了好多年。我的许多同事都认为这近乎是一出悲剧。[29]

普朗克造成悲剧的一个重要原因就在于,他没有明确认识到经典物理学的危机。至于维恩、瑞利,直到1905年都不同意量子概念,洛伦兹在1908年的罗马讲演中也表示难以接受普朗克的理论。

在玻耳兹曼看来,实际上存在着一种危机,但它只是哲学危机,而物理学本身不存在危机。玻耳兹曼1904年在美国圣路易斯国际会议的讲话中表示,问题在于哲学错误而不在于科学研究的不可矫正的缺点。物理学的迅猛发展清楚地表明,错误在于把研究某些普

---

[28] A.赫尔曼:《量子论初期史》,周昌忠译,商务印书馆(北京),1980年第1版,第25—29页。

[29] M. Planck, *Scientific Autobiography and Other Papers*, London, 1950, pp. 44–45.

遍特征的问题,如因果性的本质、物质和力的概念等任务托付给哲学了,而"哲学在阐明这些问题时显然是无能为力的"[①]。玻耳兹曼认为,反对哲学的斗争是使物理学获得解放的首要条件,因而他十分激烈地进行这一斗争。玻耳兹曼是一位坚定的机械唯物论者,他所反对的当然是一些与之相对立的哲学流派。当时,也有一些科学家提出了另外的观点和解决方案,例如奥斯特瓦尔德(W. Ostwald,1853-1932)宣称,物理学的发展已经面临着危机,要消除这种危机,只能借助于物质消失的哲学见解,把实体的属性让位给能量。皮尔逊(K. Pearson,1857-1936)也声称,"当前的危机实际在于","人们把物质看做是物理学的基本概念","现在似乎很显然,电必定比物质更为根本。"皮尔逊由此得出结论:"渴求给每一个概念都赋予客观性,是完全没有必要的。"[②]玻耳兹曼坚决反对唯能论和唯心论,但是他的做法没有,也不可能取得过大成效,因为作为他的战斗武器的机械唯物论也正处于深刻的危机之中。而且,他又断然否认物理学本身存在危机,这就使他无法对症下药。因此,玻耳兹曼虽然早先为经典物理学的发展做出了杰出的贡献,但是在世纪之交物理学大变革时期,他却看不到变革经典理论及其基础的必要性和紧迫性,未能对已经出现的物理学革命的形势提出有预见性的见解。

1905年之前,爱因斯坦还是一个默默无闻的年轻人,他不可能有多少言论和文章公于于世。但是,从他后来的追忆以及别人所写的有关材料中,我们可以清楚地看到,爱因斯坦在世纪之交对物理学

[①] E. Bellon, *A World of Paper*, *Studies on the Second Scientific Revolution*, The MIT Press, 1980, pp. 104-105.

[②] K. Pearson, *The Grammar of Science*, Third Edition, London, 1911, pp. 356-357.

危机具有深邃的洞察和独到的见解。在前人的实验和研究工作的基础上,爱因斯坦看到物理学危机表现在两个基本方面。其一是,力学和电动力学两种理论体系之间严重不协调。在这方面,他认为消除危机的出路是:摆脱居统治地位的教条式的顽固,摒弃绝对空间和绝对时间观念,就能为整个物理学找到一个可靠的新基础。其二是,普朗克对热辐射的研究而突然使人意识到危机的严重性。"这就好像地基从下面给挖掉了,无论在什么地方也看不到能够进行建筑的坚实基础了。"[①]值得注意的是,爱因斯坦透过一些实验事实与旧理论的矛盾,进一步察觉到经典物理学理论基础,即其基本概念和基本关系的危机。因此,他渐渐对那种"根据已知事实用构造性的努力去发现真实定律的可能性感到绝望了",他确信"只有发现一个普遍的形式原理,才能使我们得到可靠的结果"[②]。由于爱因斯坦对物理学危机和摆脱危机的出路具有真知灼见,因此他能够以破竹之势,于1905年一举在上述两方面取得划时代的突然,全面打开了物理学革命的新局面,使物理学有可能消除危机。

§2.3 彭加勒关于物理学危机的基本观点

与几乎所有老一辈的物理学家不同,彭加勒在物理学新实验与旧理论尖锐冲突的时期,敏锐地觉察到物理学危机。他在20世纪头几年出版的3本科学哲学著作中,都或多或少地涉及这个问题。尤其是1904年9月24日,他在美国圣路易斯国际技艺和科学会议上,

---

[①] P. A. Schilpp, *Albert Einstein: Philosopher-Scientist*, Tuder Company, New York,1949,p.45.

[②] 同注①,第23页。

做了题为〈数学物理学的现状和未来〉的讲演,更为明确、更为系统、更为深刻地论述了物理学危机。这篇讲演后来收入《科学的价值》中,成为该书的第七、八、九章($V.S.$, pp.170-211)。

彭加勒在《科学的价值》中这样写道:数学物理学

> 存在着严重危机的迹象。($V.S.$, p.171)
> 不仅能量守恒定律成问题,而且所有其他的原理也同样遭到危险,正如在它们相继受到审查时我们将要看的那样。($V.S.$, p.180)

在〈数学物理学当前的危机〉一章($V.S.$, pp.180-199)中,彭加勒列举并分析了新的实验事实与经典物理学五个基本原理的矛盾。他指出,卡诺(S. Carnot,1796-1832)原理,或能的退降原理告诉我们,运动能因摩擦而转化为热,热却不能全部转化为运动。但是,古伊通过深入研究布朗运动发现,微粒愈小,运动愈活泼,并且该运动不依赖于外部能源而能永无休止地进行下去。在布朗运动中,运动因摩擦而转化为热,反之热也能毫无损失地转化为运动。"这与卡诺原理相反",该原理"已眼看着处于危机之中"。相对性原理虽然受到电磁理论的冲击,但它"已为日常经验所证实",并且"以一种不可抗拒的方式印进人们健全的感觉中,而现在却受到了非难"。因为迈克耳逊实验虽然支持相对性原理,但是洛伦兹为了调和该原理与电动力学的矛盾,提出的当地时间和长度收缩等辅助假设也难以解释其他实验事实。按照电子论,两个电子之间的作用只能以有限的速率传播,不可能同时进行,因此牛顿原理,或作用与反作用原理也遇到"同样的困难"。由于亚伯拉罕(M. Abraham,1875-1922)的计算和考夫曼（W. Kaufmann, 1871－1947）的实验，拉瓦锡（A. L. Lavoisier, 1743－1794）原理，或质量守恒原理也"失去其正确性"。考夫曼的实验结果"如果确定，就会产生全新的力学"。迈尔（J. R. von Mayer, 1814－1878）原理，或能量守恒原理也与镭源源不断地放出能量这一事实相违背。拉姆塞（W. Ramsay, 1852－1916）力求证明，镭虽然储藏有大量的能，却也不是无穷无尽的。由于镭嬗变的耗尽期需1250年，因此，尽管迈尔原理"似乎更为牢固"，但在"等待此日到来之时，我们的疑虑依然存在。"

彭加勒的上述分析大体反映了当时物理学所面临的严峻形势，说明物理学的基本原理需要重新受到实验的审查和裁决。固然，用今天的科学观点来衡量，他的分析不见得完全妥当，而且遣词用语也并非都是十分确切的。但是，彭加勒的论述并不像有人说的那样，"完全是别有用心的歪曲"[34]，"把自然科学革命污蔑为'危机'"[35]。其原因主要在于，当时的物理学界对这些问题还没有合理的答案。例如，对于镭持续放出热量而质量并未觉察出有什么变化的现象，许多物理学家都迷惑不解，这似乎与能量守恒原理不相容。彭加勒对质量守恒原理的怀疑也出自实验事实。考夫曼在1901年测定镭射气的荷质比时发现，由于射气的速度接近光速，其表观质量比真实质量显著变大。1902年，考夫曼采纳了亚伯拉罕刚性球电子假设，他用实验证明：电子的质量完全是电磁质量，其力学质量为零。更为重要的是，考夫曼得到了电子的质量依赖于速度的证据（考夫曼的计算有

---

[34] 柳树滋、邢润川：《现代物理学的革命和两条哲学路线的斗争》，人民出版社（北京），1977年第1版，第28页。

[35] 编写组：《〈唯物主义和经验批判主义〉提要和注释》，人民出版社（北京），1978年第1版，第127页。

错误,1908年有人指出了这一点)。爱因斯坦在1905年写的一篇论文中提出了质能关系式,并且指出物体的质量是它所含能量的量度。但是,彭加勒当时还不可能知道这些论断,而且这些论断也未立即得到实验证实。这样,彭加勒从已知的事实出发,对这两个原理提出质疑,本身是十分自然的,谈不上"别有用心"和"污蔑"。

正由于彭加勒看到了旧原理的危机,因此他迫切地感到,物理学"有必要重新建设"($V.S.$,p.209)。但是他告诫人们:"没有必要因此而得出结论说,科学编织的是珀涅罗珀之网㊱,它只能以短命的结构出现,这种结构不久便不得不被科学自身之手彻底加以拆毁。"($V.S.$,p.209)彭加勒反复强调下述观点:科学是有继承性的,新原理的出现并未全盘否定旧原理,旧原理不仅有其历史价值,而且在有效适用范围内还有其实用价值。彭加勒写道:

> 科学的进步似乎使得过去牢固建立起来的,甚至被视为基本的原理处于危险之中。可是,没有什么证据表明它们是不可挽救的。即使它们不能原封不动地存在,但也能够经过修正而继续有效。

由于科学日新月异地发展,其面目已经大为改观,"以至于一般人已无法辨认了,但是在行家看来,总是能够追寻到数世纪之前工作的踪迹"。彭加勒断言:"旧原理为新原理之祖,旧原理的发现者并非劳而

㊱ A Penelope's web. 在希腊神话中,珀涅罗珀是奥德修斯(Odysseus)忠贞的妻子。奥德修斯外出20年未归,珀涅罗珀相信他一定会回来。在这一期间,为了谢绝求婚者,她推辞说要给奥德修斯的父亲织寿衣(珀涅罗珀之网),待织成之后,才能做出改嫁的决定。为了拖延时间,她白天忙着织网,晚上又把白天织成的东西拆掉。

无功。"(V.S.,p.8)"在今日的科学之中,我们还能够看到父辈们所描绘出的梗概的一般特性。"(V.S.,p.179)正因为旧原理"还是有用的",所以彭加勒指出:"应该有必要为它们保留一席之地。假若要完全排除它们,就会使我们失去宝贵的武器。"(V.S.,p.210)因此,说彭加勒"否认、怀疑物理学旧原理的客观价值"[37],显然是没有根据的。

长期以来,学术界流行着这样一种看法:彭加勒提出物理学危机,就意味着他断言"科学本身崩溃了,科学原理崩溃了","自然科学家坚信不移的全部真理也毁灭了"[38]。实际情况正好相反,彭加勒曾针锋相对地批判了上述错误观点。彭加勒这样写道:

外行人看到科学理论并非一贯正确而惊恐万状,在经过一些年代的繁荣兴旺之后,他们看到这些理论一个接一个地被抛弃了,他们看到残垣颓壁,层层废墟。他们预见,今天风靡一时的理论不久将不得不走向它们的反面,因此他们断言,这些理论是绝对无用的。这一切就是他们所谓的科学破产。

彭加勒接着一针见血地指出:"他们的这种怀疑论是肤浅的,他们全然没有考虑到科学理论的目的和作用。要不然他们就会明白,这些废墟也许还有某些用处。"(S.H.,p.189)在1903年,彭加勒在巴黎理工学校校友会发表讲演时更是一针见血地指出:"科学并没有破

---

[37] 人大注释组编:《〈唯物主义和经验批判主义〉简释》,中国人民大学出版社(北京),1962年第1版,第121页。

[38] Б.М.凯德洛夫:〈列宁《唯物主义和经验批判主义》一书和现代科学〉,《自然辩证法研究通讯》(北京),1960年第1期。

产,破产的是我们自己。""在我们周围经常反复出现的绝望的哀叹声是极其靠不住的,尽管如此,它还是一种灾难。"[39]

彭加勒也不像有人所想象的那样,在"哀叹"物理学危机的到来[40]。事实上,彭加勒认为,物理学危机并非凶兆,而是吉兆,它表明物理学变革的时机已经成熟。这种看法在当时实在是十分难能可贵的。为了消除人们不必要的忧虑,彭加勒指出,物理学危机预示着"一种行将到来的变革"。他劝告大家,尽管危机是严重的,"然而不必太担心。病人[41]不会因此而死亡,我们甚至可以期望,这场危机将会有益于健康,因为过去的历史似乎向我们保证了这一点。事实上,这场危机不是第一次。"($V.S.$, p.171)彭加勒接着在〈数学物理学的历史〉一章中回顾了物理学所走过的历程。他认为,中心力物理学是数学物理学发展的第一阶段。但是,中心力的概念后来不足以说明新的事实而引起了危机,于是我们不得不舍去旧的见解。这样,物理学便逐步发展到第二阶段,即原理物理学阶段。但是,这样一来,"我们能说第一阶段已经毫无用处了吗?我们能说科学在50年间误入歧途了吗?我们能说往昔的千辛万苦偶因一念之差,终成千里之谬,于是可以付之东流吗?"彭加勒断言:"世界上绝没有这种事。"他进而反问道:"没有第一阶段,你难道能设想会进入第二阶段吗?"($V.S.$, p.178)在彭加勒看来,当时原理物理学所面临的危机将导致数学物理学进入第三阶段,他根据历史的经验预言,第三阶段"将是相同的过程","因为我们已经度过了一次同样的危机。"彭加勒形

---

[39] ポアンカレ(Poincaré):《科学者と詩人》,平林初之輔訳,岩波書店(东京),1928年,165頁。

[40] 同注[34],第25页。

[41] 彭加勒在这里喻指处于危机之中的物理学。

象地比喻说,物理学的这种进化,"正如甲虫脱壳一样,撑破了它狭小的外壳,换上了新的表皮,在新的表皮之下,人们能够认出甲虫保留下来的机体的本质特性。"($V.S.$, pp.209-210)尽管彭加勒关于物理学发展的三个阶段的划分未必确切,但他的一些基本观点却是可取的。有人在批判彭加勒时说:"物理学革命是好事,是正常现象,而危机则是坏事","是科学发展的不正常现象,是科学发展的病态,它影响科学的正常发展。"[1]显而易见,这种科学史观远远不及彭加勒的高明。

彭加勒不仅深谙物理学的历史和现状,而且对它的未来也具有惊人的预见能力。在〈数学物理学的未来〉一章中,彭加勒写道:

> 也许我们将要建造一个全新的力学,我们已经成功地瞥见到它了。在这个全新的力学内,惯性随速度而增加,光速会变为不可逾越的极限。原来的比较简单的力学依然保持为一级近似,因为它对不太大的速度还是正确的,以致在新力学中还能够发现旧力学。($V.S.$, p.210)

彭加勒面对物理学危机并未忧心忡忡、悲观失望;相反,他对科学的前景是满怀信心的。他说:"原先已知的现象被越来越好地分门别类,但新现象也来要求它们的地位。"我们已经有了"阴极射线、X射线、铀射线和镭射线。这里有一个完整的世界,是谁也没有料想到的。还不知要有多少不速之客将在这儿寄宿呢!"($S.H.$, p.209)彭

---

[1] 编写组:《〈唯物主义和经验批判主义〉简介和注释》,四川人民出版社(成都),1976年第1版,第198页。

加勒满有把握地断定:"纵使我们的眼界有限,但是并非偶然的、十分诱人的希望依然存在。过去的收获既已不少,可以确信,未来的收获将比过去更多。"(V.S., pp.168-169)

综上所述,彭加勒关于物理学危机的基本观点可以大致概括如下:第一,他敏锐地觉察到由于新实验与旧原理的尖锐冲突,物理学已处于危机之中。第二,他认为物理学危机是好事而不是坏事,危机能加速物理学的根本变革,是物理学进入新阶段的前兆。第三,他指出,要摆脱危机,就要在新实验事实的基础上重新改造物理学。第四,他一再肯定旧理论的固有价值,认为它们在其有效适用范围内还是大有用处的,并且旗帜鲜明地批判了"科学破产"之类的错误观点。第五,他预见到了新力学的大致图景,对科学的前途表示乐观。彭加勒在为他的《科学与假设》英译本所写的序言中更加明确地指出:物理学危机预示着物理学处于"革命的前夜",处于"一个更为重要的时刻"[43]。彭加勒的上述基本观点及其对科学发展规律的有关见解,即使在今天看来也还是有意义的。这充分表明,他对世纪之交物理学形势的洞察远远超过当时大多数的物理学家。

§2.4 一些广为流行的误解和曲解

遗憾的是,长期以来,在那些连篇累牍的《唯物主义和经验批判主义》学习辅导材料以及有关论著中,许多人对彭加勒关于物理学危机的基本观点以讹传讹,普遍表现出极不公正的误解和曲解。在已

---

[43] H. Poincaré, *The Foundations of Science*, The Science Press, New York and Garrison, N.Y., 1913, p.7.

出版的书刊中,凡是提到物理学危机的,几乎千篇一律地认为,彭加勒的"看法是错误的,他是主张怀疑论的,他本身就是物理学危机的一种表现"[44]。彭加勒的看法"根本违背科学事实",它"是如此武断和荒唐,以致连彭加勒本人也感到难以自圆其说。"[45]"彭加勒在物理学新发现面前的表现是非常突出,非常恶劣的。""彭加勒对物理学新发现的歪曲表现了物理学中的唯心主义学派的垂死挣扎。"[46]

在上节论述彭加勒的基本观点时,已顺便涉及了一些人的错误论断。为了澄清这类长期以来似乎被认为是定论的误解和曲解,有必要对它们进行比较全面、比较系统的论述和分析。人们对彭加勒基本观点的误解和曲解主要表现在以下两个方面。

本来,物理学危机是一个历史事实,是物理学革命的前奏,并不是那个人能随意捏造出来的。彭加勒指出物理学危机,并认为这种危机是有益的,这正是他眼光明睿的表现。但是,这却被一些人当成了他的弥天大罪,他们用"喧嚷"、"胡说"、"哀鸣"、"叫嚣"一类词语描述彭加勒讲出物理学危机这一客观事实。在他们看来,物理学是"极其迅速地发展着",根本"谈不上什么'危机'"[47]。所谓危机,只不过是"对物理学急剧发展的歪曲"[48],是"唯心主义者捏造出来的"[49]。物

---

[44] 同注[42],第200页。

[45] 同注[35],第272页。

[46] 杨焕章:《〈唯物主义和经验批判主义〉讲义》,天津人民出版社(天津),1980年第1版,第364页。

[47] 林万和:《物理学发展中的唯物主义和唯心主义的斗争》,科学出版社(北京),1959年第1版,第58页。

[48] 林万和:〈关于列宁对"现代物理学危机"的批判〉,《自然辩证法研究通讯》,1960年第2期。

[49] 《〈唯物主义和经验批判主义〉辅导提示》,内部发行,1972年版,第288页。该书藏于北京图书馆。

理学“本来是一派繁荣景象”，却被彭加勒“说成是‘危机’”(50)。在彭加勒的眼里，“物理学不是一片光明，而是一片废墟；不是在前进之中，而是在‘危机’之中”(51)。

其次，还流行着这样的看法，说什么彭加勒认为旧原理已毫无价值，应该统统抛弃。例如，有人说，彭加勒认为“旧物理学的基本原理完全趋于土崩瓦解了”(52)，“古典物理学的原理都完蛋了”(53)；“彭加勒叫嚷，摆在我们面前的，是物理学旧原理的‘废墟’，是‘原理的普遍毁灭’，‘以物质为研究对象的物理学也跟着毁灭了’”(54)；“彭加勒认为，物理学原理的‘普遍毁灭’造成了物理学的危机，从而把人们带进了一个‘怀疑时期’”(55)。诸如此类，不一而足。

1980 年代以来，中国大陆实行改革开放，有关人士本着实事求是、学术自由的精神，主持公正，发表了我的非传统的学术观点(56)。接着，少数书刊对我的观点做了较为客观的介绍和评论(57)。但是，传统的观念和历史的惰性还是十分强大的，人们依然喋喋不休地重复

---

(50) 同注㊻，第 368 页。

(51) 《〈唯物主义和经验批判主义〉介绍提要和名词解释》，内部发行，1971 年版，第 39 页。该书藏于北京图书馆。

(52) 坂田昌一：《物理学と方法》，岩波書店（东京），1951，第 3 页。

(53) 同注㉞，第 27 页。

(54) 申先甲：〈从物理学革命看真理观的斗争〉，《实践与科学》，北京出版社（北京），1977 年第 1 版，第 27 页。

(55) 同注㊻，第 363 页。

(56) 李醒民：〈关于物理学危机问题的沉思——对〈唯物主义和经验批判主义〉某些观点的再认识〉，《江汉论坛》（武汉），1985 年第 7 期，第 12－19 页。李醒民：〈关于〈唯物主义和经验批判主义〉第五章的一些思考〉，《光明日报》（北京），1988 年 6 月 27 日哲学版。第一篇文章还探讨了列宁失误的原因。

(57) 中国社会科学院哲学研究所编：《中国哲学年鉴·1986》，中国大百科全书出版社上海分社，1986 年第 1 版，第 91－93 页。陈敏强等主编：《〈唯物主义和经验批判主义〉（节选）自学纲要》，山西人民出版社（太原），1990 年第 1 版，参见“附录二”。

着列宁断章取义引用的那几句片言只语,说什么彭加勒认为,摆在我们面前的是物理学旧原理的"废墟",是"原理的普遍毁灭","怀疑时期"已经到来了[58]。也有人不满足于这样的重复,还要凭主观想象加以"阐释",只不过不像从前那样用尖刻的语言讽刺、挖苦或谩骂了。例如,有人说,彭加勒做出了"科学破产"的唯心主义与不可知论的结论,暴露了他的"反科学的本质"[59]。有人说,"彭加勒由于不懂辩证法,却把人类科学认识的前进惊呼为'危机'"[60]。有人说,彭加勒"捏造了'危机'的事实","提出所谓现代物理学'危机'的谬论。""辩证唯物主义者对待物理学革命的态度就与彭加勒相反。认为物理学领域中的变革不是什么危机,而是一场革命,……"[61]当然,还有个别人物给我乱扣政治帽子[62]。由于这是另一个范畴的事,我只在这里捎带着记录在案,让历史的巨浪去淘沙。

---

[58] 例如,刘延勃等主编:《哲学辞典》,吉林人民出版社,1983年第1版,参见其中的有关条目。十四所高等院校马克思主义哲学原著教程编写组:《〈唯物主义和经验批判主义〉教程》,河北人民出版社(石家庄),1984年第1版,第193-194页。金林:〈任何科学都不能代替马克思主义哲学〉,《北京日报》,1986年5月5日第3版。李砚田:《马克思主义认识论发展的一个新阶段——〈唯物主义和经验批判主义〉研究》,华中理工大学出版社(武汉),1988年第1版,第95页。此类文章和著作为数不少,实在无法一一列举。

[59] 马鸣:《〈唯物主义和经验批判主义〉解说》,福建人民出版社(福州),1985年第1版,第228、230-231页。

[60] 复旦大学哲学系马克思主义哲学史教研室:《〈唯物主义和经验批判主义〉提要》,复旦大学出版社(上海),1986年第1版,第191页。

[61] 王蝉编著:《〈唯物主义和经验批判主义〉讲解》,山东大学出版社(济南),1990年第1版,第447-448页。

[62] 何祚庥:〈评金观涛两个"古老的梦幻"〉,《光明日报》(北京),1900年4月16日哲学版。葛旭初、乔均:〈如何评价彭加勒对物理学危机的论述〉,《光明日报》(北京),1991年2月11日哲学版。前一篇文章甚至想当然地认为,我的〈怀疑、平权、多元〉一文的"理论基础就是金观涛在《人的哲学》中所鼓吹的主观唯心论及其变种"。其实,拙文1988年1月3日在《光明日报》发表时,金书还没有出版呢。

只要把彭加勒关于物理学危机的基本观点和上述流行的看法加以比较,就不难发现,人们对彭加勒基本观点的误解和曲解是多么严重,对彭加勒本人的偏见是多么厉害。这些流行的看法不仅完全没有事实根据,而且是是非颠倒的。之所以会出现这种现象,究其原因,在于持有这些看法的作者都毫无例外地人云亦云,把列宁在《唯批》中所引用的彭加勒关于物理学危机论述的片言只语作为自己的全部论据,并且漫无边际地加以"引申"和"发挥",而不于去查阅一下彭加勒的原著。值得注意的是,彭加勒论述物理学危机的《科学的价值》以及其他两本有代表性的著作,早在本世纪初叶已出版了中译本。在如此众多的出版物中,竟会出现如此情况,这不能不使人惊讶,令人深省。

§2.5 对《唯物主义和经验批判主义》有关论述的分析

为了恢复历史的本来面目,这里有必要把列宁《唯批》一书中的两段引文同彭加勒的原文加以比较分析。

《唯批》中两段关键性的引文(其中黑体字是原有的)是:

> 著名的法国物理学家昂·彭加勒在他的《科学的价值》一书中说,物理学有发生"严重危机的迹象",并且专用一章来论述这个危机。这个危机不只是"伟大的革命者——镭"推翻了能量守恒原理,而且"所有其他的原理也遭到危险"。⑬
>
> 昂·彭加勒说,摆在我们面前的是物理学旧原理的"废墟",

---

⑬ 《列宁选集》第二卷,人民出版社(北京),1972年第2版,第258页。

是"原理的普遍毁灭"。他同时声明说:"不错,所有上述同原理有出入的地方都属于无穷小量——很可能还有我们所不知道的反对推翻旧定律的另外的无穷小量——而且镭也很稀少,但是不管怎样,'**怀疑时期**'已经到来了。"我们已经看到作者从这个"**怀疑时期**"中得出的认识论结论:"不是自然界把空间和时间的概念给予〔或强加于〕我们,而是我们把这些概念给予自然界";"凡不是思想的东西,都是纯粹的无"。这是唯心主义的结论。⑭

彭加勒的《科学的价值》中的相应的原文(其中着重号是我加的,用以表明列宁所引用的词语)是:

> 可是,即使像所有谨慎的医生一样,我不愿对病势的发展和后果做出预测,但却也不能不做一点诊断;是的,不错,那里存在着严重危机的迹象(il y a des indices d'une crise sérieuse; there are indications of a serious crisis),似乎我们可以期待一种行将到来的变革。然而,不必太担心:我们确信,病人不会因此而死亡,我们甚至可以期望,这次危机将有益于健康,因为过去的历史似乎向我们保证了这一点。事实上,这次危机并不是第一次,为了理解它,重要的是回顾先前发生过的那些危机。原谅我做一个简短的历史概述吧。(*V.S.*, p.171)

当我这样说时,你无疑会想起镭这个当代伟大的革命家,事实上,我将马上回过头来谈论它;可是,还有其他一些东西。不仅能量守恒定律成问题,而且所有其他的原理也同样遭到危险

---

⑭ 同注⑬,第259页。

(tous les autres principes sont éqalement en danger; all the other principles are equally in danger),正如它们相继接受审查时我们将要看到的那样。(V.S.,p.180)

在如此之多的废墟中间(au milien de tant de ruines; in the midst of so much ruin),还有什么东西屹立常存呢？最小作用原理迄今未经触动,拉摩(J.Larmor)似乎相信,它会比其他原理久长；事实上,它是更加模糊、更为普遍。

面临原理的这种普遍崩溃(en présence de cette débâcle général des principes; in presence of this general collapse of the principles),数学物理学将采取什么态度呢？首先,在过度兴奋之前,最好先问问,那一切是否是真的。所有这些违背原理的现象只有在无限小的事物中才能遇到；要看见布朗运动,就需要显微镜；电子是很轻的；镭也十分稀少,人们从未一次得到过多于几毫克的镭。于是,人们也许会问,除了已经看到的无限小的事物以外,是否还存在着与之相平衡的其他未看到的无限小的事物呢？

这样就存在着一个预审案件,似乎只有实验才能够对它做出判决。因此,我们只好把麻烦事交给实验家,在等待他们最终裁决这一争端时,不必预先使自己陷入这些令人不安的问题之中,而要继续安心做我们的工作,就像这些原理仍然是无可争议的那样。当然,在没有离开这些原理可以十分保险地应用的领域,我们还有许多事情要做；在这个疑虑重重的时期(pendant cette période de doutes; during this period of doubts),我们可以充分发挥我们的能动性。(V.S.,pp.200-201)

很明显,在彭加勒的第一段论述中,列宁只是直接引用了一个词组,而略去了彭加勒的下述重要看法:危机像我们期待的那样,预示着物理学将要发生变革;危机是有益的,物理学不会因危机而死亡;危机在物理学的历史上也曾出现过;人们面对危机,大可不必过分担心。

彭加勒的第二段论述虽然说了"所有其他的原理也同样遭到危险"的话,但他的本意是说这些原理要相继受到审察,要由实验来最终裁决。彭加勒曾明确表示,物理学的基本原理虽然"发生了动摇",但它们"也能够经过修正而继续有效"。($V.S.$, p.8)

在彭加勒的第三段论述中,列宁也同样只是引用了几个词和词组。列宁的引述方式不仅与彭加勒的基本观点相去甚远,而且也与彭加勒原文意思有较大出入。

其实,彭加勒并不认为"摆在我们面前的是物理学旧原理的'废墟'"。从第三节所引用的彭加勒批评"科学破产"的一段话($S.H.$, p.189,即"层层废墟"那段话)可以看出,"废墟"之说多半是那些"看到科学理论并非一贯正确而惊恐万状"的"外行人"的看法(事实上,有些科学家和哲学家也持此看法)。在这些人的眼中,科学理论是"绝对无用的","一个接一个地被抛弃了",变成了"残垣颓壁,层层废墟"。彭加勒尖锐地批判了他们所谓的"科学破产",并且特别强调,"这些废墟也许还有某些用处"。由此可见,"废墟"一词似乎来源于那些鼓吹"科学破产"的人,彭加勒不过加以借用,而他本人一贯肯定旧原理的固有价值,并不认为它们已变成一堆无用的废墟。

在彭加勒看来,所谓理论的"废墟"至多只不过是一种表面现象,科学理论的真正生命却是永恒的,它们只不过改变了形式而已。彭加勒这样说过:

我们乍看起来好像是,理论只持续了一天,废墟堆积在废墟之上。今天理论诞生了,明天它们形成了,后天它们是经典的,第四天它们被抛弃了,第五天它们被遗忘了。可是,只要我们更为细致地观察一下,我们便会看出,这样死去的东西就是名副其实的、自称能使我们认识到事物是什么的理论。然而,在它们之中总有某些东西幸存下来。如果一种理论能使我们认识到真实的关系,那么人们会最终得到这种关系,并且会发现,这种关系再次以新的伪装出现在另一种取代了旧理论而居于统治地位的理论之中。(V.S., pp.268-269)

除了上述言论外,在彭加勒的著作中,类似的议论俯拾即是。例如,他还说过:

毫无疑问,乍看起来,理论对我们来说似乎是脆弱的,而且科学史向我们证明,它们是多么短命;可是它们也不会完全消灭,它们每一个总要留下某种东西。正是这种东西,我们必须加以清理,因为在那里,而且唯有在那里,才存在着真正的实在。(S.H., p.6)

彭加勒也不认为,"摆在我们面前的","是'原理的普遍毁灭'"。"原理的这种普遍崩溃"(译为"崩溃"较妥),恐怕也是彭加勒借用"外行人"的说法,而他自己是不同意这种观点的。这从彭加勒关于物理学危机的大量言论中都可以明显看出。事实上,彭加勒在《科学与假设》中就强调指出:"物理学的基本原理具有极高的价值;这是人们在许多物理定律的陈述中寻求共同点时得到的;因此,它们似乎代表着无数观察的精髓。"($S.H.$, p.195)在《科学的价值》中,彭加勒在论述了五个基本原理所遇到的困难和挑战后也明确指出:"我们不必后悔我们相信了那些原理","在实践中最可靠的办法还是像我们继续相信它们那样去行动。"($V.S.$, pp.210-211)彭加勒还认为,六个基本原理(外加最小作用原理)"都是大胆推广实验的结果;但是它们看起来好像是从它们的真正的普遍性得到了高度的可靠性。事实上,原理愈普遍,检验它们的机会就愈频繁,受检验的次数愈增加,采取的形式愈多样,结果就不再留有怀疑的余地。"($V.S.$, pp.177-178)由此可见,彭加勒对经典物理学基本原理的固有价值是坚信不疑的。

在这里,需要说明的是,即使认为"废墟"、"崩溃"之词出自彭加勒本人,那也只是用词欠妥或隐喻欠佳的问题,它们并不反映彭加勒关于物理学危机的基本观点。

在引述了"'疑虑重重的时期'[65]已经到来了"之后,列宁接着又引用了彭加勒两个所谓的"唯心主义的结论"。彭加勒的第一个结论见于《科学的价值》开头的"引言"部分($V.S.$, p.6),第二个结论则在该书最后一页($V.S.$, p.276),这两个结论在书中都远离"疑虑重重的时期"所在之处($V.S.$, p.201)。在内容上,就第一个结论而言,列宁在翻译时显然有错误[66];就第二个结论而言,它是彭加勒的世界观所固有的,没有充分证据表明,它是从物理学危机时期中得出

---

[65] "疑虑重重的时期"(périod de doutes)在《唯批》的俄文版本中是 периода сомнений,中文版本把它译为"怀疑时期"容易引起误解。事实上,有人就以此断定彭加勒"是主张怀疑论的"。参见李醒民:〈关于《唯批》的两处译文〉,《光明日报》(北京),1985年5月27日哲学版。

[66] 列宁把彭加勒所说的"时间和空间的框架(cadre)"错译为"空间和时间的概念(понятие)"。关于这个问题的详细论述,读者可参见本书第十章。

的。至于二者是不是唯心主义的,还需要认真研究和讨论(我将在本书第十章加以论述)。在彭加勒的原文中,紧接在"疑虑重重的时期"之后的,却是一句值得注意的完全正确的结论:"我们可以充分发挥我们的能动性。"奇怪的是,列宁的引述方式却"舍近求远"——舍去紧接的、正确的、清楚的话不用,而从远处拉来两句不加深究难以把握其深奥含义的话加于其后——而且又把"框架"译为"概念"(列宁很可能是有意识地这样做的,因为他的法文不错),其用意何在,读者可以仔细推敲。

彭加勒所说的"疑虑重重的时期",并不像列宁所写的,表明彭加勒"十分明确地接受怀疑论的前提"[57],也不表明他怀疑一切,怀疑物理学旧原理的客观价值。实际上,彭加勒是坚决反对怀疑一切和绝对的怀疑论的。他说:"怀疑论者的存在有许多理由吗?我们应当把这种怀疑论推向极端或中途而止吗?走极端是最诱人、最容易解决的办法,这与对搭救失事船只上的任何东西丧失信心的许多人采取的办法一模一样。"(V.S., p.213)他明确指出:"怀疑一切和信仰一切二者同样是方便的答案,每一个都使我们不用思索。"(S.H., p.2)"怀疑一切并不是有能力,人们必须了解他为什么怀疑。"(S.M., p.136)他毫不含糊地表示:"绝对的怀疑论是不可接受的。"(S.H., p.219)

彭加勒还有力地批驳了那些断言旧理论是"绝对无用"的人,批驳了他们所持的怀疑论。他指出:"他们的怀疑论是肤浅的。"(S.H., p.189)彭加勒认为,迈尔原理等"具有足够灵活的形式,足以使我们把所希望的几乎任何东西都放入其中。我没有意指它对应于非

---

[57] 同注[53],第305页。

客观实在的东西,也没有意指它仅仅化为一种同义反复,因为在每一个特例中,只要人们不企图把它推到绝对,它就具有十分清楚的意义。这种灵活性是人们相信它的持久性的理由,另一方面,因为它只有融入更高级的和谐中才会消失,所以我们可以满怀信心地依靠它去工作,可以预先肯定,我们的工作不会白费。"(S.H.,p.161)在《科学的价值》的引言中,彭加勒在论述了科学原理的固有价值后指出:"在这些段落中会发现相信科学的价值的一些理由,但是许多人还是怀疑它,怀疑的印象依然存在。"彭加勒表示:"现在需要把事情弄正确。"(V.S.,p.9)显而易见,彭加勒在言论和行动中所表现出的"怀疑"精神,并不是不假思索的"怀疑一切"或"绝对的怀疑论",而是作为科学的精神气质(ethos)之一的"有组织(或有条理)的怀疑主义"(organized skepticism)。

从历史上看,彭加勒对经典理论的态度不是太激进了,反而倒显得有点保守。他和洛伦兹两人面对新的实验事实,为拯救经典物理学做了顽强的努力。洛伦兹的电子论并未突破经典物理学的理论框架,它是经典理论最后一个伟大的建筑物。彭加勒一直很关心电子论的发展,曾给洛伦兹以关键性的启示,并认为洛伦兹1904年的理论是现有理论中缺点最少的理论。直到1908年,彭加勒还对新理论是否最终确立持审慎态度。他说:

自牛顿以来,动力学的普遍原理被认为是物理学的基础,看来好像是不可动摇的,它们就要被抛弃或至少要进行彻底的修正吗?多年来,这是不少人扪心自问的问题。在他们看来,镭的发现推翻了我们认为是最牢固的科学学说:一方面是金属不可能嬗变,另一方面是力学的基本公设。也许人们过于匆忙地认为这些新奇的东西最终确立了,并且正在打破我们昨天的偶像;有采取这种立场之前,等待更多、更可信的实验,也许是恰当的。($S.M.$, pp. 215-216)

彭加勒还担心新力学确立之后,中学教育会发生极大的危险,因为教师不愿教、学生不愿学原来的力学了。为此他指出:"他们必须经历的,正与普通力学一致;他们永远必须使用的,唯有普通力学。""新力学仅仅是奢侈品,只有当必需品有保障后,我们才能设想奢侈品。"($S.M.$, p. 272)这也足以说明,彭加勒绝不是一概怀疑和全盘否定物理学的旧原理的。

有些人不从客观的历史事实出发,而仅仅依据列宁那两段肢解彭加勒本意的引文,就不着边际地想象,随心所欲地杜撰,郢书燕说地发挥。有一本小册子竟这样莫名其妙地议论说:彭加勒发出了"'物理学危机'的哀鸣和叫嚣",他"颠倒是非,混淆黑白,极力渲染""物理学的新发现造成了'物理学危机'";他"叫嚷发生了物理学基本原理的'毁灭'","古典物理学的原理都完蛋了";他"别有用心地"把"大好形势说得一团漆黑";他"走上前台","声嘶力竭地叫喊",进行"丑恶的表演,虚伪的喧嚣"[38]。可是,只要稍稍细心地翻阅一下彭加勒的原著,就不难发现,这些耸人听闻的言辞同事实相距实在太远了。造成这种现象的原因诚然与盛极一时的主观主义和教条主义学风有关,但是最根本的,还在于列宁的引文是断章取义的,并没有如实地、全面地反映彭加勒关于物理学危机的基本观点。这才是上述一切误解和曲解的总根源。

---

[38] 同注㉞,第 23-27、112 页。

§2.6 彭加勒对物理学危机为什么会有基本正确的见解?

彭加勒之所以能敏锐地洞察到物理学危机并对它持有基本正确的见解,大致有两方面的原因:其一是他对物理学的现状和历史有清晰的了解;其二是他具有哲学头脑,即他是一位哲人科学家。

在世纪之交,彭加勒一直处在物理学的最前沿,并做出了具有开创意义的贡献。即使对于数年后才涉及的量子论,他也能迅速适应,刻意钻研,后来居上,这对他这位老一代的经典物理学家来说,实在难能可贵。由于对物理学的发展现状了如指掌,自然也就能看清物理学的走势了。另外,彭加勒也通晓物理学的历史,他的几本科学哲学著作有相当多的章节是论述科学史的,在《科学的价值》中,他专用一章考察了数学物理学的历史。他的一些结论,就是历史经验的总结。他对世纪之交物理学危机的洞察和展望,也有坚实的历史感的根基。

谈到科学史的意义和作用时,彭加勒这样写道:"科学史应该是我们的第一个向导。""为了预见数学的未来,正确的方法是研究它的历史和现状。"($S.M.$, pp. 135, 19)对物理学历史和现状的清晰了解,不仅有助于引导彭加勒预见新力学的大致图景,而且也使他有条件得出危机是革命的前夜、危机是好事而不是坏事等一系列富有启发性的结论。对于二、三流科学家来说,他们根本就不具备洞若观火的条件。

熟悉物理学的历史和现状,还不足以构成彭加勒洞察到物理学危机并提出正确见解的充分条件。彭加勒之所以能够达到这一点,还在于他具有清醒的哲学头脑。彭加勒坚持"实验是真理的唯一源泉"($S.H.$, p. 167)的观点,他要求物理学理论都要在实验的法庭上裁决，以决定其真伪和取舍。但是，他并不像狭隘的经验论者那样排斥理论和理性思维在物理学中的作用。他也是一位理性论者，善于通过思考发现各种理论体系之间的矛盾（如洛伦兹的电子论和牛顿作用与反作用原理之间的矛盾），乐于通过思考去追求真理。在彭加勒的哲学思想中，也包含着丰富的辩证法因素，即善于在对立的两极之间保持必要的张力。例如，他尖锐地批判了经典力学的哲学基础，同时又充分肯定了经典理论的固有价值；他敏锐地洞察到物理学处于严重的危机之中，同时又认为这种危机是好事而不是坏事；他既看到新理论与旧理论的明显差异，又看到新理论对旧理论的隐蔽的继承性；他大胆地对经典力学和经典物理学的概念和原理提出质疑，又坚决反对绝对的怀疑论，认为它们在其适用范围内还是大有用处的；他既指出科学的可变性，又揭示出其中不变的真关系……

正由于彭加勒具有如此优越的主观条件（高水平的科学与哲学素养）和客观条件（长期奋斗在科学前沿），因此他面对新实验和旧理论的严重冲突，既不像当时大多数物理学家那样，抱残守缺，削足适履，把经典理论视为神圣不变的教条；也不像一些浅薄之徒那样，怀疑一切，悲观失望，哀叹"科学破产"。他是在充分肯定经典理论固有价值的前提下，谋求在新实验事实的基础上建构物理学。这样，他在科学领域中也就能够正视现实，而不是墨守成规或固执己见。对分子实在性从持保留态度到坦率地承认，就是一个明证。这也表明，彭加勒是一位诚实、正直、严肃的科学家。事实上，不管他的同事、学生，还是与他观点相左的人，也都是这样认为的。

像彭加勒这样的哲人科学家，长期在科学前沿从事探索性的科学创造工作，他所面对的现实不仅向他展示了史无前例的具体的科学问题，而且由于这些科学问题一般说来是具有开创性的和革命性的,因而他也不得不面对一些更为抽象、更为深奥的哲学问题。这些问题在当时的书本中是没有现成答案的,也是用直到那时为止的专门手段所不能解决的,因此要求对知识的基础、科学的目的、思维的本性重新进行审查。在这方面,哲人科学家的作用是专业科学家和纯粹哲学家所无法替代和企及的。哲人科学家的哲学是科学研究的副产品,他们也不打算编织眼花缭乱的范畴之网或构筑包罗万象的思辨体系,也很少自诩为哲学家或被人称为哲学家。尽管如此,他们所处的有利位置使他们善于发现问题;他们又不背负沉重的哲学体系的偏见,这又使得他们易于对症下药,针对具体问题找到应有的答案,从而在通向哲学领悟的道路上,成为真正的路标设置者。在这方面,专业科学家由于不具备广博的知识和宽广的哲学视野,对此自然无能为力。纯粹哲学家与哲人科学家相比,也要逊色一筹。这是因为,科学哲学的历史是问题发展的历史。"基本问题的发现,其本身就是对于智力进步的重要贡献,当哲学史被看作问题史时,它所提供的方面要比被视为诸体系的历史时丰富多彩得多。"而且,"问题的解绝不是通过笼统的一般性论述,或对人与世界间的关系进行图像描述,而是通过专门工作。这种工作是在科学中进行的,而且问题的发展在事实上也确须通过各门个别科学的历史去考察。各种哲学体系,在最好的场合也只不过反映了它们当时的科学知识所处的阶段;它们对于科学发展则并无贡献。问题的逻辑发展是科学家的工作;科学家的专门分析虽然常常指向次要的细节,很少为了哲学目的而进行,但已把对问题的理解推进到专门知识终于足够完备,能回答哲学问题的地步了。"[69]

---

[69] H.赖欣巴哈:《科学哲学的兴起》,伯尼译,商务印书馆(北京),1983年第2版,第25、94页。

彭加勒就是这样的哲人科学家。他学识渊博,视野宽广,思想深邃,既是科学泰斗,又是哲学巨匠。他在论证自己的哲学观点时,不仅大量引证他所精通的数学、物理学和天文学方面的材料,而且也旁及化学、生物学、地质学、地理学、生理学、心理学、测量学、气象学等领域,他所掌握的材料之丰富绝非纯粹哲学家所能望其项背。同时,他发现、提出、探索、研究的问题,往往超越一般专门科学家的视野和兴趣之外,涉及一些更为根本、更为深层的问题。由于他具有如此优越的条件,所以在他的有关科学哲学论述中,不时迸发出令人深省的思想火花,其中有些思想可以当之无愧地列入人类的思想宝库。因此,没有理由认为彭加勒"一旦谈到哲学问题的时候","**所说的任何一句话都不可相信**",也不能断言他是一个"渺小的哲学家"[70]。不用说,人云亦云地谩骂彭加勒"在哲学方面是一个十足的糊涂虫"[71],就更没有什么道理了。

§2.7 物理学危机的实质

正因为彭加勒把物理学危机视为物理学革命的前夜,所以他很自然地认为,要摆脱危机,就要使"力学让位于一个较为广泛的概念,这种概念将能解释力学,但力学却不能解释这种概念"[72]。彭加勒大体上是从科学方面看待物理学危机的(这倒也抓住了问题的主要方面),他对危机的哲学方面没有过多的兴趣。但是,法国哲学家莱伊(Abel Rey,1873-1940)在1907年出版的《现代物理学家的物理学

---

[70] 同注⑬,第349、166页。黑体字是列宁原有的。
[71] 陈元晖:《彭加勒和他的著作〈科学的价值〉》,《自然辩证法研究通讯》(北京),1960年第1期。列宁在《唯批》中有"糊涂虫奥斯特瓦尔德"(参见注⑬,第45页)的说法。
[72] 同注㊸,第7页。

理论》中,则较为全面地论述了这个问题。一方面莱伊指出,物理学危机是"新的大发现引起的典型的发育上的危机","危机会引起物理学的改革(没有这点就不会有进化和进步)","从而新的时期就开始了"。"在若干年后观察事物的历史家,会很容易地在现代人只看到冲突、矛盾、分裂成各种学派的地方,看到一种不断的进化。看来,物理学近年来所经历的危机也是属于这类情况的(不管哲学的批判根据这个危机作出什么结论)。"另一方面,莱伊又指出,"对传统机械论所作的批判破坏了机械论的这个本体论实在性的前提。在这种批判的基础上,确立了对物理学的一种哲学的看法。""依据这种看法,科学不过是符号的公式,是做记号的方法。"[73]列宁在分析了物理学危机和莱伊的有关评论后强调指出:

> 现代物理学危机的**实质**就是:旧定律和基本原理被推翻,意识之外的客观实在被抛弃,这就是说,唯物主义被唯心主义和不可知论代替了。[74]

对于物理学危机的实质的看法,目前存在着两种不同的见解。第一种见解认为,列宁强调了危机的两个方面,即物理学方面和哲学方面。例如,有人说,这两方面在于:"第一,这是旧概念、理论、原则等等与物理学的最新发现相矛盾;第二,这否定了在意识之外存在着客观实在。"[75]有人虽然也认为,"物理学危机是物理学理论的变革和作出唯心主义认识论的结论相结合所造成的",但是却强调,"关键在

---

[73] 同注[63],第311-312,261页。
[74] 同注[63],第264页。黑体字是原有的。
[75] 同注[38]。

于做出唯心主义的结论所造成的。"[76]第二种见解则断然认为,物理学"根本不存在什么危机问题。"[77]例如,有人说:"'危机'不是发生在物理学问题上,而是发生在哲学认识论问题上。"[78]有人说:"危机并不是由自然科学本身引起的",而是"唯心主义和不可知论侵入了自然科学领域的结果"[79]。

第二种见解显然是错误的。它不仅根本违背历史事实,而且也不符合列宁的本意。列宁在《唯批》中大段大段地引用了莱伊的著作,莱伊是明确从两个方面论述物理学危机的,列宁对此并未加以否定。而且,在刚才引用过的列宁关于物理学危机的实质的论述中,也是包含着两个方面的内容。另外,列宁在从哲学角度论述物理学危机的实质时,还特意加上了"在哲学方面"[80]这一前提。当然,列宁基本上是从哲学方面来论述物理学危机的,他强调的也是危机在哲学上的表现。

但是,第一种见解就完全正确了吗?看来也不尽然。首先,它在哲学方面忽略了机械唯物论的危机。实际上,由于当时物理学一系列新发现的猛烈冲击,在物理学界长期占统治地位的机械观(力学自然观)已经气息奄奄、朝不保夕了。其次,它把危机在哲学方面的表现看作是主要的方面。但是,在物理学家中间,无论就他们关心的问题而言,还是就危机产生的影响而言,也主要是在物理学方面,这从彭加勒、爱因斯坦等人的言论和行动都可以清楚地看到。当时,物理

---

[76] 同注㊷,第 201 页。
[77] 同注㊾,第 33 页。
[78] 同注㉞,第 33 页。
[79] 同注㉟,第 126—127 页。
[80] 同注㊿,第 262 页。

学家主要还是着眼于新实验与旧理论的矛盾所引起的反常或疑难，致力于变革经典物理学的基础或修正旧有的理论，而不是热衷于哲学上的争论。危机在哲学方面的表现，只是促使实际上已经存在的物理学本身的危机更加激化和表面化。

有人不满足于把物理学危机纯粹看作是哲学上的危机，而且还进一步把它看作是阶级斗争的产物，说什么"实质上，这一所谓的'危机'的产生，是在社会上阶级斗争空前尖锐的条件下，是资产阶级唯心主义哲学家……有意识地歪曲而产生出来的。"[31]"是在社会矛盾尖锐的背景下，现代物理学革命显现出来的一种曲折的投影。"[32]这种说法同历史事实相去就更远了。事实上，物理学危机是由于一系列新实验与经典物理学的理论基础发生尖锐矛盾而引起的，它与阶级斗争并没有直接的、必然的联系。在这里，有的作者也未免把唯心主义哲学家的神通夸张得过分了。如果没有动摇经典物理学基础的大量反常现象的涌现，即使他们人有百口、口有百舌，恐怕也无法通过"歪曲"而"产生"一个物理学危机来。更加使人感到离奇的是，有位前苏联作者在论述物理学危机时竟然声称，"科学无危机的、一往无前的发展，只有在社会主义条件下才有可能[33]。"在这位作者看来，物理学危机只能是资本主义制度下的产物。如果按照作者的论断推下去，就不可避免地得出这样的结论，存在着两种本质不同的物理学——一种是永不发生危机的社会主义的物理学，一种是会发生危

---

[31] 同注[17]，第58页。

[32] 中国社会科学院哲学研究所自然辩证法研究室编：《自然科学哲学问题论丛》第一辑，广西人民出版社（南宁），1981年第1版，第52页。

[33] Ф.Т.Архипцев：《论列宁的著作〈唯物主义和经验批判主义〉》，上海人民出版社（上海），1956年第1版，第42页。

机的资本主义的物理学。这种科学有阶级性的论调能叫谁相信呢？

综上所述可以看出，物理学危机主要是物理学本身的危机，这是根本的一面；物理学危机在哲学方面的表现则是由物理学本身的危机派生出来的。断言危机不是发生在物理学问题上，仅仅发生在哲学问题上，以及在哲学方面只强调唯物主义被唯心主义和不可知论代替所引起的危机，而忽略机械唯物论所面临的全线崩溃的危机，都是不够全面的。因此，要使物理学摆脱危机，也必须从两方面入手，一是彻底变革经典物理学的基础，在新基础上创建新理论，就像普朗克、卢瑟福、爱因斯坦等物理学的革新家们实际所做的那样。二是以体现了现代科学精神气质的现代科学哲学代替经典的科学哲学（机械唯物物、实证论等）和其他时髦一时的哲学流派（如反理智主义、不可知论、绝对的怀疑论、唯心论等）。这两方面是相辅相成的，但前者更为根本。而列宁对物理学危机的实质的理解之偏差在于：他把物理学危机在哲学方面视为主要方面，他在哲学方面又忽略了机械唯物论全线崩溃的危机，他认为摆脱危机的出路只有一条。这与事实是不相符合的。列宁的理解之所以出现上述偏差，既有历史的和知识背景等方面的局限性[34]，恐怕也与他未能完全跳出机械唯物论的窠臼有关——这也是他无法理解马赫对牛顿绝对时空观批判的意义[35]的重要原因，同时也是他同情和颂扬力学学派，贬低乃至（全盘）否定以马赫和彭加勒为首的批判学派[36]的失误之所在。

---

[34] 李醒民：《两极张力论·不应当抱住昨天的理论不放》，陕西科学技术出版社（西安），1988年第1版，第119—125页。

[35] 同注[33]，第176—189页。

[36] 李醒民：〈世纪之交物理学革命中的两个学派〉，《自然辩证法通讯》（北京），第3卷（1981），第6期，第30—38页。李醒民：〈论批判学派〉，《社会科学战线》（长春），1991年第1期，第99—107页。

第三章 探究数学王国的根底

——彭加勒的数学哲学思想

> 尽日寻春不见春,
> 芒鞋踏遍陇头云。
> 归来笑拈梅花嗅,
> 春在枝头已十分。
>
> ——悟道诗
>
> 宋·某尼

作为世纪之交 30 余年间的全能数学大师和领袖数学家,彭加勒不仅在数学的几乎所有分支都做出了举世瞩目的贡献,而且也深入地探究了数学王国的根底,形成他的别有底蕴的数学哲学思想。下面,我们拟就他关于数学直觉主义,数学中的直觉和逻辑,数学归纳法,数学的对象、目的和本性等论述加以评说。

§3.1 数学直觉主义的先驱和倡导者

在 19 世纪后期,包括彭加勒在内的一些数学家就已经重新开始考虑数学的基础这一根本问题,特别是数学与逻辑的关系问题。有人认为数学可以建立在逻辑之上,有人则对逻辑原则的普遍应用怀有疑虑。在 1900 年之前已经冒了烟的星星之火、经集合论悖论导致的第三次数学危机,已成燎原之势。结果,全部数学的适当基础,就成了极其严重的、普遍关心的问题,原来不甚明显的意见分歧发展成学派之间的激烈争论。在这个过程中,形成了以罗素为代表的逻辑主义学派,以布劳威尔(L.E.J.Brouwer,1881 - 1966)为代表的直觉主义学派和以希耳伯特(D.Hilbert,1862 - 1943)为代表的形式主义学派。

逻辑主义学派的宏伟纲领就是要把整个数学大厦奠基在逻辑之上,而不需要任何数学公理,数学只不过是逻辑的主题和规律的自然延展。但是,逻辑的公设和它们的所有推论是任意的,而且还是形式的。也就是说,它们是没有内容的,有的仅仅是形式。布劳威尔的直觉主义把数学思维理解为一种构造性的程序,它建造自己的世界,与我们经验的世界无关,有点像是自由设计,只受到应以基本数学直觉为基础的限制。这个基本直觉的概念,不能设想为像公设理论中那种不定义的概念,而应设想为某种东西,用它就可以对出现在各种数学系统中的不定义的概念做直观上的理解,只要它们在数学思维中是确实有用的。至于形式主义学派,干脆认为数学本身就是一堆形式系统,各自建立自己的逻辑,同时建立自己的数学;各有自己的概念、自己的公理、自己的推导定理的法则以及自己的定理。把这些演绎系统的每一个都展开来,就是数学的任务。于是数学就不成为关于什么东西的一门学科,而是一堆形式系统,在每一个系统中,形式表达式都是用形式变换从另一些表达式得到的。

彭加勒对数学文献掌握得十分广泛,他对新的数学观念也非常热心。他也许是把康托尔的集合论应用到分析中的第一位数学家。早在 19 世纪 80 年代初期,他在关于自守函数和微分方程的工作中已碰到了像非稠密的完备集的概念。19世纪末期数学公理化趋势正在逐步发展，彭加勒在一定程度上对这种趋势是以赞同的目光观察的，并对希耳伯特的几何学基础颇为赞赏。可是，到20世纪初期，由于集合论悖论的出现，他复合了克罗内克在19世纪70年代和80年代提出的直觉主义观点，并形成了广泛的认真的运动。他的立场和行动使他成为直觉主义学派的先驱之一和直觉主义观点的强有力的倡导者。

像克罗内克一样，彭加勒也坚持数学定义和证明都必须是构造性的。他说：

> 数学家是通过"构造"而工作的，他们"构造"越来越复杂的组合。他们通过分析这些组合、这些集合体，可以说返回到它们的初始元素，他们觉察到这些元素的关系，并从它们推导出集合体本身的关系。(S.H., p.26)

彭加勒认为，只有借助数学归纳法的帮助，我们才能进行数学构造。

彭加勒强烈反对逻辑主义学派把算术乃至整个数学化归为逻辑的企图。他认为关于这一切的断言是"专横的腔调"(S.M., p.152)，其途径"显然与一切健全的心理相反"。"可以肯定，人类精神无法用这种方式着手构造数学。"(S.M., p.154)逻辑主义学派设计的形式化，显然没有在任何真正的意义上表现数学，它给我们显示外壳而不是内核，只是把数学化为无限的同义反复。彭加勒曾讥讽地说过："逻辑斯谛并非不毛之地，它产生矛盾。"(S.M., p.211)他认为形式主义者策默罗(E. Zermelo, 1871-1953)的公理化集合论也没有排除矛盾："尽管策默罗谨慎地关上了他的羊圈，我不敢担保，

他没有放进想要吃羊的狼。"($L.E.$, p.60)

彭加勒不赞成对于自然数的公理化定义和高度人为化的数的推导。在彭加勒看来,自然数是最基本的直观概念,显然无需进一步分析和定义就可以认为十分保险,他多次对罗素派成员在这方面的努力大开玩笑。例如,对于布拉利·福蒂(C. Burali-Forti)关于数 1 的定义,即 $1 = LT'\{K\widehat{on}(u,h) \in (u \in U_n)\}$,彭加勒嘲笑说:"该定义十分适合于把数 1 的观念给予从来也没有听说过它的人。"他还指出:"我仍旧担心这个定义包含着预期理由[①]。这是由于考虑到,我在第一部分看见数字 1,而在第二部分看到字母 U_n。"($S.M.$, p.168)对于罗素在《数学原理》中把 1 定义为 $\hat{a}\{\exists x \cdot \alpha = \acute{\imath}x\}$,彭加勒讽刺说:"这对于从未听说过数目 1 的人来说,是一个令人赞叹的定义。"[②]在谈到库蒂拉特(Couturat)把 0 定义为"空类元素的数",把空类定义为"无元素的类"时,彭加勒指出:"用空定义 0,用无定义空,这实际上是滥用语言资源。"($S.M.$, p.168)对于库蒂拉特关于"1 本质上是其中任何 2 个元素都是恒等的类中的元素之数"的定义,彭加勒嘲讽说:"在这种意义上定义 1 是比较满意的,因为他没有使用 1 这个词;作为补偿,他使用了 2 这个词。但是,我担心,如果问什么是 2,库蒂拉特先生也许不得不利用 1 这个词。"($S.M.$, pp.169-170)

彭加勒断然拒绝把直觉从数学研究中排除出去的做法。他认为数学家并不是斯坦利·杰文斯(Stanley Jevens)所设想的"逻辑皮亚诺"(Logic piano),并不是"在一端输入假定,而在另一端便输出了

[①] 预期理由(petitio principii)是一种逻辑错误,它把尚待证明的判断作为证明论据的论据。

[②] M.克莱因:《古今数学思想》,上海科学技术出版社(上海),1981 年第 1 版,第 275 页。

定理"的什么也不需要知道的"机器",就像传说中的芝加哥机器一样,从一端输入活猪,在另一端便转化为火腿和香肠。逻辑只能提供无数的组合,要在无数的组合中做出明智的选择,则必须诉诸直觉。由于发明即是选择,因此逻辑斯谛并不像库蒂拉特所说的那样,是给发明装上了"高跷和翅膀"。彭加勒指出:"逻辑斯谛只是给发明家套上了镣铐。"因为它无助于简洁,它迫使我们说出我们通常已经了解的一切,它使我们一步一步地爬行,这也许更有把握,但却比较慢。因此,逻辑学家给我们的不是"翅膀",至多不过是"孩子学步用的牵引带"。($S.M.$, p.193)彭加勒揭示出,即使在罗素的《数学原理》中,也有九个不可定义的概念和二十个不可证明的命题,从本质上讲,它们也是依赖直觉或先验综合判断的。因此,要在直觉不参与的情况下建立整个数学的做法是可疑的。

彭加勒肯定了希耳伯特公理化几何学著作的重要性,以及它们在我们的概念中留下的深刻印记,但是他也明确反对希耳伯特的下述主张:"数学必须只是把纯粹的符号结合起来,纯粹数学家应该依靠它们推理,而不应该对它们的意义怀有偏见。"其实,希耳伯特在证明几何学不隐含矛盾时依靠了解析,通过解析依靠算术,通过算术依靠数学归纳原理,只是他自己没有觉察到这一点罢了。因此,彭加勒在评论希耳伯特的著作时写到:"矛盾堆积着;我们感到作者模糊地意识到他所犯的预期理由的错误,他徒劳地试图去修补他的论据的漏洞。"($S.M.$, pp.183-184)

此外,彭加勒还反对不能够用有限数目的词来定义的概念,他认为那样做"只不过是虚无而已"。他指出,只有当我们能成功地用有限数目的词来定义对象时,才能够恰当地进行推理。他揭示出其中的原因:"对象只有在它能用心智构想时才存在,对象不能用独立于有能力思考的人的心智来构想。实际上，在这里存在着观念论。既然有理性的主体是人，或者是类似于人的某种生物，因而是有限的存在，所以无限除了有创造我们所希望的那么多的有限对象的可能性外，它没有别的意义。"(L.E., p.72)彭加勒也明显地谴责无限集合的概念(L.E., p.47)。

彭加勒充分肯定了直觉在数学中，尤其是在数学创造中的巨大作用，但是并未把它强调到不适当的程度(他也指出了直觉的缺陷)，而且给逻辑以应有的地位。他在尖锐批判逻辑主义和形式主义的同时，也坦率地承认罗素和希耳伯特著作中一些"有独到见解的、深刻的、往往是有充分理由的观点"，他们的"一些结果，甚至许多结果，都是可靠的，注定会长存下去。"(S.M., p.191)并认为"我们必须听任思想的多样性"，"最好是既有逻辑主义者，又有直觉主义者。"(S.M., p.127)"对于科学的进步来说，这两类精神同样是必要的；逻辑主义者和直觉主义者都获得了其他人没有做出的巨大成就。"(V.S., p.15)另外，在彭加勒的思想中，也流露出古典的数学经验论的观点。因此，有人认为彭加勒是一位半直觉主义者，这是不无道理的。

不用说，集合论公理化、逻辑主义、直觉主义、形式主义都不可能对数学基础问题做出令人满意的解答，也没有对数学提供一个可以普遍接受的途径。1930年前后哥德尔(K. Gödel, 1906-1978)提出的不完全性定理，对罗素和希耳伯特的宏伟纲领和远大计划也许是一个沉重的打击，但是逻辑主义者和形式主义者的功绩是不可抹杀的。彭加勒在《科学与方法》一书中所做的下述预言也许是有道理的：

　　逻辑斯谛还必须改造，不清楚的是，能够被拯救的有多少。不用再说，唯有康托尔主义和逻辑斯谛处于考虑之列；对于某些东西有用的真正的数学,可以按照它自身的原则继续发展,而不必为在它之外掀起的风暴伤脑筋。数学由于其平常所取得的成就而一步一步地前进着,这些成就是决定性的,从来也不会被抛弃。($S.M.$,p.206)

§3.2 数学中的直觉和逻辑

作为数学共同体中杰出的一员,彭加勒对已故的和同时代的数学家及其著作比较了解,也熟悉同行们的研究风格。他发现其中有两种相反的趋势,或两种截然不同的"精神类型"($V.S.$,pp.11-12)。一些人专注于逻辑,他们步步进逼,效法沃邦[③](M. de Vauban,1633-1707),挖壕筑垒,稳扎稳打,没有给机遇留下任何余地。另一些人受直觉指引,他们像勇敢的前卫骑兵,迅猛出击,以速制胜,但有时也要冒几分风险。人们往往称前者为解析家(因为在数学中,逻辑被叫作解析,解析意味着分解、分析),即使当他们研究几何学的时候,称后者为几何学家,即使当他们从事纯粹解析的时候。彭加勒依据他们的精神的本性,称前者是逻辑主义者,而称后者是直觉主义者。

彭加勒举例说,二项式方程总是有根,或通俗地讲,角总是可以剖分,这本是用直觉就可以感受到的真理——谁会怀疑一个角总是可以分成任意等分呢?但是,梅雷(C. Méray,1835-1911)却不这样

---

③ 沃邦是法国元帅,历史上最杰出的军事工程师。1673年,在围攻马斯特里赫特中使用"平行攻城法",即通过挖掘与敌防御阵地周边平行的或同心的堑壕以及连接这些堑壕的"之"字形交通壕,使围攻者在对方炮兵火力下安全接近防御阵地。他创立的筑城理论体系对欧洲军事学术的影响长达一个世纪以上。

看,他认为这个命题并不明白,要用几页篇幅去证明。另一方面,克莱因在研究函数论中的一个最抽象的问题,即确定给定的黎曼曲面上,是否存在具有已知特性的函数时,用电导率按某些规律变化的金属面代替黎曼曲面,把金属面上的两个点与电池的两极联接起来。他说,电流必定通过金属面,电流在面上的分布将确定一个函数,该函数的特性恰恰说明所要求的特性。克莱因认为,即使这不是严格的证明,但至少在信念上是可靠的,因此毫不犹豫地发表了它。可是,逻辑主义者却极端厌恶地排斥这种概念,或者确切地讲,从来也没有想过这样的概念。又如两位著名的法国数学家贝尔特朗德(Bertrand,1851-1917)和埃尔米特。前者在讲演时总是动来动去,时而仿佛与某些外来之敌战斗,时而用手势描述他所研究的图形的轮廓,显然他想象着,并试图去描绘它。而埃尔米特则迥然不同,他的双眼似乎避免与世界接触,他寻求真理的妙诀不在心外,而在心内④。两位遐迩闻名的德国几何学家维尔斯特拉斯和黎曼也具有截然不同的精神类型。前者把一切都归结为级数及其解析变换,为了更好地表示,他把解析化为类似于算术的拓展,在他的著作中找不到一张插图。相反地,黎曼却同时求助于几何学,他的每一个概念都是一幅图像,人们一旦明白它的意义,便会永志不忘。其后,李(Sophus Lie,1842-1899)是一位直觉主义者,他用图像思维。人们读李的著作,顿生疑团,经他道破,便涣然冰释。科瓦列夫斯基夫人(Madame

---

④ 贝尔特朗德和埃尔米特同时在同一个学校上学,他们受相同的教育,处于同样的影响之下,但两人的差别却相当大。这不仅在他们的著作中显现出来,而且也表现在他们的教学、谈吐方式乃至外表。难怪彭加勒甚至有点偏颇地认为:"在数学家中间,并非教育能助长一种趋势而抑制另一种趋势。数学家是天生的,不是人为的,他们似乎生来就是几何学家或解析家。"($V.S.$,p.12)

Kovalevski,1850－1891)则是一位逻辑主义者。即使在学生中间，也存在着类似的差别。一些人更喜欢"用解析"处理面临的问题，他们不善于"在空间中想象"；另一些人则偏爱"用几何学"，他们十分厌倦冗长的计算和推导，很快就会晕头转向。

彭加勒正确地指出，直觉和逻辑在数学中都有其合法的任务，直觉主义者和逻辑主义者同样也都为数学的发展做出了应有的贡献。像所有的数学家一样，他也坚持良好的和健全的逻辑是数学证明的有效工具和数学教学的坚实基础。同时，他也明确指出，"逻辑是不充分的"($V.S.$,p.25)，"纯粹逻辑不能使我们评价总效果"($S.M.$,p.134)，因此直觉作为逻辑的补充物（或平衡物、或矫正物）必然具有它自己的作用，人们必须求助于直觉。

很显然，彭加勒并不是反对数学中的逻辑，他反对的只是逻辑主义者把数学化归为逻辑的企图和把直觉从数学中统统排除出去的做法。为了打破逻辑"唯我独尊"的僵局，为了给直觉谋求一席之地，他比较集中、比较系统地论述了直觉在数学中的作用和直觉的种类与特点。

直觉在数学中的主要作用有三个方面：发明方面的作用，推理方面的作用，教学方面的作用。彭加勒明确指出：

> 逻辑和直觉各有其必要的作用。二者缺一不可。唯有逻辑能给我们以可靠性，它是证明的工具；而直觉则是发明的工具。($V.S.$,p.29)

他认为，纯粹解析把许多程序提供给我们使用，它保证这些程序是确实可靠的，它向我们开辟了成百上千条不同的大道，我们可以满怀信心地迈步在这些大道上,确信不会遇见任何障碍。但是,在所有这些道路中,哪一条会最迅速地把我们引向我们的目标呢?谁将告诉我们选择哪一条呢?彭加勒对此做了明确的回答:"为了选择这样一条路线,必须具有探索者的本领,直觉就是这样的**使我们具有一览遥远目标的本领**。"(V.S.,p.27)他在另一处也表达了同样的意思:

> 逻辑告诉我们走这一条路保证不会遇到障碍;但是它不会告诉我们哪一条路能达到目的。为此,必须从远处瞭望目标,教导了我们瞭望的能力是直觉。没有直觉,几何学家便会像这样的作家,他只是按语法写诗,但却毫无思想。

他接着反问道:"现在,它刚一出现,如果我们驱逐它、排斥它,如果我们在了解它的益处之前轻视它,那么这种能力怎么能够发展呢?"(S.M.,p.137)彭加勒进而认为:发明即是辨认、选择,逻辑只能提供所有组合或结构,要在其中做出明智的逻辑,则必然要靠直觉。(S.M.,p.158)

那么,如何解释不承认直觉的解析家也是发明家这一事实呢?彭加勒认为,解析家依靠数学归纳法的程序,从特殊上升到一般,从而促成了科学的进步。但是,严格的数学归纳法却渊源于"纯粹数的直觉",它与"主要凭恰当地称之为想象的可觉察的直觉"尽管大相径庭,但毕竟还是直觉。解析家之所以不一步一步地摸索着前进,而能推测出他所达到的目标的道路,他所需要的向导是类比。要觉察出这些类似,往往需要非同寻常的洞察力。"为了不让这些隐藏的类似逃脱,就是说为了成为一个发明者,解析家必须在不借助于感觉和想象的情况下,直觉到一项推理的一致性由什么构成,也可以说,它的精髓和内心深处的灵魂由什么构成。"(V.S.,pp.32-33)例如,当人们与埃尔米特先生谈论时,他从来也不乞灵于一幅感觉图像,但是人们立即就会察觉,最抽象的实体对他来说都像栩栩如生的存在一样。他虽然不目视它们,但心里却领悟出它们不是人为的集合物,它们具有某种内部统一的原则。因此,彭加勒断言:

> 正是纯粹数的直觉,纯粹逻辑形式的直觉,启发和引导我们称之为解析家的人。就是这种直觉,不仅使他们能够证明,而且使他们能够发明。借助这种直觉,解析家一眼就觉察到逻辑大厦的总图,而且似乎在没有感觉介入的情况下也是这样。正如我们已经看到的,想象并非总是确实无误的,凭借直觉,解析家在舍弃想象帮助的情况下也能够勇往直前,而不担心上当受骗。(V.S.,p.33)

不过,彭加勒认为解析家中间的发明家为数甚少。

事实上,一个数学概念的发明,总是离不开直觉的。例如连续函数的概念。起初,它仅仅是可感觉的图像,比如用粉笔在黑板上勾画的连续痕迹的图像。尔后,它渐渐变得精细了,不久人们又用它构造复杂的不等式系统,这可以说是摹写了原始图像的全部线条。在这座数学建筑物竣工后,仿佛把拱架给拆除了,临时作为支架而后来变得毫无用处的粗糙表象被抛弃了,保留下来的只不过是建筑物本身。逻辑主义者只看到逻辑严谨、无懈可击的建筑物,却闭目不见建筑时所用的脚手架和支撑物。彭加勒反诘说:"倘若原始图像从我们的记忆中统统消失,那么所有这些不等式以这种方式相互堆叠,究竟是怎样借助于随想而神悟呢?"(V.S.,p.28)不用说,逻辑也在这个建筑物的建设中起了作用。例如,在欧几里得的几何学这一庞大建筑物中,它的每一个部件不管怎样都归因于直觉,可是我们今天依然能够辨认出一位逻辑主义者的工作。

直觉作为发明工具的作用固然是最重要的,但也不能忽视直觉在数学推理中的作用。彭加勒揭示出,自信在推理中不诉诸直觉是一种假象,因为纯逻辑不会创造出任何新东西。比较一下这样四个公理:1. 等于第三个量的两个量相等;2. 若一个定理对数1为真,假定它对 n 为真,如果我们证明它对 n+1 为真,则它对所有整数都为真;3. 设在一直线上,C 点在 A 与 B 之间,D 点在 A 与 C 之间,则 D 点将在 A 与 B 之间;4. 通过一个定点,仅有一条直线与已知直线平行。彭加勒指出,所有这四个作为逻辑推理前提的公理都归之于直觉。不过第一个阐明了形式逻辑诸法则中的一个法则;第二个是真实的先验综合判断,它是严格的数学归纳法的基础;第三个求助于想象;第四个是伪定义。($V.S.$, p.21)"倘若正确地利用直觉向我们提供的前提,我们便能学会正确地推理。"($S.M.$, p.139)

作为某些逻辑推理的前提的公理,不仅渊源于直觉,而且直觉也渗透在推理的过程之中。这是因为,"数学证明不是演绎推理的简单并列,它是按某种次序安置演绎推理,这些元素安置的顺序比元素本身更为重要。如果我们具有这种次序的感觉,也可以说这种次序的直觉,便能一眼觉察到作为一个整体的推理","使我们推测隐藏的和谐与关系"($S.M.$, p.47)。不过,并不是每一个人都有这种特殊的直觉。多数人没有,所以他们无法理解较高级的数学;一些人略有这种直觉,即使他们有非同寻常的记忆力和高度的注意力,他们只能理解数学,有时也能应用,但不能创造;只有具有这种直觉的人不仅能理解数学,而且可以成为创造者,即使他们的记忆力很平常。因为后一种人无需害怕忘记那些元素之一,因为它们之中的每一个都在排列中得到它的指定位置,根本没有必要费心思记忆。至于纯粹数的直觉引导解析家在推理中发现类似与差异,前面已提到了。

直觉在数学教学中也有它应该占有的地位。直觉不仅对有创造性的科学家来说是须臾不可或缺的,而且对学习数学的学生也是十分有用的。"没有直觉,年轻人在理解数学时便无从着手;他们不可能学会热爱它,他们从中看到的只是空洞的玩弄辞藻的争论;尤其是,没有直觉,他们永远也不会有应用数学的能力。"($V.S.$,p.25)

关于直觉的特点和种类,彭加勒也有所论述。彭加勒认为,我们有多种直觉。首先,求助于感觉和想象;其次,通过归纳进行概括,而归纳可以说是摹写实验科学的程序;最后,我们有纯粹数的直觉,如数学归纳法,它能够创造真正的数学推理($V.S.$,p.22)。直觉的这些种类可以归结为两种类型:一是所谓"纯粹直觉",即"纯粹数的直觉"、"纯粹逻辑形式的直觉"、"数学次序的直觉",这主要是解析家的直觉;二是"可觉察的直觉",即"想象",这主要是几何学家的直觉。这两种类型的直觉"似乎发挥出我们心灵的两种不同的本能",它们像"两盏探照灯,引导陌生人相互来往于两个世界"。固然解析家仅凭纯粹直觉也能前进,但是大多数人如果只依靠纯粹直觉眺望,就会感到头晕目眩,因此"可觉察的直觉在数学中是最有用的发明工具"。($V.S.$,pp.33-34)

彭加勒认为"直觉不必建立在感觉明白之上"($V.S.$,p.21),因为感觉很快就会变得无能为力。我们无法想象千角形,可是却能够通过直觉一般地思考多角形,而千角形是多角形的特例。彭色列(J. V. Poncelet,1788-1867)直觉到的连续性原理(更确切地说,认为双曲线与椭圆类似),就不依赖于感觉的明白。彭加勒还深刻地揭示出,"潜在的自我"能够产生灵感的直觉认识,使人们有可能一下子洞察到本质和规律性的东西。

彭加勒把直觉看作是沟通数学世界和真实世界的桥梁,这一观点值得引起我们的重视。他说:

> 正是通过直觉,数学世界才依然与真实世界保持接触,即使纯粹数学家没有真实世界也能工作,但总是必须求助于它,以填平把符号与实在分隔开的鸿沟。($S.M.$, p.136)

他还这样写道:

> 我们已有了由不一致的元素形成的模糊的概念,在这些元素中,一些是先验的,另一些来自或多或少经过整理的经验;我们认为,我们通过直觉知道它的主要特性。今天,我们摒弃经验元素,仅仅保留先验元素;特性之一作为定义,所有其他特性都能通过严格的推理从定义导出。这都是十分恰当的,不过依然要证明,这种变成定义的特性从属于真实的客体,我们从中引出了我们模糊的直觉概念。为了证明这一点,就必须诉诸经验或求助于直觉,如果我们不能证明它,我们的定理虽则十分严格,但却毫无用处。($S.M.$, p.132)

总而言之,直觉的作用是毋庸置疑的。彭加勒认为,没有它,数学家的三个进展阶段——数学发明家和创造者的精神;无意识的几何学家的精神(在我们古老的祖先中,在我们朦胧不清的儿童时代,这种精神已为我们构造出本能的空间概念);青少年的精神(中学教师向他们揭示出头一批科学原理,试图对根本的定义做出理解)——也许同样是软弱无力的》(S.M.,p.309)。不过,需要指出的是,彭加勒并没有把直觉强调到不适当的程度,他也看到直觉的缺陷:它不能给我们以严格性,甚或不能给我们以可靠性(V.S.,p.17;S.M., p.131)。例如,我们直觉地认为,每一个连续函数都有导数,这是显而易见的,因为每一条曲线都有切线。其实,存在着没有导数的连续函数。狄利克雷原理也是直觉欺骗我们的例子。在这种情况下,"因为解析依然是无懈可击的,所以我们决定舍弃直觉。"(S.H.,p.44)因此,我们必须在数学中(在其他有关科学中也是如此)赋予逻辑和直觉以恰当的地位,有效地发挥二者的作用,使之珠联璧合、相得益彰,把认识推向前进。这也是彭加勒的意思。

§3.3 数学归纳法是从特殊到一般的工具

数学归纳法,彭加勒又称其为"递归证明"、"递归推理"、"全归纳原理",他十分欣赏这种方法,并赋予它以特殊的地位和重要性。

上面所陈述的公理2,即是数学归纳法的一种表述形式。它也可以表述如下:我们首先针对 n=1 规定一个定理;然后我们证明,若该定理对 n-1 为真,则它对 n 亦为真,从而得出结论:它对所有的整数都为真。

彭加勒指出:"递归推理的主要特征是,它包括着无穷个三段论,可以说它浓缩在单一的公式中。"(S.H.,p.20)在递归推理中,如果依次说出这些三段论,它们仿佛像"瀑布"一样直泻下来。我们会看到,每一个三段论的结论都是下一个三段论的小前提,而所有三段论的大前提都能简化为单一的公式。在实际的推理过程中,我们仅限于陈述第一个三段论的小前提和把所有大前提作为特例包括进来的普遍公式。于是,这一连串永无休止的三段论就简化为几行短语。

显而易见,如果我们不去证明我们的定理对于所有数为真,只需要证明它对某数为真,我们只使用有限个三段论也就可以了,从而分析核验总是可能的。可是,无论这个数目多么大,我们也无法上升到对所有数都适用的普遍真理,而唯有普遍真理,才是科学的目标。欲达此目的,就需要无穷个三段论,就必须跨越只局限于形式逻辑方法的分析家的忍耐力永远也无法填满的深渊。也许是在这个意义上,彭加勒认为数学归纳法"不能化归为逻辑"($S.M.$, p.159)。

为了获得普遍真理(数学中的定理),人们"不得不借助于递归推理,因为这是能使我们从有穷通向无穷的工具"($S.H.$, p.22),"把我们从特殊提升到一般"($V.S.$, p.30)。彭加勒进而认为:

> 这个工具总是有用的,因为它容许我们跨越我们所希望的那么多的阶梯,它使我们省去冗长的、使人厌烦和单调的核验,而这种核验会很快地变得不能实施。但是,只要我们以普遍的定理为目的,它就变得必不可少了,而分析核验虽则可以不断地接近这一目的,却永远无法使我们达到它。($S.H.$, p.22)

彭加勒经过考察指出,递归推理的法则不能简化为矛盾律,因为它的判断不是分析判断[5];这个法则也不能从经验而来,因为经验不

---

[5] 康德意义上的分析判断即谓项是主项一部分的判断,它是解释性的,对知识的内容毫无增加。如"一切物体都是有广延的"、"等边三角形是三角形"等。分析判断是矛盾律的归结,因为一个肯定的分析判断的谓项已在主谓的概念里被想到了,那么从主项里否定它就不能不陷于矛盾;在否定的分析判断里,情况也是如此。

能达到无穷系列的数；也不能认为它像几何学的某些公设那样是一种约定，因为约定无所谓真假，而该法则是确实可靠的。显然，这个法则是分析证明和经验难以得到的，在无穷面前，矛盾律会失效，经验会变得软弱无力，所以"它是先验综合判断⑥的真正典范"($S.H.$, p.23)。正因为递归推理的法则是先验综合判断，所以它才能告诉我们某种新东西，我们才能借助它攀登。"没有在某些方面与物理学归纳法不同的、但却同样有效的数学归纳法的帮助，则构造便无力去创造数学。"($S.H.$, p.28)彭加勒进而揭示出这种判断以不可遏止之势迫使我们服从的原因：

> 那是因为，它只是证实了精神的威力，我们的精神知道，它本身能够想象得出，只要这种行为一次是可能的，同样的行为就可以重复无穷次。精神对这种威力有一种直接的直觉，而经验只不过是为利用它提供机会，从而能够意识到它。($S.H.$, pp.23-24)

关于建立在先验综合判断基础上的数学归纳法与建立在经验事实基础上的普通归纳法(物理学中的归纳法)之异同，彭加勒也做了比较。他认为二者虽则基础不同，但步调却是一致的，即它们在同一方向上前进着，也就是说，"从特殊到普遍"($S.H.$, p.25)。不过，它

---

⑥ 康德意义上的综合判断即不是分析判断的判断，它是扩展性的，对已有的知识有所增加，如"某些物体是有重量的"，"星期二是下雨天"等。经验判断、数学判断、真正的形而上学判断都是综合判断。而先验判断则是这样的判断：由经验虽然可以把它抽引出来，但是一旦认识了它，便看出它具有经验以外的其他基础。康德认为后天综合判断是来自经验的，而先天综合判断则是来自纯粹理智和纯粹理性的。

们也有本质的差异,其"差别仅在于它的可靠性"(S.M.,p.160)。也就是说,"用于物理科学中的归纳总是不可靠的,因为它建立在宇宙具有普遍秩序的信仰上,而这种秩序却是在我们之外的。相反地,数学归纳法,即递归证明却必然强加于我们,这只是因为它证实了精神本身的特性。"(S.H.,p.24)

§3.4 关于数学的对象、目的和本性

关于数学的对象、目的和本性,也是数学哲学的一个重要论题。具有哲学头脑的数学家大都很关注这个问题,彭加勒也就此发表了一些有价值的意见。

彭加勒直截了当地指出:

> 数学家研究的不是物体,而是物体之间的关系;因此,只要关系不变,这些物体被其他物体代换对他们来说是无关紧要的。在他们看来,内容是不重要的,他们感兴趣的只是形式。(S.H.,p.32)

正由于数学家研究的是关系而不是物体,关注的是形式而不是内容,因而彭加勒认为,在数学中,"存在"一词与在物理学中是不同的。一个数学实体存在,只要它的定义既在自身之内不隐含矛盾,又与已经公认的命题不发生矛盾就可以了;而物理实体存在则不再表示没有矛盾,它意指客观的存在。(S.H.,p.59;S.M.,p.186)

对数学而言,只有形式才具有考虑的价值,难怪彭加勒认为"数学是把同一名称给予不同事物的艺术"(S.M.,p.29)。这样,我们

完全可以把在内容上不同而在形式上相似的事物纳入到同一模式中。我们创造的负数、虚数、无穷远点、群、同构等等就是这样精选的名词。当我们选定名词后,我们惊讶地发现,对某一对象所做的论证可直接用于许多新现象,足以消除用旧方式陈述的法则所遇到的例外。因此,数学理论的目标也不在于"向我们揭示事物的真实本性",强使它们这样做,是"没有道理的要求","它们的唯一目的是协调实验向我们揭示出物理学定律。"(S.H., p.245)

为了消除一些人的误解和担心,彭加勒进而说明:其主要对象是研究空虚框架(形式)的数学不是精神的空洞游戏,作为物理学的方便语言的数学的贡献也不是平庸的,这种人为的语言更不是设置在实在和物理学家眼睛之间的屏障。没有数学这种语言,事物的大多数密切的类似对我们来说将永远是未知的。而且,我们将永远不了解世界的内部和谐,而这种和谐才是唯一真实的客观实在。(V.S., pp.6-7)

彭加勒对数学的目的并未作单一的理解。他认为数学的目的有三个:作为研究自然的工具,它可以帮助物理学和其他科学表述定律和预见真理,但这并非一切;它还有哲学的目的,它能帮助哲学家揣摩数、空间、时间的概念;它也有美学的目的,数学家能由此获得类似于绘画和音乐所给予的乐趣:数和形的微妙的和谐使他们赞美不已,新发现打开的意想不到的视野使他们惊叹不止。(V.S., p.139)

正因为数学除实用目的外还另有追求,因此彭加勒毫不犹豫地断言:

> 为数学而数学是值得的,为不能应用于物理学以及其他科学而研究数学是值得的。即使物理学的目的与美学的目的不统

一,我们也不应牺牲两者中的任何一个。($V.S.$, p.139)

不过,他提醒人们注意:这两个目的是不可分割的,欲得其一的最好办法是对准另一个,或者至少从来也不丧失对它的洞察。

谈到数学的起源,彭加勒认为,严格说来,数学不是经验促使我们创立的,经验只是智慧创立数学的导因。数学是智慧自由的创造,是智慧本身的创造力的鲜明表现。他说:"数学科学是人类精神从外界所借取的东西最少的创造物之一。"($S.M.$, p.31)他在充分肯定人类精神的巨大作用的同时,并没有把客观世界排除出数学起源之外。他指出,纯粹数学家虽然离开真实世界也能工作,但总是必须求助于它。不仅数学归纳法,而且还有数学连续统等概念,虽说"完全是由精神创造的,但是经验为它提供了机会";"只有经验向精神提供刺激物,精神才能利用这种能力。"($S.H.$, pp.35-40)在谈到数学创造与外部世界的关系时,他把数学家和优秀的艺术家加以比较:忘记外部世界存在的纯粹数学家也许就像这样一个画家——他知道如何把色和形协调地组合起来,但由于缺乏模特儿,他的创造力不久便会枯竭。($V.S.$, p.148)

在数学哲学方面,彭加勒还有其他一些重要论述,例如几何学思想、数学美(或广而言之科学美)、数学创造的心理机制等。对于这些方面,我们将在有关章节中详述。

第四章 别树一帜的哲学创造

——彭加勒独创的经验约定论

> 律回岁晚冰霜少,
> 春到人间草木知。
> 便觉眼前生意满,
> 东风吹水绿参差。
> ——立春偶成
> 宋·张栻

彭加勒的整个哲学思想是相当复杂的。杰齐·吉戴明(Jerzy Giedymin)在谈到这位哲人科学家的思想时这样写道:就他的有关算术的认识论地位的观点而言,他是一个康德主义者,因为他宣称算术的一些公理,特别是数学归纳原理是先验综合真理。另一方面,他在空间哲学、几何学哲学和物理学哲学中却抛弃了康德主义,并且用发生经验论(几何学与物理学的概念及陈述起源于经验)和约定论的结合来代替它。在集合论基础方面,他的立场是反对康托尔的,是一位结构主义者和前直觉主义者。在物理学哲学中,他的约定论为经验的要素留下了余地,以致处于经验论传统的范围内。他也带有了许多康德主义和进化论思想的色彩(进化认识论),如他最富有哲意义的时间学说[①]。此外,就他强调感性知觉和经验材料的作用而言,有人认为他是实证论者。就他认为菲涅耳的目的是预言光现象,而不是要知道是否实际存在以太以及以太是否由原子构成而言,有人断定他是现象论者。就他在谈到意识和存在等哲学根本问题时说了些可以做出唯心主义解释的话而言,有人指责他是一位地地道道的唯心论者。就他视探索真理和追求科学美为活动的唯一价值,以及倡导"为科学而科学"而言,有人认为他是理性论者和理想主义者。与此同时,也有人指出他是一个证伪主义者和归纳主义者,因为他把相对性原理仅仅看做是可被实验否证的暂时性假设。当然,人们也能从他的思想中发现毕达哥拉斯主义(对自然的先定和谐的信念)、操作论(要使定义有用,它必须能指示我们如何测量)、工具论(科学是一种整理事业,两种对立的理论也都可作为研究的有用工具)、马赫主义(他赞同马赫的某些观点)的色彩。

造成这种众说纷纭的原因似乎可以从两个方面加以阐明。从观察者和评论者的角度来看,也许他们只是从一个侧面看问题,而没有对彭加勒的思想全貌作整体性的概观,这种做法难免使人有管中窥豹之感;也许他们以有体系的认识论者的角色出现,倾向于按照他们体系的意义来解释彭加勒思想的内容,同时排斥那些不适合于他们的体系的东西,这种态度难免使人有自以为是之嫌。就彭加勒本人的哲学思想而言,也的确是相当复杂的,或者用有些人惯用的词语来说,是比较庞杂的。但是,如果我们持冷静的头脑换一个角度看问题,这种庞杂为何不可以理解为丰富呢?事实上,敢于兼收并蓄,善于博采百家之长,恰恰是彭加勒哲学思维的一大特征,他也正是在这

[①] J. Giedymin, *Science and Convention*, Pergamon Press, Oxford, 1982, p.113.

个"选择"过程中,融入了自己对科学基础的哲学反思和哲学创造,"建构"起自己独特的经验约定论哲学的。

§4.1 彭加勒的约定论的起源

什么是约定论？亚历山大(P. Alexander)在为美英《哲学百科全书》撰写的条目中这样写道:"约定论通常是为下述任何观点所取的名称:科学定律和理论是约定,这种约定或多或少取决于我们从可供选择的'描述'自然界的方式中进行自由的选择。被选择的可供选择的方式不能说比其他东西更为真实,而只是更为方便而已。这种观点包括比这样的认识更多的认识:我们描述世界的方式取决于我们的语言约定;它还包括比这样的信念更多的信念:纯粹数学或逻辑的命题由于这些约定而是'真实的'。它也包括这样的主张:任何首尾一贯的数学或逻辑系统能够适用于自然。约定论很容易受到误解,人们往往这样批评它,认为它使科学结论成为任意决定的结果。对于任何实际上成立的约定论的理论来说,人们怀疑这种看法是合理的。"[②]

亚历山大的定义似乎是针对约定论一般而下的,无论如何它与彭加勒的约定论多少有出入。事实上,在彭加勒之后,约定论得到了发展;在彭加勒的同时代,也有人提出了一些零散的约定论的思想;在彭加勒之前,也有这方面的思想萌芽。

早在古希腊时代,原子论者留基伯(Leukippus,前 500 - 440)、德谟克利特(Demokritus,前 460 - 370)、第欧根尼(Diogenes,前

---

② P.亚历山大:〈约定主义〉,李醒民译,《科学与哲学》(北京),1983 年第 2 辑。

240？－152)就反对感觉是自然给予的观点,而主张感觉只是约定的东西,即感觉是由意见和情感所决定。例如,德谟克利特就说过:颜色是约定的,甜是约定的,苦是约定的,各种性质都是约定的,只有原子和虚空是自然的。尽管这种约定思想只是针对感觉语词而言的,而不是针对科学原理、科学概念而言的,但是它无疑能给后人以某种启示。

约定论在许多方面归功于康德,尽管他不是一个约定论者。他认为,我们描述的本性与其说取决于个人的选择,还不如说主要取决于人类思想的普遍特征,我们在这个世界上发现的秩序并非与我们的思想特征毫不相干。康德关于思想的能动作用和知识成分的两个源泉的思想,对许多具有创造性的数学家和物理学家很有吸引力。康德的这些观念为约定论铺设了道路。惠威尔(W. Whewell,1794－1866)受到康德的影响,也强调自然基本定律的必然地位来源于它们与那些作为客观经验知识的先验必要条件的观念的联系。他除了诉诸这些定律"体现"观念形式的想法外,并未详细说明这种关系的性质。不过,他确实认为,这种例证是在科学的历史发展中逐渐提供的。

约定论也与马赫和迪昂(P. Duhem,1861－1915)的工作有关。正如亚历山大所写的,马赫和迪昂把科学理论中的"图示的"或"解释的"成分与相关的成分加以区分。在马赫看来,理论只不过是预言的工具,在构造它时要使预言尽可能简单、尽可能有力。甚至在理论的相关部分不能直接被证实,图示部分根本不能被证实的情况下,我们在构造理论时也可以从值得注意的选择自由出发。我们接受的无论哪一个图像都是约定的、无关紧要的,基本的东西是容许数学关系矫正预言。迪昂坚持类似的观点,他补充说,当我们把数学用于科学时,我们通过数学符号以纯粹约定的方式表示可度量的性质,我们借助于假设把这些符号任意地相互联系起来。这些假设按照纯粹数学的方法结合起来,结果被重译为变成预言的物理学术语。在谈到所谓的判决性实验不能证伪假设时,迪昂指出,预言出现某一现象涉及若干假设,即使这类情况的先行条件陈述无误,未能观察所预见的现象,也仅能证明前述假设不合宜。为了恢复与观察的一致,科学家可以随意改变出现在前提中的任何一个假设,代替或修改其他假设。采用这种方法,也就是把那个特定假设当作一种约定,对于约定来说,无所谓真假问题。

约定论思想在广泛的意义上独立于科学基础的研究出现在朗格(F. Lange, 1828 – 1875)和尼采(F. Nietzsche, 1844 – 1900)的著作中,例如尼采死后出版的未完成的著作《论超道德感中的真理与谎言》即是。

当然,我们可以把彭加勒的约定论看做是这些哲学家思想发展的逻辑结果或伴生物。但是,确切地讲,彭加勒的约定论主要还是根植于他对科学基础(尤其是几何学和物理学基础)的深刻反思,根植于当时在数学家中流行的一些信念。彭加勒是约定论的创造者和集大成者。

彭加勒的约定论哲学首次在 1887 年发表的〈论几何学的基本假设〉一文中透露出来,它是以简短的认识论评论的形式出现的。当时,彭加勒只有 33 岁。在这篇论文中,他首次指出度规几何学的选择类似于坐标系的选择,后来他把几何学公理称为"伪定义"或约定。因此,吉戴明认为,完全有理由给该学说冠以"几何学约定论"的名称。在 19 世纪最后 10 年和 20 世纪初发表的文章中,彭加勒把他的约定性和约定论思想扩展到时间测量的分析中,扩展到物理学原理中,从而为约定论适应他的整个科学认识论和科学哲学奠定了坚实的基础。为了与几何学约定论相区别,吉戴明称后者为"广义约定论"或物理学约定论,它集中体现了彭加勒的物理学哲学思想。

关于彭加勒的几何学约定论的起源,格吕鲍姆(A. Grünbaum)提出如下见解③:彭加勒关于度规几何学的完整的约定主义是黎曼(G. F. B. Riemann, 1826-1866)的空间流形度规无定形概念的直接的认识论之精制品。他把几何学约定论追溯到黎曼在著名的〈教授就职演说〉这一论文中所勾画出的几何学流形和几何学基础理论。按照这种观点,几何学约定论的基础是格吕鲍姆所说的"黎曼-彭加勒同余约定性原理"。该原理是这样的效应的陈述:由于作为一种连续流形的物理空间在度规上是无定形的,即没有内在的度规,所以物理空间或它的一部分能够在各种外在的标准的基础上以许多不同的方式来度量。这样一来,选择度规的命题便依据不同的几何学相应于选择度规几何图形在合适的"词典"基础上的(句法上的)相互翻译。同余类型的选择相当于度规几何学的选择。至此,还没有包括真假问题。然而,一旦如何度量线段长度的约定被拟定,几何学是真的物理空间的问题就变成一个经验问题,变成一个由实际的空间测量即由实验来决定的问题。

依据格吕鲍姆的观点,几何学约定论的最重要的认识论信条似乎是:1. 度规几何学的约定原理相当于黎曼-彭加勒同余约定原理,它主要是关于物理空间重要结构性质的陈述,也就是说,关于它的度规无定形,从而关于它的选择度规可能性的陈述。2. 同余约定原理唯一派生的是关于不同度规几何学语言相互翻译的陈述。

---

③ 同注①,pp. 7-10。

3. 空间测量的结果是关于度规标准和被测量对象之间关系的陈述；距离函数的选择对于度规关系的真正存在是基本的，而不仅仅对我们确定度规关系的能力是基本的。4. 在移动时标准不变（或标准变化）的假定不是经验陈述，而是约定陈述。5. 一旦关于测量长度方法的约定被做出，那么物理空间是欧几里得空间或不是欧几里得空间的问题就是一个经验问题。

吉戴明指出，格吕鲍姆对几何学约定论起源的解释是可疑的[④]。他在对彭加勒1887年的论文做了充分考察的基础上认为，该文是彭加勒几何学约定论的首次系统化，就这一点而言，它对几何学约定论起源的任何研究都是重要的。该文似乎不仅排斥康德的几何学观点，而且也排斥黎曼的观点，彭加勒显然认为黎曼的观点是经验论的，因为黎曼指出在实验基础上决定那一个几何学是真的物理空间是可能的。该文暗示，必须认为彭加勒的几何学约定论的起源不在于黎曼的见解和几何学基础的讨论，而在其他地方。

与格吕鲍姆的看法相反，吉戴明认为，黎曼的专题论文明显地缺乏约定论的思想和术语，它显然是经验论的，从而成为彭加勒从约定论观点进行批判的目标。实际上，彭加勒1887年的论文是受到索菲斯·李的变换群理论的激励，李的1871年的专题论文〈论几何变换的类〉可以看做是几何学约定论的起源。

李的专题论文第一句话就提到了几何学的哲学观点，而且文中使用了具有丰富多样性的约定论的术语（如"双重任意性"、"被选择"、"翻译"等）。李解释道，几何学的选择一般说来是机会主义的事件：人们发展和使用对解决问题是有利的和方便的几何学。而且，人

---

④ 同注①，pp.10-36。

们认为一种几何学能翻译成另一种几何学的事实是有利的,普吕克尔(J. Plücker,1801-1868)的线几何学可以通过相切变换翻译成其元素是球面的空间几何学。这意味着,这样两种几何学的问题和定理是可以相互翻译的,我们姑且称这种关于几何学的观点为普吕克尔-李变换原理。正是这个变换原理,成为彭加勒几何学约定论的一个基础。

不过,李的几何学变换理论却是建立在彭色列-热尔工互换性理论的基础上。有趣的是,热尔工(J. D. Gergonne,1771-1859)在1826年是第一个注意到且在他的射影几何学中使用几何公理对偶性的人。对偶性的内容是,人们能够通过某些术语的相互变化,从一个可靠的陈述中得到另一个可靠的陈述。对偶性可以在一个公理系统内描述成术语或公式,或者可以在两个这样的系统中成立。公理系统只不过建立了原始术语之间的关系。通过这种方法,只是把限制强加在这些术语的可容许的解释上,对应性就与这些事实有关。因此,术语的相互变化可以离开该系统的结构(推论关系)和它的不可改变的实在。热尔工在讨论射影几何学的对应性时利用的讲述方法类似于彭加勒所利用的"词典"一词的含义。

也是这个热尔工,在〈论定义理论〉(1818年)中引入了与显定义相对的隐定义的思想。该思想是以与方程类比为基础的。具有一个其意义是未知的术语的句子,类似于具有一个未知数的方程;具有几个原始术语的一组公理,类似于具有几个未知数的几个方程组成的方程组。满足该方程的根类似于本原的解释,在这种本原下公理是真的。这是彭加勒把几何学公理视为"伪定义"的来源。

由此,吉戴明得出关于彭加勒的几何学约定论起源的、自认为是"假设性的"结论:彭加勒的几何学约定论的起源和激励源泉宁可说主要在于几何学的研究和热尔工、普吕克尔以及李的有关思想的哲学研究，而不在于对黎曼的思想的研究，彭加勒认为黎曼是一个几何学经验论者。而且，吉戴明认为，彭加勒的几何学约定论的意义和含义嵌入在他的下述关于几何学的观点中：1. 几何学是复杂的语言系统，被看作公理理论的几何学是它们的原始术语的隐定义，这意味着，几何学的原始术语只能用公设（公理）来解决。2. 这些语言中的一些是可以相互变换的，也就是说可以相互翻译的，从而人们可以通过适当地选择几何学来简化问题的解，正如通过适当的坐标变换简化问题的解一样。3."空间"没有物理解释，作为一种数学连续统，它是无定形的，并且能够在关于"距离"或"全等"的各种约定的基础上以各种方式来度量。在空间中存在着三种类型的连续群，这些群在一定的区域内具有位移的性质，它们分别对应于三种度规几何学——欧几里得几何学、波约－罗巴切夫斯基（J. Bolyai, 1802 - 1860; N. I. Lobachevsky, 1793 - 1856）几何学和黎曼几何学。4. 经验在几何学中的作用是双重的：几何学的概念和假定起源于经验，从理想的经验推广出发，几何学的假定被提高到约定的原理或术语的约定的高度；而且，在度规几何学的应用中，我们在选择度规几何学系统时不仅要受到它的简单性（在心理的、实用的和数学的意义上）和方便的引导，同时也要受到与简单性和方便有关的经验考虑的引导。可是，这并不意味着我们用经验就能够检验所用的度规几何学。

广义约定论可以看作是等同于彭加勒的物理学哲学，它的基本命题之一是原理物理学的认识论命题。像几何学的公设一样，所述的物理学原理是理想的经验推广，其中一些被提升到约定的地位。彭加勒所说的数学物理学的六大原理都是在两个（或更多的）竞争的理论的基础上所得到的实验结果的系统化，它们描述了这些竞争的理论的共同经验内容以及(至少是部分的)数学结构,因此它们能够(但不必)给出可供选择的理论解释。

与几何学约定论有关,两重性原则被19世纪的许多数学家和数学物理学家看作是自然界的普遍规律,它不仅导致几何学的二元系统,而且也导致力学、光学等的二元系统。费马(P. Fermat,1601-1665)的最小时间原理和莫培尔蒂(P. L. M. de Maupertuis,1698-1759)的最小作用原理二者都可以从光程定律得到,哈密顿(W. R. Hamiton,1805-1865)把代数应用于几何光学时利用了二者之间的两重性,他的波动光学也受到波和粒子联合的对应的启示。正是考虑到这种两重性和对应性,使彭加勒看到,在观察上和结构上可以区分的物理学理论体系是互相可以翻译的语言。彭加勒的这一重要的认识观点部分地归因于他作为一个数学家和作为一个理论物理学家的工作,部分地归因于康德的哲学。

广义约定论也受到李对变换群理论贡献的某些启示。李把变换群理论用于研究微分方程时所得到的结果表明,我们称之为普吕克-李变换原理的东西,不仅适用于几何学,而且也适用于其他理论,这些数学理论的一部分在理论物理学中有用。从彭加勒在1887年的论文中所采纳的李-克莱因观点来看,几何学是在变换群下的不变量的研究,起因于这种探讨的物理学的"几何化"本身又把物理学当做在变换群下的不变量的研究。例如,相对性原理就等价于所有物理学定律在洛伦兹变换下不变的原理。

除了李外,哈密顿的数学和物理学贡献对彭加勒的约定论的认识论的形成也有重大影响[5]。

---

[5] 同注①,pp.42-84。

哈密顿是四元数的创始人和新分析动力学方法的创造者。所谓四元数,就是有四个分量($a + b^i + c_j + dk$)的非连续代数;从几何学的观点来看,四元数是三维空间中矢量的计算;在没有笛卡儿(R. Descartes,1596-1650)坐标介入的情况下,矢量被直接作为空间元素来处理,四元数是四个参数的运算,这种运算把一个矢量变为另一个矢量。场的概念的引入对于四元数在物理学中的应用很有意义,一个四元数与空间中的每一个点相关。四元数这种超复数的引入,标志着代数从自然数及其法则的长期统治下解放出来。彭加勒认为,哈密顿的四元数的引入是算术中的一场革命,与几何学中的罗巴切夫斯基几何学引起的革命完全类似。四元数的发明对彭加勒的影响可由两个方面看出:四元数的创造作为数学发明的一类范式,使彭加勒看到各种数学对象的形式是由思想推测的;四元数和矢量分析语言有能力描述物理学中的对称性(不变性)。

哈密顿的分析动力学方法不仅影响到彭加勒的数学物理学和天文学的研究,而且也影响到他的物理学的理论结构和认识论地位的观点以及他的科学变化的合理性的观点,简而言之,影响到他的约定论的科学认识论观点。

哈密顿在着手他的数学光学的研究时考虑到,人们长期以来积累了大量的光学实验资料,但是没有一种数学理论能使它们系统化,能在精确性、实用性和形式美方面与其他充分发展的科学分支(例如拉格朗日的分析力学)相比较。两个竞争的光学理论——牛顿的粒子说和惠更斯(C. Huygens,1629-1695)的波动说——每一个都在一段时间占上风。两个竞争的普遍原理(最小作用原理和最小时间原理)每一个都与两个竞争的理论中的一个有关,它们的起源方面可以理解为表示了自然的目的性、简单性或经济性。哈密顿受到笛卡儿解析几何学的启发,他把数学光学作为自己的研究目标,数学光学既不依赖于波动说,也不依赖于粒子说。为此,他提出了公式 $\delta V = \delta \int v ds$($V$ 是特征函数,v 是介质函数,ds 是光线的路程元),该公式既可译为发射说的最小作用原理(莫培尔蒂原理),也可以译为波动说的最小时间原理(费马原理)。哈密顿注意到,分别与光的发射说和波动说相关联的两个原理之间具有类似性,尽管当时两种关于光本性的学说的争论依然悬而未决。这种形式上的等价使哈密顿回避在两种竞争的理论之间做出选择。他强调他的新方法完全独立于哲学(自然经济)假设,也独立于物理(波、粒子)假设。

另外,在哈密顿的分析动力学理论中,与广义坐标同时引入的广义动量导致他把 n 维空间用来处理 n 个自由度的动力学系统,其中所用的相空间变换即哈密顿正则变换。从这种观点来看,分析力学被视为相对于正则变换群的不变量的研究。这类似于作为连续群的研究的几何学观点,它是彭加勒把几何学约定论扩展到物理学的基础,这种动力学研究中的明显的约定论特征得到彭加勒的强调。这一切,与彭加勒的约定论的下述三个观点有关:作为准几何学的数学物理学和天文学的概念形成;作为由观察结果和它的数学形式或结构组成的理论的认识论内容之概念形成;作为保持内容的理论变化系列之科学进步观。

哈密顿关于物理学理论的观点被赫兹和彭加勒复活了。在赫兹的情况下,这发生在大陆学派(超距作用)和英国学派(接触作用)之间争论的背景中。对彭加勒而言,这发生在他在 19 世纪末的一系列关于光学和电动力学的讲演中。吉戴明在新近的论文中甚至把彭加勒的物理学约定论与哈密顿-赫兹-彭加勒的物理学理论概念等量齐观⑥,稍后干脆称其为彭加勒的理论多元论(theoretical pluralism)⑦。

在19世纪中叶,存在着12种竞争的电磁理论。其中一些由于与1845年前后发现的能量守恒原理不相容,因而先后被舍弃了。依然保留下来的最成功的电磁理论有三种:一是韦伯(W.Weber,1804-1891)以电的本性假设为基础的理论;二是诺伊曼(F.Neumann,1798-1895)的现象论的势理论;三是法拉第(M.Faraday,1791-1867)和麦克斯韦的电磁场理论。它们都能说明已有的实验结果和实验定律,但在理论的(本体论的)假定方面大相径庭。韦伯和诺伊曼的大陆学派理论属于牛顿学派的超距作用传统,即假定电磁力像引力一样是中心力,中心力超距地作用而没有任何介质参与;而法拉第-麦克斯韦理论意味着,电磁力作为以太中的波以有限的光速传播。为了把这些竞争的理论在逻辑上和实验上加以比较,亥姆霍兹(H.von Helmhotz,1821-1894)于1870年系统地形成了一种新的电磁理论,它把现存的理论化归为它的特例。从数学上讲,亥姆霍兹理论是诺伊曼势理论的推广,其中出现了一个未定常数 k。当 $k=-1,k=1$ 和 $k=0$ 时,分别对应于上述三种电磁理论。于是,这与具有负、正、零曲率的空间度规几何学在形式上类似,这种类似可能引导了亥姆霍兹。亥姆霍兹劝说他早先的学生赫兹设计实验,在各种特例中做出裁决,赫兹终于在1888年完成了他的著名的实验。

与流行的物理学史的叙述不同,赫兹的实验是从亥姆霍兹的理

---

⑥ J. Giedymin, Geometrical and Physical Conventionalism of Henri Poincaré in Epistemological Formulation, *Stud. Hist. Phil. Sci.*, 22 (1991), No.1, pp.1-22.

⑦ J. Giedymin, Conventionalism, the Puralist Conception of Theories and the Nature of Interpretation, *Stud. Hist. Phil. Sci.*, 23 (1992), No.3, pp.423-443.

论出发的,它确立了电磁传导的有限速度支持了麦克斯韦的特例($k=0$),但它并不足以否证超距作用。难怪赫兹对"什么是麦克斯韦理论?"做了这样的回答:"麦克斯韦理论就是麦克斯韦方程组。"这显然隐含着:数学构造相同,但本体论在实验上不可区分的理论都是等价的,都是麦克斯韦理论的一种形式或特例。彭加勒很熟知大陆学派的电动力学和麦克斯韦的理论,很可能从中受到启示。不过,他主要还是独立地抓住了相当于赫兹的物理学理论的概念,他是在分析原理物理学的哲学和电磁理论的基础上达到这一点的。这构成了他的约定论的物理学哲学的基石。

在这里,需要进一步强调的是,物理学理论的结构和认识论内容确实成为彭加勒约定论认识论的一部分,它也反映出19世纪数学物理学的某些重要进展。拉格朗日、泊松(S. D. Poisson, 1781 – 1840)、哈密顿、雅科毕和其他人的分析力学理论,傅里叶的热理论,哈密顿和柯西的数学光学以及麦克斯韦的电磁理论,构成了一种类型的物理学规范。彭加勒在1904年把它们命名为"原理物理学",以便与拉普拉斯天体力学理论化了的、另一种具有典型风格的"中心力物理学"相对照。属于第一个范畴的物理学家,尤其是拉普拉斯和他的追随者相信,物理学的目的就是识破宇宙的秘密,他们提出决定论的理论,这种理论不仅能预言可观察的效应,而且也能假设一些潜藏在现象背后的机制。第二个范畴的物理学家基于十分普遍的假设即基本原理来构造数学理论,也就是在对于潜藏的机制没有做出任何明确考虑的情况下,从合适的初始条件出发,产生出所需求的可观察预言,而且还与许多往往相互不可通约(incommensurable)的理论解释可以相容。对于原理物理学的认识论思考,显然十分有助于彭加勒的约定论的发展。

最后,值得指出的是,在几何学变换方面兴趣的历史进化对理解彭加勒的约定论的认识论是重要的。起初,变换主要被看作是简化问题的技巧,或者使另外一些难对付的问题变得可以解决。后来,数学家的注意力从可以借助变换达到的东西转移到变换本身、它们的群性质和不变量、群的可变换性等。在这方面,群作为数学结构的基本类型之一成为兴趣的中心,群论成为统一的、有条理的、明晰的理论,它为研究纯粹数学和应用数学的结构提供了方法论的,甚至是哲学的基础。关于变换群基本作用的认识论考虑主要是由彭加勒引入的,而变换群的实用价值和作为描述对象集合的结构特征的变换群不变量思想,则成为彭加勒的几何学和作为准几何学的物理学的约定论、认识论之基本成分。哈密顿分析动力学理论在这里特别重要,因为正则变换是哈密顿正则方程积分和哈密顿方程本身形成的基础。由于正则变换可以是一类,也可以是多类,即它们在一类对象和多类对象之间建立了相关性,这似乎必然要鼓舞彭加勒的下述观点:对于科学认识的连续性和客观性而言,数学和科学中的概念变化和本体论的变化并不像我们乍看起来那样是破坏性的和不利的。

在彭加勒的物理学哲学中,似乎还有两个约定论的源泉[⑧]:其一主要是新康德主义的经验的意义的概念;即如果两个命题 S_1 和 S_2 的集合在观察上是等价的,即具有等价的观察结果类,那么它们便具有相同的科学意义或内容;或者用更强的形式来说,在两个理论 T_1 和 T_2 之间选择的问题是经验的,当且仅当给出了合适的观察和测量技巧后,T_1 和 T_2 在观察上既不是等价的,在实验上也不是不可区分的。另一个源泉是他对科学史的看法,这些看法与其他论据结合

---

⑧ 同注①,pp.114-116。

在一起,大意是说,在科学中已经存在并将总是存在一些在观察上等价、在经验上无法区分的理论。这些理论仅仅在语言上是互不相同的,它们是不同的表达方式,只不过或多或少较为方便,或多或少更蛊惑人心或使人误入歧途(因为它们含有虚构和隐喻)。再者,只要它们还留在非解释系统的范围内,它们便像几何学中的命题一样,无所谓真假。

§4.2 彭加勒的约定论的内涵

彭加勒的约定论虽说发轫于1887年,但是更为系统、更为集中、更为普遍、更为明确的表述,则见于他的《科学与假设》以及此后的几本科学哲学著作中[⑨],这是他在对数理科学的基础进行了敏锐的、批判性的审查和分析后提出来的。

彭加勒以几何学为对象进行了探讨。他说,几何学公理与数学归纳法那样的先验综合判断不同,人们不能否定数学归纳法这一命题而建立类似于非欧几何学的伪算术。另一方面,几何学公理也不是实验的真理,它涉及的是理想的点、线、面,人们没有作关于理想直线或圆的实验,人们只能针对物质的对象做实验。即使退一步讲,认为度量几何学是对固体的研究,射影几何学是对光线的研究(这实际上属于物理学实验,而不是几何学实验),困难依旧存在,而且是难以克服的。因为几何学若是实验科学,它就不会是精密科学,它就要不

[⑨] 请注意,彭加勒科学哲学著作中的一些章节是由论文和讲演构成的,它们先于书的出版而发表。例如,在1902年出版的《科学与假设》中,集中体现约定论思想的第三章〈非欧几何〉和第五章〈经验和几何学〉分别发表于1891年和1899年,第四章〈空间和几何学〉和第六章〈经典力学〉的部分内容可能也出现于早先的论著中。

断根据实验事实来修正,不仅如此,以后还会常常证明它有错误(原因在于没有严格的刚体)。因此,彭加勒得出结论说:

> 几何学的公理既非先验综合判断,亦非经验的事实。它们是约定,……
> 换句话说,几何学的公理只不过是伪装的定义。(S.H., pp.66-67)

他进而认为:

> 几何学研究一组规律,这些规律与我们的仪器实际服从的规律几乎没有什么不同,只是更为简单而已,这些规律并没有有效地支配任何自然界的物体,但却能够用心智把它们构想出来。在这种意义上,几何学是一种约定,是一种在我们对于简单性的爱好和不要远离我们的仪器告诉我们的知识这种愿望之间的粗略的折衷方案。这种约定既定义了空间,也定义了理想仪器。(L.E., pp.17-18)

彭加勒的约定论渗透在他的下述几何学哲学中:1. 欧几里得几何学的公理虽然起源于经验推广,但它们是该系统原始术语的隐定义(例如,"点"、"处于……之间"、"是等距离的");它们是术语的约定,既不为真,也不为假,而是方便的;同样的结论也适合于其他几何学公理。2. 度量几何学的可供选择的系统是不同的度规系统或度规语言,它们可以基于合适的词典从一种翻译成另一种。3. 在物理理论中,物理现象所归属的空间本质上是无定形的数学连续统(我们感觉到的物理连续统的理想化)。只有当我们就"同余"(congruence,也可译为全等或叠合)或"距离"拟定专门的约定时,它才能够被度量;这可以用不同的方式来完成,或者产生欧几里得几何学,从而产生度规和度量几何学的约定性。4. 从群论的观点来看,几何学(度量几何学和非度量几何学)是研究各种变换群下的不变量的。就度量几何学而论,两个图形同余意味着一个图形能够通过空间中某种点变换转换为另一图形;而且,同余的一致性取决于图形的位移是由变换群给出的这一事实。5. 什么是先验的,这是群的普遍概念;无论如何,它不是感性的先验形式,而是知性(在康德的意义上)的先验形式;在群的普遍概念内,我们能够选择一个特殊的变换群,这个群将决定我们的几何学。[⑩]

彭加勒发现,尽管物理学比较直接地以实验为基础,但是它的一些基本原理也具有几何学公理那样的约定特征。例如惯性原理并不是先验地强加在人们精神上的真理。否则,希腊人为何没有认出它呢?他们怎么会相信,当产生运动的原因终止时,运动也就停止呢?或者,他们怎么会相信,每一物体若无阻碍,将作最高贵的圆运动呢?而且,如果人们说物体的速度不能改变,只要不存在使它改变的理由,那么人们同样可以坚持,在没有外部原因参与的情况下,这个物体的位置或它的轨道的曲率不能改变。彭加勒认为,惯性定律可以推广为这样的陈述:物体的加速度仅取决于这个物体和邻近物体的位置以及它们的速度(广义惯性原理);如果一个物体不受力的作用,那么与其假定它的速度不变,倒不如假定它的位置不变,要不然就假定它的加速度不变;这一切同样完全符合充足理由律,因此惯性定律

[⑩] 同注①,pp.113-114。

并非先验地强加于我们。

惯性原理也不是经验的事实。任何人在任何时候也没有实验过不受力作用的物体,又何以知道物体不受力的作用呢?牛顿以为惯性原理来自实验且被实验确证,这是一种错觉。牛顿实际上是受了拟人说的影响,也受到伽利略以及开普勒的影响;事实上,按照开普勒定律,行星的路线完全由它的初始位置和初始速度来决定,这恰恰是我们推广惯性定律所要求的东西。而且,广义惯性原理也无法用判决性实验来检验。因此,惯性原理便化归为约定或隐定义。同样,牛顿的其他两个运动原理也不过是起了力、质量的约定性定义的作用而已。($S.H.$, pp.112-129)

彭加勒看到,力学原理的确具有约定那样的合理功能,但是它们也有经验概括那样的合理功能。因此,他得出结论说:

> 这样一来,力学原理以两种不同的姿态出现在我们面前。一方面,它们是建立在实验基础上的真理,就几乎孤立的系统而言,它们被近似地证实了。另一方面,它们是适应于整个宇宙的公设,被认为是严格真实的。如果这些公设具有普遍性和确实性,而这些性质反而为引出它们的实验事实所缺乏,那么,这是因为它们经过最终分析便化为约定而已,我们有权力做出约定,由于我们预先确信,实验永远也不会与之矛盾。然而,这种约定不是完全任意的;它并非出自我们的胡思乱想;我们之所以采纳它,是因为某些实验向我们表明它是方便的。这样就可以解释,实验如何能够建立力学原理,可是实验为什么不能推翻它们。与几何学比较一下,几何学的基本命题,例如欧几里得的公设,无非是些约定,要问它们是真还是假,正如问米制是真还是假,

同样是没有道理的。(S.H.,pp.162-163)

不仅物理学的基本原理是约定,而且物理学的一些基本概念实际上也是约定。他在详细讨论了时间及其测量问题之后得出结论说:

> 两个事件同时、或者它们的相继顺序、两个持续时间相等,是这样来定义的,以使自然定律的表述尽可能简单。换句话说,所有这些法则、所有这些定义,只不过是无意识的机会主义的产物。(V.S.,pp.57-58)

彭加勒坚定地认为,"约定是我们精神自由活动的产物"(S.H.,p.3),它贯穿在整个科学创造活动中。他指出,在科学研究中,科学家必须在面临的大量未加工的事实中选择有观察价值和使用价值的事实,科学家要依据自己思想的自由活动从中做出选择。科学事实是语言的约定,即由未加工的事实翻译成某种科学语言,在由未加工的事实上升为科学事实的过程中,能明显地发现我们精神的自由活动。在从科学事实过渡到定律的过程中,科学家的自由活动的成分将变得更大。进而,在从定律提升为原理时,这就要全靠约定了。(V.S.,pp.230-241)

对彭加勒约定论的上述内容或诠释大体上体现了彭加勒约定论思想最早、最明显、最平常的主题。该主题说:在科学中存在着一些经验上任意的成分即约定,它或是以约定陈述的形式,或是以约定决定的形式而存在;后者涉及陈述的接受,并在观察上等价的陈述的集合上被规定。在这里,我们不妨用 C_1 标记它。

第四章 别树一帜的哲学创造

吉戴明指出,传统诠释把 C_1 视为彭加勒约定论的全部内涵,这违背了总证据原则(principle of total evidence),而该原则禁止人们从不完全的证据得出结论。传统诠释仅仅立足于彭加勒的《科学与假设》的第三章至第六章,它忘记了该书中的下余章节,忘记了彭加勒的其他哲学论著,也就是忘记了彭加勒哲学思想后来的发展。传统诠释之所以以偏概全,在于它卷入了在彭加勒逝世后在法国之外接受彭加勒哲学的过程中,并把彭加勒从未使用过的"约定论"的名称与彭加勒的科学哲学联系起来。约定论的名称产生了一种把彭加勒的几何学哲学和物理学哲学与使用了"约定"或"约定的"术语的文本等同起来的趋势,并认为这样的文本包含着彭加勒约定论的系统阐述和全部内涵。其实,仔细阅读一下彭加勒的论著,人们不难发现,这些术语的出现与否只不过是写作文体问题,约定论思想也大量渗透在没有使用这些术语的文本中。吉戴明在其老师阿杜基耶维兹(K. Ajdukiewicz,1890－1963)工作的基础上进一步丰富了对彭加勒约定论的诠释。[11] 下面,我拟在前人工作的基础上,结合彭加勒的有关文本,进一步揭示他的约定论的广博内涵。除了 C_1 之外,彭加勒的约定论的主题还表现在以下诸多方面。

C_2:在科学中有一些恰当起作用的、需要约定的陈述。例如,存在着准经验陈述,它们被假定涉及物理实在,但是在把它们与合适的约定陈述联系起来之前,它们在经验上是不可检验的。比如说,"1米是长度的单位","这个摆的摆幅相等","量杆的长度在移动时不变"等约定陈述。一旦这些约定被拟定,相关的陈述就变为经验陈述。约定论的这一主题在《科学的价值》的第二章〈时间的量度〉中得

---

[11] 同注⑥、⑦。

到集中体现。在谈到天文学家会毫无保留地采纳的时间定义时，彭加勒说："时间应该如此定义，以使力学方程式尽可能简单。换句话说，没有一种度量时间的方法比另一种更真实；普遍采用的方法只不过是更方便而已。"在谈到具有约定特征的光速不变原理时，他说："光具有不变的速度，尤其是，光速在所有方向都是相同的。这是一个公设，没有这个公设，便不能试图量度光速。这个公设永远无法直接用经验证实；……"但是，"它向我们提供了研究同时性的新法则"。($V.S.$, pp.44, 54)

C_3：科学陈述的认识论地位并不是永恒的，而是取决于科学共同体的决定。在彭加勒看来，科学家有时把经验定律提升到约定的原理的地位，此时它们便免遭经验的否证，但是当这些原理的有用性被耗尽时，它们便被废除掉那种至高无上的地位。彭加勒曾两次说过这样的话："如果原理不再多产，经验即便不与它矛盾，仍将宣布它无用。"($S.H.$, p.196; $V.S.$, p.209)而且，未加工的事实和科学事实的分类并非泾渭分明，实际上是科学家的约定，科学事实只不过是翻译成方便语言的未加工的事实而已。($V.S.$, pp.226, 231)

C_4：检验假设的否定实验结果总是模棱两可的，它们可以与这些假设有关，或与辅助假定有关。彭加勒在考察经验和几何学的关系时就注意到，天文观察无法使我们在三种几何学之间做出抉择。比如，如果发现了负视差，或者证明一切视差都大于某一极限，那也不能断言黎曼几何学或罗巴切夫斯基几何学是真实的。因为此时有两条道路向我们敞开着：我们可以放弃欧几里得几何学，但是也可以修正光学定律，假定光严格说来不是以直线传播的。因此，欧几里得几何学一点也不害怕新颖的实验，我们采用它只是因为它方便和有利($S.H.$, p.93)。彭加勒在讨论假设时得出了一般的结论：

如果我们在若干假设的基础上构造理论,如果实验否证它,我们前提中的哪一个必须改变呢?这将是不可能知道的。相反地,如果实验成功了,我们认为我们一举证明了所有的假设吗?我们会相信用一个方程就能决定几个未知数吗?($S.H.$, pp. 179 – 180)

C_5:在约定变化下存在着不变性,即科学理论中的经验定律所拥有的经验内容,这种经验内容是用微分方程表达的真关系。科学的客观性和合理性正是依赖这种不变量。这是因为,物理学中的频繁变化只涉及可变的约定的成分,而理论的经验内容并不受什么影响。彭加勒从菲涅耳的光的波动论进展到麦克斯韦的光的电磁论中看到,这一进展只是约定的陈述语言的变化,它们所包含的真关系未变,即用微分方程表达的经验内容未变。也就是说,菲涅耳的理论的各部分继续有效,各部分的相互关系还是相同的,只是描述这些关系的语言变化了($S.H.$, pp. 189 – 190, 247)。彭加勒坚决反对他的学生勒卢阿(E. Le Roy, 1870 – 1954)的唯名论,因为这种唯名论把整个科学都视为约定。在彭加勒看来,科学理论是由科学事实、定律和原理三个层次组成;最高层的原理是在经验事实引导下人为的约定,是由定律提升的;而在从未加工的事实到科学事实、从科学事实到定律的上升过程中尽管也掺入了(语言)约定的因素,但却容纳了科学的经验内容。虽然科学事实和科学定律的表述随着科学家所采取的语言约定而变化,并且可以对规律的天然关系做适当修改,但是未加工事实之间的不变的规律总是得以保留,它就是可以作为一般不变性的东西。科学家不能凭空或随意制作科学事实和科学定律,他是用未加工事实制作科学事实,用科学事实制作科学定律,因而这种不变量总是存在的。相继理论的语言不同,不过总是可以翻译的,而翻译的可能性则隐含着不变性的存在。(V.S.,pp.213-247)

C_6:原理物理学时期的所有非统计的理论是多元理论或多元意义上的理论。多元理论是观察上等价的理论家族,这些理论具有相同的微分方程组,而在实验上不可区分的超现象世界的本体论上有区别。这些本体论相互之间是不相容的,因而它们在多元理论中依然不可断言。选择它们之一是约定的选择,本体论约定性(相对性)的论点即出自C_6。多元理论的一个典型例子是:麦克斯韦电磁场理论是一个观察上等价的理论家族,这些理论共同具有麦克斯韦方程,它们或假定以太中的振动,或假定因以太阻滞的超距作用,或假定某种其他机制作为电磁现象的说明。彭加勒在色散理论中也看到多元理论的情况:亥姆霍兹及其在他之后的所有科学家从表面上大相径庭的出发点开始,都达到同一方程。这些理论同时是真实的,不仅因为它们能使我们预见相同的现象,而且也因为它们预先表达了真实的关系,即吸收关系和反常色散的关系。在这些理论的前提中,真实的东西就是事实之间某种关系的证实,至于物的名称则随作者而异(S.H.,pp.191-192)。在谈到本体论假定矛盾,但都表达了真关系的两种竞争的理论时,彭加勒指出:

> 只要人们不把两种矛盾的理论混在一起,只要人们不在它们之中寻求事物的基础,那么这两种理论都可以成为研究的工具。(S.H.,p.251)

C_7:物理实在只有达到竞争理论(在通常的意义上)的观察上等价和它们的数学结构的同构时,才是可知的。因为只有在此时,表明竞争的理论揭示出相同的关系,也就是事物的真实关系,这种关系在彭加勒看来是唯一的实在,因而在此时物理实在才是可知的。

C_8:物理几何学是(纯粹)几何学加物理学的观察上等价的系统之家族,这些系统之间的不同之处在于物理意义各异,而不在于观察上不可区分的特性;在同一种物理几何学中,首先选择最简单的纯粹几何学并给以先验的诠释,然后相应地调整物理假定。彭加勒的这一约定论主题在他关于经验和几何学的论述中显现出来($S.H.$, pp.92-109)。但是,广义相对论的成功反驳了彭加勒这一主题的第二部分,在广义相对论中选择了十分复杂的度规几何学——具有可变曲率的黎曼几何。简单性还是选择的标准,但不是纯粹几何学的简单性,而是几何学加物理学的简单性。因此,彭加勒的观点应修正为:在物理几何学中,选择具有最大的总体简单性的系统。

最后,我们简要地概括一下彭加勒约定论思想的八大主题或内涵。C_1断言在科学理论中存在约定的成分,这尤其体现在基本原理和基本概念中。C_2指出约定对于非约定的(准经验的)陈述所起的作用。C_3把认识论地位的改变,从而把约定的改变归因于科学共同体的决定。C_4宣布所谓的判决性实验不可能,这个主题现在往往被称为迪昂-奎因(W. Quine)论题。C_5揭示出理论的经验内容在约定变化的条件下是不变量,它保证了科学的客观性、合理性以及科学进步的连续性。C_6是哈密顿—赫兹-彭加勒理论观或彭加勒的理论多元论,于是与约定有关的理智价值评价[12]介入到理论选择的过

---

[12] 理智价值评价的标准是合理性的,是科学共同体大体公认的,而且是作为一个物种的人类所能理解和接受的。如彭加勒的简单和方便标准;爱因斯坦的"内部的完美"标准,库恩的五条充分评价准则等。参见李醒民:〈科学理论的价值评价〉,《自然辩证法研究》(北京),第8卷(1992),第6期,第1-8页。

程之中。C_7 隐含着本体论的约定性和真关系的实在性。C_8 断言物理几何学本身的约定性。

§4.3 对一些误解的辩驳

彭加勒的经验约定论的以下两点常常遭到一些人的指责:第一,彭加勒说约定是我们精神的自由活动;有人认为"自由"就是任意,就是随心所欲、放荡不羁。第二,彭加勒说约定是出于方便,无所谓真假,既不能被实验证实,又不能被实验否证;有人认为这是否认客观真理。[13] 我觉得,这些人的论断是站不住脚的。

其实,彭加勒所说的"精神的自由活动",其意是指"充分发挥我们的能动性"。他明确指出,这种自由"并非放荡不羁、完全任意","并非出自我们的胡思乱想";学者所思考、所发现的世界,并不是他本人的"任性所创造"($S.H.$, pp.3,162)。他说,欧几里得几何学的原理是约定,但这些约定却不是任意的,如果我们迁移到非欧世界,我们便会采纳其他约定了。至于从实验事实或经验定律推广、提升而得到的物理学原理就更不能是任意的了,在这里"毫无自由意志干预的余地"。同样,人们也没有权利说科学家创造了科学事实。"科学家并没有凭空创造科学事实,他用未加工的事实制作科学的事实。因而,科学家不能自由而随意地制作科学事实。工人不管如何有本领,他的自由度总是受到他所加工的原材料性质的限制。"($V.S.$,

---

[13] 在前苏联和中国大陆学术界,传统的观点就是这样断言彭加勒的约定论是主观唯心论。这方面的书刊很多,顺便举手头的两本辞书为例。И.В.布劳别尔格,И.К.潘京:《新编简明哲学辞典》,吉林人民出版社(长春),1983年第1版,第306-307页。《辞海》,上海辞书出版社(上海),1979年版,第2635页。

p.232)

彭加勒还指出,科学中的规则和定义具有约定的因素,但这种约定也不是任意的。他把科学规则和游戏规则进行了比较:"游戏规则是一种任意的约定,即使采取相反的约定,亦无妨碍。与此不同,科学规则却是一种富有成效的行动规则,需要附带说明的是,至少就一般情况而言,如果反其道而行之,就不会成功。"($V.S.$,p.218)同样,定义虽说是作为约定向我们陈述的,"但是,如果我们希望把定义作为任意的约定强加给人们,那么绝大多数人都会反感。"($S.M.$,p.139)

按照彭加勒的约定论的观点,我们的规律的表述随着我们的约定而变化,这些约定甚至可以修改这些规律的天然关系。但是,在复写这些规律时,却存在着一些独立于这些约定的不变的东西。"翻译的可能性隐含着不变性的存在。翻译就是精确地分离出这种不变性。"($V.S.$,p.247)这正是科学家在从事自由的精神活动时不能随心所欲地做约定的原因。另一个原因在于,每一个约定都有其实验根源。"即使我们没有看到导致科学创造者采纳约定的实验,这些实验尽管可能是不完善的,但也足以证明约定是正当的。我们最好时时留心回想这些约定的实验根源。"($S.H.$,p.133)

彭加勒说约定的选择要出于方便的考虑,也并不是仅凭纯粹的主观意愿就行了。这是因为,有些实验的确向我们表明一些约定是方便的,而且以简单性作为选择标准也是出于方便,经验向我们表明它往往不会使我们受骗。例如,欧几里得几何学现在是、将来依然是最方便的,这是因为它是最简单的。这不仅仅是由于我们的智力习惯,或我们对欧几里得空间有一种说不出的直觉,而且它本身的确简单,比如平面三角公式就比球面三角简单。另外,也因为它充分完美地与天然固体的性质相符合,这些固体是我们的手和眼睛所能比较的,我们用它们来制造我们的测量工具($S.H.$,p.67)。出于同样的理由,我们也是根据欧几里得空间来陈述力学事实的。我们完全可以根据非欧空间陈述力学事实,但非欧空间却是一种不怎么方便的向导,它使陈述变得相当复杂。($S.H.$,pp.111－112)

不过,彭加勒同时指出,指导我们选择方便的约定的实验对几何学和对力学而言是不同的。他说:实验引导我们把几何学的基本约定视为比较方便的东西而加以采纳,但这些实验依据的对象与几何学研究的对象毫无共同之处,它们与固体的性质有关、与光的直线传播有关。它们是力学实验、光学实验,它们无论如何不能被看作几何学实验。甚至可以说,我们的几何学在我们看来似乎是方便的理由在于,我们身体的各部分、我们的眼睛、我们的四肢,都具有固体的性质。为此,我们的基本实验主要是生理学实验,这些实验与作为几何学家必须研究的对象即空间无关,而与他的身体,也就是说与他为从事这一研究必须利用的仪器有关。相反地,力学的基本约定和向我们证明它们是方便的实验与严格相同的对象或类似的对象有关。约定的和普遍的原理是实验的和特殊的原理的自然而直接的推广($S.H.$,p.164)。正因为如此,力学还属于经验科学,而几何学经验论则是不合理的。

关于彭加勒所说的"方便",莱伊有一段话解释得恰到好处:"物理学是关于实在事物的科学,即使说它竭力想用'方便的'方式去表达实在事物,那么它所表达的总还是实在事物本身。'方便'仅仅在表达的手段上。智慧可以在寻求最大的方便的过程中改变这些手段,但在这些手段背后隐藏着的是自然规律的'必然性'。这种必然性不是任凭智慧的自由意愿所能建立的。相反地,它束缚着智慧、并使智慧的表达手段局限在狭窄的范围内。自然规律从外部并通过事物本身精确地告诉我们,它反映事物之间的真实关系。"⑭

彭加勒说,作为约定的公理或原理不再受实验检验,它们无所谓真假;这种说法并不是否认客观真理。在彭加勒看来,问欧几里得几何学为真还是为假是毫无意义的。"这好比问米制是否为真,旧制是否为假;笛卡儿坐标是否为真,极坐标是否为假。一种几何学并不比另一种几何学更真;它只是更为方便而已。"($S.H.$, p.67)

彭加勒的这些看法是合理的。他多次强调,几何学原理不是经验的事实,欧几里得几何学公设是不能用实验证明的,在可供选择的度量几何学之间不可能做出孰真孰假的判决性实验。他以恒星视差为例来说明,欧几里得几何学一点也不害怕新颖的实验。另外,在这个过程中还存在着判定直线和距离二者特性的颇为复杂的程序($S.H.$, pp.93-95)。彭加勒据此得出结论说:

经验在任何时候都不会与欧几里得公设矛盾;另一方面,任何经验永远也不会与罗巴契夫斯基公设矛盾。

实验不能在欧几里得几何学和罗巴契夫斯基几何学之间做出裁决。($S.H.$, pp.95,100)

彭加勒的这种思想也被称之为彭加勒命题。该命题断言:没有构成两个基本因素——语言的和真实的(经验的)假设——的实验体制,经验检验是不可能的。一个经验假设的证伪既可以通过把实验

---

⑭ A.莱伊:《现代哲学》,转引自列宁:《哲学笔记》,林利等译校,中共中央党校出版社(北京),1990年第1版,第605-606页。

的否定结果归咎于一个辅助假设来避免,也可以通过改变语言来避免。基于这样的理由,通过约定而得到的原理"不再受到实验的检验,它既不为真也不为假,只是方便而已"(V.S.,p.239)。

认为彭加勒的这些观点是否认客观真理的说法,实际上是混淆了两种不同的理论系统。任何一种几何学(如欧几里得几何学),都一身二任。作为非解释系统,它只是抽象的句子集或命题集,无所谓真假;作为解释系统,它与经验事件相联系,才有真假;而约定,则是连接这两个系统的环节或桥梁。在解释系统的经验事实的引导下,通过约定得到原理或公设并形成非解释系统(以公理为逻辑前提的演绎体系),就成为正确的、但无所谓真假的命题集合,彭加勒指的就是这种情况。他曾经这样说过:"数学概念给出了十分精练、十分严格的定义;对于纯粹数学家来说,所有的疑问都消失了;但是,如果人们想把它应用于物理科学,它就不再是纯粹概念的问题,具体对象往往只不过是纯粹对象的粗糙图像。说这个对象满足定义,至少近似地满足定义,就是陈述了一个新的真理,唯有经验才能够无疑问地提出新真理,新真理不再具有约定的公设的特征。"(S.M.,p.164)关于这个问题,爱因斯坦也有一段原则性的论述讲得恰到好处:"命题如果是在某一逻辑体系里按照公认的逻辑规则推导出来的,它就是正确的。体系所具有的真理内容取决于它同经验总和的对应可能性的可靠性和完备性。正确的命题是从它所属的体系的真理内容取得其'真理性'的。"[15]谈到对真理的态度,彭加勒并没有否认客观真理,他认为科学研究就是为了追求真理,他本人为追求科学真理奋斗到

---

[15] 《爱因斯坦文集》第1卷,许良英等编译,商务印书馆(北京),1976年第1版,第6页。

生命的最后一息。

在这里,很有必要谈谈经验(狭义上讲是实验)在彭加勒约定论中的作用和地位问题。

在彭加勒的约定论中,经验的意义是双重的:它处于本原或基础的地位,起着引导或提示的作用。他说:"在几何学的起源中,经验起着必不可少的作用"(但几何学并不是经验科学)($S.H.$, p.90)。例如,固体运动学、光的直线传播对作为约定的几何学的形成都有贡献。几何学虽然不从事天然固体的研究,但它把刚性的理想固体作为对象,而理想固体毕竟是天然固体的一种简化了的粗糙的图像。理想固体的概念出自我们精神的自由活动,但是我们对天然固体的经验显然为这一概念的产生提供了机会。正是在这个意义上,彭加勒才断言:"假使在自然界没有固体,那么便不会有几何学。"($S.H.$, p.80)

力学的起源与此类似,经验也是具有约定特征的力学原理的基础($S.H.$, p.129)。但是,作为约定的力学原理的有效范围或"作用半径"是比较小的,没有理由把它们与原有的(经验的)力学分开,也没有理由把这门科学看作是演绎的。在物理学中,原理的作用更加减弱,经验的成分就更加增强了。($V.S.$, p.243)

实验在选择方便的约定时也起引导或提示作用。彭加勒说:"实验虽然给我们以选择的自由,但同时又指引我们辨明最方便的路径。"($S.H.$, p.3)"我们在所有可能的约定中进行选择,要受实验事实的指导;但选择依然是自由的,只是受到避免一切矛盾的必要性的限制。"($S.H.$, p.66)"正是约定,它是经验向我们提示的,但是我们却可以自由地采用它。"($L.E.$, p.23)他还强调指出:在这一选择中,经验只是指引我们,并没有把约定强加于我们($S.H.$, p.91)。

正是考虑到经验在彭加勒约定论中的作用和地位，以及考虑到经验论是作为自然科学家的彭加勒从事科学工作的坚实立足点之一，我才把彭加勒的约定论命名为经验约定论。这样命名也是为了强调，彭加勒的约定论并不是脱离感觉经验的任性杜撰，也不是无视科学实验的随意臆造。

彭加勒坚决反对勒卢阿那样的哲学家恣意夸大约定在科学中的地位和作用。在勒卢阿看来，科学仅仅是由约定组成的，科学表面上的确实性只是归因于这种情况；科学事实和科学定律都是科学家人为的产物；因此，科学不能教导我们以任何真理，它只能作为行为规则为我们所用。彭加勒尖锐地指出：勒卢阿的学说不仅是唯名论的哲学理论，而且无疑属于柏格森（H. L. Bergson, 1859-1941）的反理性主义。（V. S., p. 214）

彭加勒在批判勒卢阿时进一步阐明了自己的观点（V. S., pp. 213-247）。他指出，作为一种行为哲学的勒卢阿的唯名论是自我拆台的；这是因为，假使科学是纯粹的约定，那么它就不能起行为基础的作用，假使它能够作为行为的基础，那么它就不是纯粹约定。事实上，科学并非全部都是约定的，因为科学并不能整个由原理构成，例如当约定式的力学被孤立时，它只是微不足道的东西。科学事实也不是科学家凭空臆想出来的，它只不过是把未加工的事实翻译成专门的科学术语而已。他宣称，在理论的约定变化的条件下，存在着一种不变的东西，其他有歧义的理论相对于它是可以比较的，或者甚至是可以相互翻译的。由彭加勒反对唯名论这一事实也可以看出，对彭加勒的经验约定论所做的那些指责是站不住脚的。

§4.4 经验约定论的认识论和方法论意义

从哲学上讲,彭加勒提出经验约定论也不是无缘无故的。在近代科学发展的早期,弗兰西斯·培根(Francis Bacon, 1561-1626)提出了经验、归纳的新方法,这种方法对于促进近代科学的发展起了巨大的作用,但后来却逐渐助长了狭隘经验论的盛行。到19世纪,以惠威尔和穆勒(J. Mill, 1773-1836)为代表的"全归纳派"和以孔德(A. Comte, 1798-1857)、斯宾塞(H. Spencer, 1820-1903)为代表的实证论广为流行,把经验和归纳视为万能认识方法。到19世纪末,第二代实证论的代表人物马赫更是扬言要把一切多余的"形而上学的东西"从科学中"排除掉"。另一方面,早在18世纪末,康德不满意经验论的归纳主义阶梯,他把梯子颠倒过来;不是从经验上升到理论,而是以先天的"感性直观的纯形式"(时间和空间)和先天的"知性的纯粹概念或纯粹范畴"(因果性、必然性、可能性等十二个范畴)去组织后天经验,以构成绝对可靠的"先验综合知识"。彭加勒看到,无论是经验论还是先验论(属于理性论的体系)。都不能圆满地说明科学理论体系的特征。为了强调在从事实过渡到定律以及由定律提升为原理时,科学家应充分享有发挥能动性的自由,他提出了经验约定论。经验约定论既要求摆脱狭隘经验论(约定不是经验唯一地给予的),又要求摆脱极端理性论(约定也不是我们思想的结构唯一地给予的),但是它又吸取了经验论和理性论的合理因素(彭加勒既要人们注意约定的实验根源和实验的指引作用,又要人们大胆假设和自由创造),从而在极端经验论和极端理性论这两极之间保持了"必要的张力"。正因为如此,经验约定论是一种卓有成效的科学认识论和科学方法论原则。⑯它的积极意义可以从以下几个方面略见一斑。

1. 经验约定论预示并代表了现代科学发展的理论化和持续进步的大趋势

在 19 世纪,随着数学和其他自然科学的发展(尤其是非欧几何学的诞生和原理物理学的出现),随着这个世纪后期批判学派⑰掀起的"科学的新批判"运动的开展,正统的理性论的(康德的)和传统的经验论的客观性、理性和科学知识确定性的观点越来越难以立足了。数学和科学的基本原理原来不是先验综合真理;事实也不像传统的经验论者所宣称的那样简单。人们必须承认,数学和科学在比人们预想的更大的程度上具有人为的特征。在这一建设性的活动中,人们并不是世界所发生的事件的被动记录员。在科学活动中,人们不仅利用自己的大脑和感官,而且也利用自己的意象和决心。科学成长是生态过程的一部分和社会生活的一部分。科学除了是受真理观指导的智力事业之外,它也是受到追求简单性或科学美激发的有感情的活动。在 19 世纪和 20 世纪之交这个由经典科学向现代科学的大转变时期,经验约定论正好预示并代表了现代科学发展的大趋势。这是因为,经验约定论暗含着这样两个进一步的主张:第一,在现代物理学中,存在着一种日益强大的趋势,即在有效的、更抽象的数学假设体系中系统阐述和解决问题,也就是说,存在着比在经验哲学中

---

⑯ 李醒民:〈善于在对立的两极保持必要的张力——一种卓有成效的科学认识论和方法论准则〉,《中国社会科学》(北京),1986 年第 4 期,第 143 - 156 页。

⑰ 李醒民:〈世纪之交物理学革命中的两个学派〉,《自然辩证法通讯》(北京),第 3 卷(1981),第 6 期,第 30 - 38 页。李醒民:〈论批判学派〉,《社会科学战线》(长春),1991 年第 1 期,第 99 - 107 页。

所梦想的更为抽象的数学思维,更为间接的检验。第二,约定的原理的作用正在增长,我们在可供选择的、以极大的近似拯救现象的抽象系统之间进行分辨的能力正在减小(与检验经验推广的简单结果相比)。由此不难看出,科学理论不仅有约定,而且约定也是科学理论进步的重要因素。

随着 20 世纪初开始的物理学革命的深入发展,随着相对论和量子力学两大理论体系的建立,经验约定论所预示和代表的现代科学发展的大趋势已为富有哲学头脑的著名科学家清醒地洞察到。1930年前后,爱因斯坦以相对论作为理论科学在现代发展的基本特征的一个良好例子,而表述了这样的思想:初始的假设变得愈来愈抽象,离经验愈来愈远。另一方面,它更接近一切科学的伟大目标,即要从尽可能少的假设或者公理出发,通过逻辑的演绎,概括尽可能多的经验事实。同时,从公理引向经验事实或者可证实的结论的思路也就愈来愈长,愈来愈微妙。理论科学家在探索理论时,就不得不愈来愈听从纯粹数学的、形式的考虑,因为实验家的物理经验不能把他提高到最抽象的领域中去。在这种情况下,适用于科学幼年时代的以归纳为主的方法,正在让位给探索性的演绎法。在探索性的演绎法中,关键是要找到作为公理基础的基本假设,为达此目的,就要允许科学家自由发挥他的幻想。[18]

经验约定论透过科学表面上的易变性,看到科学根底下的不变性,从而说明了科学持续进步的大趋势。彭加勒在他的著作中始终追求这样一个哲学目标:不管科学中急剧的、表面上的破坏性变化,不管数学关系和观点中的流行的变化,不管两种反怀疑论的传统(传

---

[18] 同注[15],第 262—263 页。

统的理性论和传统的经验论)的不稳定性,不管在当时扩散的非理性主义、实用主义、主观主义和相对主义学说中表露出的相反的主张,客观科学知识的进步都是可能的。这是因为,作为科学中的经验成分的科学事实(用科学语言翻译而成的未加工的事实)和定律具有不变性,作为科学中的约定成分的原理幸免于实验的否证,即使约定的认识论地位发生变化,也不是任意的和非理性的,它们对科学进步的连续性负有责任。

2. 经验约定论对当代科学哲学的发展有较大的影响

经验约定论对本世纪初产生而在1920年代形成一个强大流派的分析哲学的思想发展产生了重大影响。这主要表现在以下两个方面:第一,当分析概念恰当地推广到包括所有的术语约定(用公理意义法则所说的阿杜基耶维兹命题,卡尔纳普〔R. Carnap, 1891 - 1970〕的意义公设)时,分析命题似乎归结为一种语言的确定;第二,由于彭加勒的发生经验论与约定论相结合,由于他坚持科学中的陈述正改变着它们的地位(最著名的例子也许是相对性原理,彭加勒宣称,该原理是提升到约定地位的经验推广,而后来考夫曼的实验结果使这种地位发生了动摇),因此用比较严格、比较固定的方式理解的语言分析相对化就很有必要。否则,如果语言在通常不严格的、隐喻的意义上使用,我们区分分析和非分析的命题(奎因、怀特〔J. H. White〕和其他人)的能力就成问题了。最后,彭加勒如果不是第一个,也是头一批提出约定和非约定的成分出现在同一命题中并可以人为地把二者分开的人[19]。

---

[19] 同注①,p.116。

彭加勒强调：

> 一切定律都是从实验推出；但是要阐明这些定律，则需要有专门的语言；日常语言太贫乏了，而且太模糊了，不能表示如此微妙、如此丰富、如此精确的关系。

由于"精妙的语言不是无关紧要的东西"，所以科学家才创造出使他们心满意足的语言（$V.S.$，p.141）。他还指出，科学事实就是对未加工的事实的语言约定，科学家就事实所创造的一切就是他阐述这一事实的语言。

> 如果他预言了一个事实，他将使用这种语言，对于所有讲这种语言和理解这种语言的人来说，他的预言便摆脱了模棱两可。而且，这种预言一旦作出，它便明显地不依赖于科学家，不管他是否付诸实现。（$V.S.$，p.233）

彭加勒的这些思想，对分析哲学的某些分支（如语言哲学、语义学）的发展也有所启示。

经验约定论的影响也渗透在后来出现的整体论哲学中。奎因于 1950 年代初在批判逻辑实证论两个教条的基础上提出的知识整体论认为，包括逻辑、数学、自然科学和人文科学在内的整个知识信息和系统，有如一个场，各类命题按它们距离经验的远近而在其中分布，并构成一个互相联系的整体来同边界条件、经验发生关系。这种整体性意味着场内的任何陈述并不是单独地同特殊的经验发生一一对应的关系，以致在观察语句跟经验发生冲突时，要对场中哪些陈述进行修改有很大的选择自由。通过对几何学相对性原理的案例分析，奎因证明这种知识的整体性以及由此带来的约定性或任意性确实存在。

经验约定论对20世纪自然科学家的哲学思想也有比较广泛、比较深入的影响。爱因斯坦笃信经验约定论，并对它做了进一步的阐释与发展。[20] 当代著名物理学家惠勒(J. A. Wheeler)也认为概念是"人们赖以进行交流思想的种种约定的综合"。他在引用了玻尔的"物理学并不是在研究物理本身，而是在研究我们对物理世界究竟能说些什么"后指出："我们所能说的取决于我们的约定，也取决于计数器的记录。"[21] 经验约定论后来也被其他科学家和哲学家承袭、修改和发展，如阿杜基耶维兹的激进约定论、爱丁顿(A. S. Eddington, 1882－1944)的"有选择的主观主义"、刘易斯(C. I. Lewis, 1883－1964)和佩普(A. Pap)的"概念实用主义"等。

3. 经验约定论充分肯定了主体在认识过程中的能动作用

如上所述，经验约定论与经验论和理性论的信念不同，它认为约定既不是经验唯一地给予的，也不是我们思想结构唯一地给予的。约定的选择固然要受到经验和其他理性考虑的引导，但这种选择依然有很大的自由，这就为主体在认识过程中发挥能动作用留下了充分的活动天地。在纯粹经验论(狭隘经验论)或纯粹理性论(极端理性论)的认识论中，主体都是不很活跃的。因为在狭隘经验论中，认

---

[20] 李醒民：〈论爱因斯坦的经验约定论思想〉，《自然辩证法通讯》(北京)，第9卷(1987)，第4期，第12-20页。

[21] 《惠勒讲演集——物理学和质朴性》，安徽科技出版社(合肥)，1986年第1版，第17、23页。

识主体只不过起着"平面镜"和"传感器"的作用而已,至多不过是对经验材料加以分类和整理;而在极端理性论中,认识框架(概念和范畴)是先天的,不可更改的,彭加勒对此是不满意的。

在强调主体在认识过程中的能动作用方面,经验约定论与皮亚杰(J. Piaget,1896－1980)的发生认识论可谓不谋而合:

> 认识既不能看做是在主体内部结构中预先决定了的——它们起因于有效的和不断的建构;也不能看做是在客体的预先存在着的特性中预先决定了的,因为客体只是通过这些内部结构的中介作用才被认识的,并且这些结构还通过把它们结合到更大的范围之中(即使仅仅把它们放在一个可能性的系统之内)而使它们丰富起来。换言之,所有认识都包含有新东西的加工制作的一面,而认识论的重要问题就是使这一新材料的创造和下述的双重事实符合一致,即在形式水平上,新项目一经加工制作出来就立即被必然的关系联结起来;在现实水平上,新项目而且仅仅是新项目,才使客观性成为可能。[22]

4. 经验约定论容许理论的多元化和方法的多元化

理论的多元化和方法的多元化是经验约定论传统的一部分。在经验约定论看来,人们在同一经验材料的引导下做出或选择约定时依然是自由的,由作为约定的公理或原理及其导出命题构成的非解释理论系统无所谓真假,只是出于方便的考虑。因此,科学家面对同

---

[22] J.皮亚杰:《发生认识论》,王宪钿等译,商务印书馆(北京),1981年第1版,第16页。

样的经验材料的复合,除了有意识地运用逻辑思维外,完全可以通过形象思维和灵感思维,诸如"直觉"、"想象"、"幻想"、"猜测"乃至下意识的"顿悟"、"灵感"等,发明新概念和新原理,进而构造简单而方便的理论体系。即使两种理论是矛盾的,只要人们不在它们之中寻找事物的基础,它们都可以成为有用的研究工具。

　　理论和方法的多元化能导致思想活跃、学术繁荣;而理论和方法的一元论则导致思想僵化、学术凋敝。前者是知识增长的必要条件,后者则妨碍科学的进步。理论和方法的多元化是现代科学的一个显著特征,经验约定论则率先表达了现代科学的这一大势。其实,经验约定论的创始人彭加勒是始终反对"舆论一律"的,他强调指出:"我们必须听任思想的多样性,或者最好我们必须为之高兴。"($S.M.$, p.127)

　　与对物理世界的描述相比较,科学中的约定更多地表达了人的心理和人的关系。科学中的约定是科学活动主观性的集中体现,而科学活动的主观性则是创造科学的科学家的主观能动性在科学上打下的烙印,它充分表现在科学家构造科学理论时所追求的目的之中。诚如爱因斯坦所说:"科学作为一种现存的和完成的东西,是人们所知道的最客观的,同人无关的东西。但是,科学作为一种尚在制定中的东西,作为一种被追求的目的,却同人类其他事业一样,是主观的,受心理状态制约的。"[26]作为经验约定论的传统之一的理论和方法的多元化,在科学理论的主观性与客观性的统一中找到了它的合理根据。

---

[26] 同注[15],第298页。

5. 经验约定论具有重要的方法论意义

经验约定论在事实的选择以及在由未加工的事实过渡到科学事实和由科学事实过渡到定律的过程中，都具有方法论的意义。尤其在由定律提升为原理的过程中，约定的作用及其方法论意义表现得特别明显和卓有成效。

在谈到经验约定论的这一方法论意义时，彭加勒说：

> 当一个定律被认为由实验充分证实时，我们可以采取两种态度。我们可以把这个定律提交讨论；于是，它依然要受到持续不断的修正，毋庸置疑，这将以证明它仅仅是近似的而告终。或者，我们可以通过选定这样一个约定，使命题肯定为真，从而把定律提升为原理。为此，程序总是相同的。原来的定律阐述了两个未加工的事实 A 和 B 之间的关系；在这两个未加工的事实之间插入了一个抽象的、或多或少的中介物 C，于是我们就有 A 和 C 的关系，我们可以假定该关系是严格的，它就是原理；而 C 和 B 的关系依然是需要受到修正的定律。

彭加勒认为，用这种方法"常常能得到巨大的好处"($V.S.$, p.239)。在他看来，经典物理学的六大基本原理就是通过这种途径从定律被提升为原理的，它们代表着无数观察的精髓，它们的出现标志着物理学面貌的巨大变革：从中心力物理学转变到原理物理学。

需要说明的是，经验约定论只是多元化的科学认识论和方法论中的一种：它既不是独一无二的，也不是至高无上的。它没有排斥传统的归纳法在经验科学中的作用和演绎法在理论科学中的作用，而是综合了二者的合理因素，在经验科学向理论科学的过渡过程中发挥着自己的特有功能。它既对已有的科学方法留有广阔的用武之地，也向未来的行之有效的科学方法（因为一切新理论的探索即是新方法的探索）敞开着欢迎的大门。其实，方法的多元化本来就是经验约定论的意向之一。

第五章 丰厚圆融的哲学集成
——彭加勒独特的综合实在论

> 掷柳迁乔太有情，
> 交交时作弄机声。
> 洛阳三月花如锦，
> 多少工夫织得成？
> ——莺梭
> 宋·刘克庄

前已述及，彭加勒的独创性的哲学是经验约定论，但他确实也是一位名副其实的科学实在论者。不过，彭加勒的实在论是一种十分独特的实在论，很难纳入现代科学实在论的诸多名目之下。[①] 这种独特的实在论汲取了哲学史上各种流派和各家思想之精华，又融进了现代科学的哲学意蕴，从而形成一种丰厚圆融的哲学集成，我姑且把它命名为综合科学实在论，或简称为综合实在论（synthetic realism）。在本章，我将从分析彭加勒实在论的实在观、真理观和科学观入手，进而论述他的科学实在论与他的约定论、经验论和理性论思想的关联和融合，从而揭示彭加勒的综合实在论的丰富内涵和独到

---

① 李醒民：〈现代科学实在论研究概述〉，《哲学动态》（北京），1992年第5、6、7期。

之处。

§5.1 关系实在论的先驱:实在即关系

彭加勒的实在论的实在观可以简要地概括为:实在即关系。因此他常常被视为关系实在论(realism about relations)的先驱。在彭加勒看来,"真实对象之间的真正关系是我们能够得到的唯一的实在","唯一的客观实在在于事物之间的关系"。"科学能够达到的实在并不是像朴素的教条主义者所设想的事物本身,而只是事物之间的关系。在这些关系之外,不存在可知的实在。"(S.H.,pp.190,4;V.S.,p.271)

彭加勒虽然说关系是唯一的实在,但并不意味他否认像不可直接观察的原子、分子之类的实体(entity)的实在性。在1908年佩兰用实验确凿地证明了分子的实在性之前,彭加勒对原子、分子论持保留态度,不过他仍把它们作为永无危险的中性假设,充分肯定了其作为计算技巧、理解图像、坚定思想的方法论意义(S.H.,pp.180-181)。他甚至早在1902年和1904年就意识到用实验验证分子运动论的可能性(S.H.,pp.208-209;V.S.,pp.184-185)。在佩兰实验之后的1912年4月11日,他在法国物理学会的会议上公开承认:"原先的力学假设和原子理论近来已认为具有充分的可靠性,它们不再作为假设出现在我们面前了。原子不再是一种方便的虚构了;……化学家的原子现在是一种实在了;……"(L.E.,pp.89,91)

然而,彭加勒毕竟看重关系而不是看重实体,他认为关系是比实体更为深刻、更为微妙、更为有趣的实在。他说:"在电振荡、摆运动和一切周期现象之间存在着密切的关系,而这种关系又对应于深刻的实在;……真实的东西就是对所有作者都是共同的东西;这就是一些事物之间的某种关系的证实,至于物的名称则随作者而异。"(*S.H.*,p.191)他还说:"在我们曾认为是简单的对象中我们已辨认出的关系,当我们知道它们的复杂性时,它们在这些相同的对象中还存在着,唯有这一点是重要的。"(*S.H.*,p.211)彭加勒注意到,我们的身体是由细胞构成的,细胞是由原子组成的。细胞和原子是实在,但并非唯一的实在。他强调指出,实在"不仅仅是指感觉得到的世界的实在,这种实在无论如何具有它的价值"。不过,"还有一种更为微妙的实在。"他反问道:"这些细胞排列的方式,导致个体统一的方式"即关系,不也是实在,"不也是比孤立的要素的实在更为有趣的实在吗?"(*V.S.*,26;*S.M.*,p.133)

彭加勒进而揭示出,关系实际上是一种结合物——外部对象(客体)之间的结合物、现象之间的结合物、感觉群的结合物。他说:为了称呼外部对象这样的实在,人们发明了客体这个词,外部对象是真实的对象,它们在我们身上引起的感觉是由某种不可破坏的结合物相互结合起来的。正是这种结合物而且只有这种结合物才是客体本身,这种结合物就是关系。与给予外部对象以实在性的结合物相比,现象之间的更为精致、更为牢固的结合物并非是更不真实的。而且,由于彭加勒把"实在的"视为"客观的"之同义词,由于他认为凡客观的东西都缺乏一切质而仅仅是纯粹的关系,由于他强调关系实在比实体实在更根本,因此他甚至有些偏颇地认为:"唯有在关系中才能找到客观性;在被视之为彼此孤立的存在中寻求客观性,只能是白费气力。"(*V.S.*,pp.263,266-267)

值得注意的是,彭加勒是从世界和谐和主体间性(intersubjectivity)的角度来看待关系实在的。在莱布尼茨(G. W. F. von Leibniz,1646－1716)《单子论》一书的启发下,彭加勒提出和发展了世界和谐的思想。所谓世界和谐,彭加勒意谓事物或现象之间的关系的秩序和合规律性,"这种和谐的最好表达方式就是定律。"他说:"世界的内部和谐""是唯一真实的客观实在",乃至是"众美之源"、"是我们所能得到的唯一真理"($V.S.$, pp.7－10)。所谓主体间性,就该词的本义而言有两种含义:一是指在孤立的有意识的精神之间包含或发生,二是指能为两个或更多的主体所理解和确认。主体间性反映了不同思维者之间的关系即共同性,也就是"人同此心,心同此理"。彭加勒的意思正是如此。他说:"我们称之为客观实在的东西,归根结底对大多数思维者是共同的,而且对所有思维者也应当是共同的。"($V.S.$, p.9)

按照彭加勒的观点,世界的和谐性和思维者的共同性是沟通的、一致的。他说:事物之间的关系所产生的宇宙和谐不能认为存在于构想出它们的精神之外,但它们仍然是客观的,因为对于所有的思维者来说,它们现在是、将来会变成、或者将来永远是共同的。与此同时,这种共同的东西只能是数学定律所表示的世界的和谐而已。($V.S.$, pp.9、271)

彭加勒强调关系在实在性上高于实体或实物(substance),乃至把关系视为唯一的客观实在,这也许与他作为一个数学家和数学物理学家的精神传统、职业习惯和心理偏好不无关系,不用说这也是他对科学成果的哲学概括。在彭加勒看来,数学存在的真正生命就在于揭示更为微妙的关系实在。数学家研究的不是物体,而是物体之间的关系;因此,只要关系不变,这些物体被其他物体代换对他们来说是无关紧要的($S.M.$, p.133; $S.H.$, p.32)。数学物理学的目标也不在于向我们揭示事物的真实本性,它唯一的目的是协调实验向我们揭示物理学定律(事物的真关系、世界的和谐)。数学语言远不是设置在实在和物理学家眼睛之间的屏障;没有数学语言,事物大多数密切的关系的类似对我们来说将永远是未知的,我们将永远不了解世界的内部和谐。(S.H.,p.245;V.S.,p.7)

彭加勒的关系实在论思想既可以在中国古代自然观中追寻到它的踪影——这是智慧的沟通而非它的起源;也可以在当代哲人科学家中间窥见到它的回应——这在普里高津(Ilya Prigogine)身上表现得尤为明显。普里戈金指出,西方科学向来强调实体(如原子、分子、基本粒子、生物分子等),而中国的自然观则以"关系"为基础。②他进而敏锐地洞察到,今天我们终于可以说,我们的兴趣正从实体转变到关系、信息、时间,从物质转到关系、联系和时间。③

§5.2 关于真理的实在观点

一般而言,哲学史上的真理学说大体有三种:符合说和融贯说(correspondence and coherence theories)、合意说和实用说以及索引说和相对说。④ 对科学实在论而言,其典型谈论是真理(尤其是描绘的真理)和逼近真理。传统的实在论的真理观是典型的符合说,而经过修正的内在实在论的真理观(评价说)则在某种程度上与融贯说有契合之处。

---

② I.普里高津:《从存在到演化》,曾庆宏等译,上海科技出版社(上海),1986年第1版,第3页。

③ 湛垦华、沈小峰编:《普里高津和耗散结构理论》,陕西科技出版社(西安),1982年第1版,第204,224页。

④ A. Fine, And Not Anti-Realism Either, *NOÛS*, 18 (1984), 51-65.

真理符合说认为,真理是陈述或命题与事实之间某种形式的符合,与事实相符是真理的检验标准。这里的"符合"一词带有对应、相应、相当、一致等含义。真理融贯说认为,因为当且仅当我们相信某些东西时我们才称其为事实,因此实际上可供我们比较的似乎全部是我们自己的信念(包括建立在感性认识基础上的信念)。这样一来,真理融贯说就是主张,说一个信念为真即是说它与其他信念相符或融贯。这里的"融贯"一词带有连贯、协调、一致、统一等含义。真理符合说是传统实在论的真理观;真理融贯说则接近普特南(H. Putnam,1926-)、埃利斯(B. Ellis)等人后来发展了的内在实在论的真理观。这种真理观把真理与理性的可接受性。陈述的融贯与恰当,即经验性较弱的信念之间的融贯以及它们同经验性较强信念的融贯、经验信念与理论信念的融贯联系起来。彭加勒的真理观大体属于真理符合说,但也有融贯说的某些成分。

彭加勒把科学真理分为两类:其一是数学的真理,其二是实验的真理。数学的真理是用一连串无懈可击的推理从少数一目了然的命题推演出来的,它是严格的;实验的真理则是经验告诉我们的,它是近似的,能使我们了解宇宙之一隅;但它在数学上未被证明,也不能用数学证明,而只能用实验来揭示($S.H.$, p. 1; $V.S.$, pp. 24、68)。诚如彭加勒所说:

> 数学概念给出十分精练、十分严格的定义;对于纯粹数学家来说,所有的疑问都消失了;但是,如果人们想把它应用于物理科学,它就不再是纯粹概念的问题,而是具体对象的问题,具体对象往往只不过是纯粹对象的粗糙图像。说这个对象满足定义,至少近似地满足定义,就是陈述了一个新的真理,唯有经验

才能够毫无疑问地提出新真理,新真理不再具有约定的公设的特征。($S.M.$, p.164)

数学的真理在一个逻辑体系内与其他命题是自洽的(融贯的)、无矛盾的,是分析命题,因而主要满足真理融贯说;而实验的真理是综合命题,则要求定律或理论即科学陈述与观察和实验事实相符合,因而主要满足真理符合说。实际上,在物理科学或自然科学中,实验和数学是共同起作用的。也就是说,"从每一个实验,通过一系列的数学演绎,便可推出许多结果。"($S.H.$, p.1)照此看来,这些结果的真理性就只能依据真理符合说和融贯说共同作为判定和评价的标准了。这也正是彭加勒的本意。

科学实在论的基本信条之一就是,科学中的某些陈述(理论、定律等)是真理或近似真理(approximate truth),即是说它们具有似真性(plausibility)或逼真性(verisimilitude)。这就是所谓的与指称问题(problem of reference)相并列的述谓问题(problem of predication)[5]。而且,实在论者也探讨了似真、逼真和接近真理的程度判别问题。例如波普尔(K. Popper, 1902 - 1994)认为:"一个真陈述的内容越丰富,它同我们的目标 T 就越接近,也就是说,越接近真理(确切地说,越接近全部真陈述的类)。"[6]哈雷(Rom Harré)认为:假设性发生过程的想象行为模拟未知的"实在"机制的行为越完善,代表理论族发展史上的这个时刻就越是似真的(行为类比);假设性发生

---

[5] P. Smith, *Realism and the Progress of Science*, Cambridge University Press, 1981, p.1.

[6] 卡尔·波普尔:《客观知识》,舒伟光等译,上海译文出版社(上海),1987 年第 1 版,第 59 页。

机制的性质与来源类比物的基本性质的相配越完全,该理论就越似真(质料类比)。⑦

对于上面的述谓问题和近似真理程度的判别问题,彭加勒也有自己独有的实在论的看法。他认为,理论或定律之所以是真理,是因为其中包含着真关系,不过它们并不是绝对真理。真理从来也不是固定不变的:当我们认为已经接近它们时,我们发觉我们还得继续前进。(V.S.,pp.3-4;S.H.,p.192)他看到,像能量均分定理这样的科学理论,能解释许多事实,它必然包含着某些真理;另一方面,由于它不能解释所有的事实,所以它并不全部为真。(L.E.,p.101)他深中肯綮地指出:

> 任何时候也没有一个特定的定律不是近似的和可几的。科学家从来也没有放弃对于这一真理的承认,我们仅仅相信,每一个定律不管其正确与否,都可以用另一个更精确、更可几的定律来代替,这种新定律本身将不过是暂时的而已,同样的进程能够无限地继续下去,以致科学在进步中将具有越来越可几的定律,其近似程度将以精确性和可能性与可靠性的差别像你随意选取的那样小而终结。(V.S.,p.251)

至于在几种陈述或理论中何者更似真、更逼真或更近似,彭加勒的回答是:理论所表示的真关系愈多,那么它就愈真。他以"地球转动"和"地球不动"为例,指出这两个假设在运动学意义上无论哪一个都不

---

⑦ R.哈雷:〈理论族、似真性和对于适度实在论的辩护〉,《自然科学哲学问题》(北京),1983年第3期。

比另一个更真,否则就不得不承认绝对空间的存在。但是,前者向我们揭示了天体现象之间内部的真关系,而后者则否定或隐瞒了这些真关系,因此我们仍然认为前者在物理学上比后者更真,因为前者具有更为丰富的内容($V.S.$, pp.272－274)。在这里,我们不难发现,彭加勒的关系实在论思想是与他的实在论的真理观沟通的:真理性的陈述是与真关系相符合的陈述,包含更多真关系的陈述则更真。由于彭加勒求助于近似真理的概念,因此借用当代科学哲学中的一个术语,可以称这种观点为近似实在论(approximationrealism)。

在这里,我们要进而指出,实用主义在世纪之交也一度流行。在实用主义者看来,真理成了一句空话,科学理论只不过是实用的处方。彭加勒对"以为真理在于实用,舍实用即无真理"的观点大加抨击,极力倡导"为科学而科学","为真理本身的美而忘我追求真理"。彭加勒这种高远的理想主义也从一个侧面说明他坚守了实在论的真理观。

§5.3　科学观中的实在论烙印

彭加勒的科学观也明显地打上了科学实在论的烙印,这从他对于科学的目的、科学进步和相继的科学理论的更替的观点上不难看出。

1. 科学的目的在于追求真理

瑞典科学哲学家图奥梅拉(R. Tuomela)指出:

> 按照实在论的观点,科学的目的典型地在于或至少在于找

出世界像什么,即找出世界(关于它的可观察的和不可观察的部分和方面)的为真的理论;而且,实在论者典型地相信,这样的理论原则上是可以找到的(即使也许不需要宣称能够得到并非唯一的关于世界的为真的描述)。真理在这里包含——至少部分地包含——指明世界像什么,这典型地假定要求某种类型的真理符合说。[8]

而且,实在论者还特别强调科学家应该寻求真理、发现真理。

与此对照,彭加勒对科学目的看法不用说是实在论的。按照彭加勒的观点,科学旨在追求真理,即追寻事物之间的真实关系,也就是世界的和谐,这种和谐的最好表达方式就是定律,这是我们所能得到的唯一真理。他甚至大声疾呼:追求真理应该是我们活动的目标,它是值得我们活动的唯一目的。但是,如果真理是值得追求的唯一目的,我们可以希望得到它吗?彭加勒毫不迟疑地回答:这是毋庸置疑的($V.S.$, pp.1-10)!因为彭加勒看到,科学史已经表明,以追求真理为目的的科学是不断获得成功的——它拥有越来越精确、越来越可靠的定律,也就是愈来愈真的定律。"科学越来越向我们表明宇宙不同部分的相依关系,向我们揭示出宇宙的和谐。"($L.E.$, p.109)"只有当科学向我们揭示出这种和谐时,科学才是美的,才值得人们去培育。"($S.M.$, p.298)

彭加勒还强调指出,为了发现科学真理,必须使精神不带偏见,不徇私情,必须绝对诚心诚意;必须独立,必须完全地独立,必须超然

---

[8] R. Tuomela, *Science, Action, and Reality*, D. Reidel Publishing Company, 1985, p.40.

自立于自身之外来沉思自然。(V.S.,pp.1-4,164)这种过分理想化的神目观式的对待真理的看法,也是较为典型的形而上学实在论的态度。要知道,即便是为真的科学理论也不是实在论者所寻求的超文化、超历史的知识。科学理论的提出和接受,在某种程度都是受历史的和文化的环境制约的。

2. 科学的进步犹如动物形体的进化

彭加勒认为,科学是朝着统一性和简单性的方向进步的。[⑨] 科学进步虽然有危机和革命,但总的来说仍然是一个连续的而非绝然间断的过程。诚如彭加勒所比喻的,科学的进步不能与拆旧城而另建新城相提并论,也不是编织短命的珀涅罗珀之网,科学的进步犹如动物形体的进化,是有继承性的。他明确指出,被真正的实验精神所推动的科学是尊重过去的,它与那种易于被新奇的东西蒙骗的、科学上的势利行为针锋相对。它是一步一步地前进的,但总是在相同的和正确的方向上。(L.E.,p.110)在常规科学时期,科学理论的框架"没有被打破,因为它们是有弹性的,但是它们扩大了。"(V.S., p.179)即使在科学危机与革命时期,理论框架变成了所谓的"废墟",可是每一种理论也不能完全消灭,它们的生命(经验内容和数学方程)是永恒的。

彭加勒认为科学的发展是无止境的。他说:

科学不管把它的征服向前推进得多么远,科学的领域并非

---

⑨ 李醒民:〈评彭加勒的科学观〉,《科学学研究》(北京),第 2 卷(1984),第 2 期,第 19-29 页。

经常受到限制。其前沿的全线依然是很神秘的。其前沿推进得越远,神秘的范围扩展得越大。

今日的学者并未期望从自然界中一举引出它的秘密。他们虽然知道,他们为之献身的事业是伟大的,但是与此同时,他们也了解,这一事业是没有终点的。[⑩]

彭加勒批评那些轻率地做预见的"不幸的预言家"。这些预言家认为,在科学中所有能够解决的问题都已经被解决了,除了补遗之外,没有留下任何值得解决的东西。彭加勒以数学史中的例子驳斥道:解这个词的意义扩大了,对希腊人来说,好解就是只使用直尺和圆规的解,后来变为用求根法得到的解,接着人们又利用代数函数和对数函数。于是,"悲观主义者发觉他们总是失败,总是被迫退却,我想现在不再有悲观主义者了。"(S.M.,pp.19-20)

科学实在论者的一个共同信念是,科学变化总的来说是进步的,这种变化并不像反实在论者所宣称的那样是历史和逻辑的简单中断(范式论、不可通约性、不可翻译说即包含这样的主张),而是连续的、持续的、无止境的进化。彭加勒的论述是与此不谋而合的。

3. 竞争的或相继的科学理论都蕴涵着真关系

史密斯指出实在论的一个重要主张是,竞争的或相继的科学理论言说的是同一事物。[⑪] 劳丹则认为,可接受的新理论必须保留它们成功的前任理论的理论内容(或扩展的范围)中有意义的部分,这

[⑩] ポアンカレ(H. Poincaré):《科学者と詩人》,平林初之輔訳,岩波書店(东京),1928年,198页。

[⑪] 同注⑤,第2页。

是实在论者为达到其认识目的而提出的方法和规则之一。[12] 从彭加勒关于科学理论的陈述中也可以窥见到类似的观点。

彭加勒把科学视为一种"关系的体系"($V.S.$, p.266)。在他看来,19 世纪末竞争的几个色散理论同时是真实的。这不仅是因为它们使我们预见相同的现象,而且也因为它们预先表述了真实的关系(吸收关系和反常色散关系)。在这些理论的前提中,真实的东西就是对所有作者都是共同的东西;这就是一些事物之间的某种关系的证实,至于物的名称则随作者而异。($S.H.$, pp.191-192)彭加勒也看到,科学史向我们表明,旧理论不断地被新理论替代。然而,在旧理论中总有某些东西幸存下来。

> 如果一种理论能使我们认识到真实的关系,那么人们最终会得到这种关系,而且会发现,这种关系再次以新的伪装出现在另一种取代了旧理论而居于统治地位的理论之中。($V.S.$, pp.268-269)

比如当人们采纳麦克斯韦的光的电磁理论时,菲涅耳的波动说的大多数结论依然不变。这是由于菲涅耳的光学融合到更宽广的整体中、融合于更高级的和谐中,因而它依然是充满活力的。它的各部分继续有效,各部分的相互关系还是相同的。唯有我们描述这些关系的语言变化了;另一方面,在光学的不同部分和电学领域之间,麦克斯韦向我们揭示出以前未曾料到的其他关系。($S.H.$, p.247)彭加

---

[12] L.劳丹:《科学与价值》,殷正坤等译,福建人民出版社(福州),1989 年第 1 版,第 135 页。

勒甚至还洞察到,某些料想被抛弃了的、最终被实验宣告不适用的理论会突然死灰复燃并获新生。这正是因为它们表达了真关系;而且还因为,由于各种各样的理由,当我们感到有必要用另一种语言陈述同一关系时,它们并没有停止这样做。因此,它们保持了一种潜在的生命。(S.H.,pp.193-194)正是这种真关系构成了理论更替中的"不变性",从而成为理论之间翻译可能性的基础。

§5.4 彭加勒的约定论、经验论、理性论与科学实在论

彭加勒的哲学思想是比较庞杂的(恰当地讲是"比较丰富的")。但是,无论怎么说,约定论、经验论和理性论毕竟是他的哲学思想的主要构造"元素"。要知道,这几种构造元素都包含着非实在论的乃至反实在论的成分。那么,这些异质要素是怎样与他的科学实在论思想进一步协调起来的呢?

1. 彭加勒的约定论与科学实在论

按照一般哲学辞书的解释,约定论是指这样一种哲学观点:科学理论或定律并不是对世界的为真的描述,而只是科学家出于方便考虑而作出的随意的约定,因而它们并不具有真理性。这种观点显然是与科学实在论格格不入的。

但是,彭加勒的约定论却是一种相当温和的约定论,并不像上述观点那么激进,那么极端。在彭加勒看来,科学中的约定虽然是"我们精神的自由活动的产物",但是这种自由并不是"完全任意的",并不是"放荡不羁"、"胡思乱想",否则约定将毫无结果了。他特别指出,我们只是把约定强加于科学——没有它们便不可能有科学——

但并没有强加于自然界;科学家们所思考、所发现的世界并不是他本人的任性所创造。(S.H.,pp.3,163)彭加勒所谓约定的选择出于"方便",除了生物学实用意义上的方便外,也指逻辑简单性意义上的方便。尤其是,他还提醒人们,我们在所有可能的约定中进行选择时,既要"受实验事实的引导",又要"受到避免一切矛盾的必要性的限制",尤其是实验能"指引我们辨明最方便的路径"(S.H.,pp.4、66)。在这里,彭加勒对约定的提出和选择做了本体论的、经验的和逻辑的限定。

彭加勒也对约定在科学中的辖域做了必要的严格限定,他强烈地批评了唯名论者的极端约定论观点(全部科学都是约定)。在彭加勒看来,数学中的公理是约定;由于没有把它应用于自然界,谈论其真假或真理性是无意义的。在物理科学中,约定虽然占有一席之地,但却是另外一种情况。物理科学中有几类假设,但仅有一种是约定。一些假设是可以检验的,它们一旦被实验确证后就变成富有成效的真理(即定律);另一些不会使我们误入歧途,它们对于坚定我们的思想可能是有用的(即中性假设);其余的只是表面看来是假设,它们可以化归为伪装的定义或约定。(S.H.,p.2)另外,在彭加勒的科学理论三层次结构中,科学事实是由未加工事实翻译而成的科学语言的陈述,它保留着事实的经验内容;定律是由这些经验事实归纳而成的,是近似真理。科学事实和定律虽有一定的约定成分,但它们不是纯粹人为的创造,不能说它们是约定的;如果把所有的定律都转变为约定式的原理,科学便会一无所获。唯有物理科学中的基本原理,既非先验的真理,亦非经验的事实,它们原来是约定。按照彭加勒的观点,约定的和普遍的原理是实验的和特殊的定律的自然而直接的推广:

当一个定律被认为由实验充分证实时,我们可以采取两种态度。我们可以把这个定律提交讨论;于是,它依然要受到持续不断的修正,毋庸置疑,这将以证明它仅仅是近似的而终结。或者,我们也可以通过选定这样一个约定,使命题肯定为真,从而把定律提升为原理。($V.S.$, p.234)

实验定律被大胆提升为原理后,我们精神便把绝对的价值归于它们,它们看起来好像是从真正的普遍性得到高度的可靠性。此时,它们便免受经验的冲击,实验再也不能推翻它们。当然,如果原理不再多产,经验即便不与之矛盾,仍将直接宣布它无用。彭加勒的约定论正是通过以上诸种限制,从而与科学实在论协调起来,形成一种新奇的实在论的约定论(realistic conventionalism)。维也纳学派的领袖石里克(M. Schlick, 1882-1936)早期的哲学思想就是如此[13],这也许与彭加勒的影响不无关系。

2. 彭加勒的经验论与科学实在论

科学实在论认为,物理实在不依赖于观察而存在,人们通过外展推理可以从可观察物达到不可观察物,从而获得不可观察物的知识。经验论则与之截然相反:不依赖观察的物理量是不存在的,外展推理的合法性不适用于不可观察物,知识不能扩展到不可观察物。

彭加勒承认定律出自实验,科学由事实来建造,他像一般自然科学家一样,也处于经验论传统之中。但是,他的经验论不同于休谟

---

[13] Don Howard, Realism and Conventionalism in Einstein's Philosophy of Science: The Einstein-Schlick Correspondence, *Philosophia Naturalis*, 21 (1984), 616-629.

(D. Hume,1711-1766)和穆勒的经验论:他不仅强调个人经验的意义,并且也强调祖先经验的重要性。尤其是,他的经验论并不那么狭隘和极端——他用思考平衡观察,用理论补偿实验,用理性论中和经验论——从而并不与他的实在论思想冲突。他一方面认为,实验是真理的唯一源泉,一切定律都出自实验;唯有实验能够告诉我们新东西,唯有实验能够给我们可靠性,这是毋庸置疑的两点;梦想排斥实验,梦想依靠某些不成熟的假设构造整个世界,是根本行不通的。另一方面他又认为,只有观察还是不够的,我们必须用我们的观察资料,去做我们必须的推广工作,并用精妙、准确的数学语言表述它们($S.H.$, pp.167-168; $V.S.$, pp.140-141)。他既指明达到基本现象的最好方法显然是实验,又指明实验并非总是可能的和充分的,有时思想要超过实验才行($S.H.$, p.185)。他尤为鞭辟入里地指出:

> 如果不从理论与实验符合出发,我们能够从何处揭示宇宙的和谐呢?……理论与实验……二者都是必不可少的。舍其一而取其二是愚蠢的举动。脱离实验的理论是空洞的理论,脱离理论的实验是盲目的实验;使二者分离,每一个都会无用,都没有什么好处。($S.M.$, p.298)

由此可见,彭加勒并未囿于经验论的狭隘性,他甚至很不赞成当时流行的极端经验论即感觉论和实证论,这二者都极力把不可观察物这样的"形而上学"问题排除到科学之外。彭加勒的这种态度也充分体现在他的研究活动中。他对不可观察的分子的实在性和原子论的态度前已述及,另外还有两件事实在这里值得一书。彭加勒把物理和数学理论大胆地外推到无限大范围的空间变量和时间变量,以解释太阳系的起源、月球的生成、行星轨道的长久周期性、地球旋转的持久性以及整个宇宙的来龙去脉及最终命运等疑难问题,这是一些当时无法观察的或原则上不能直接观察的假设性事件[⑭]。当彭加勒发表关于宇宙演化的思想时,他的许多同事是持谨慎态度的。按理说,聪明的数学家应该避免谈论宇宙遥远的过去和未来,尤其是科学家当时还拿不准,他们的基础理论是否适合于实验室中能够研究的现象。把这些理论在空间和时间上无限外推,显然是危险的、不明智的。更何况,经验论的变种实证论19世纪末在法国依然根深蒂固,科学家都不敢提出和接受超出他们直接观察的关于世界本性的理论。

另一件事是彭加勒对以太实在性的态度。1898年,彭加勒对以太进行了比较基本的论证:

> 以太是否真正存在,并没有什么关系;这是形而上学家的事情。对我们来说,主要的事情是,一切都像以太存在那样发生着,这个假设对于解释现象是方便的。

他虽然说"以太在某一天却要被作为无用的东西被抛弃",但又认为把以太作为本体论承诺而建立的方程和理论"总是有用的"(S.H., p.246)。由此可见,彭加勒此时还拿不准以太是否真实存在,但无论如何他认为以太作为中性假设在方法论上还是有意义的。到1902年,他已把以太概念列入了他的知识论:

[⑭] S.G.布拉什:《彭加勒和宇宙演化》,《科学与哲学》(北京),1982年第2辑,第52—72页。

我们不需要以我们感觉到的、我们观察其运动的通常的物质为满足。或者我们将假定,这种普通物质是由原子构成的,我们无法知道原子的内部运动,唯有整体位移能为我们的感官所感受。或者我们将设想某些微妙的流体,叫它们以太也好,叫其他名字也好,它们在物理学理论中总是起着如此巨大的作用。

他接着讨论了科学家当时的以太观(有人把以太看作唯一的原始物质或真实物质,有人把普通物质视为凝聚的以太或以太奇点的几何轨迹),考察了以太信念的起源(作为光传播的媒质,作为一种补偿机制)。尽管彭加勒觉得"我们似乎用手指接触到以太,还可以构想出使我们更密切地接触到以太的实验",但他对自己提出的"以太实际存在吗?"的问题并没有正面做出十分肯定的回答($S.H.$, pp.197-200)。可是到1905年,他对以太的存在已有明确的答案:

可以说,以太并不比任何外部物体更不真实;说这个物体存在着,就是说在这个物体的颜色、味道、气味之间存在着一种牢固而持久的内部结合剂;说以太存在着,就是说在所有光学现象之间存在着一种自然的亲缘关系,这两种说法无论哪一个也不比另一个更没有价值。($V.S.$, p.270)

此后,在为他的著作的英译本《科学的基础》所写的序言中,他甚至把以太看得比通常的物质更根本:"正是未知的以太解释已知的物质;而物质却不能解释以太。"[15]

---

[15] H. Poincaré, *The Foundations of Science*, The Science Press, New York and Garrison, N.Y., 1913, p.7.

不管在科学上以太的实在性如何,彭加勒对以太的看法从哲学上讲无疑是实在论的而非经验论的。总而言之,由于彭加勒把实验(广而言之是经验)看作是真理的唯一源泉和检验标准,因此也可称他的这种观点为"经验论的实在论"(empirical realism)。因为经验论的实在论可以定义为:理论的经验适当性的证据是它的真理性的证据。这个主张在逻辑上独立于理论事实上是近似真理的主张,或独立于科学的目的是什么的主张。要知道,已知的资料本体可以看作是理论的经验适当性的健全证据,而不能看作是理论真理性的健全证据——当理论与物理学冲突、包含不确定的量、缺乏被证明的预言能力等时情况就是如此。[16]

3. 彭加勒的理性论与科学实在论

典型的理性论者过分夸大理性在认识中的作用,并使其脱离感性经验。在他们看来,只有理性才能提供具有普遍性、必然性的可靠知识。更为极端的理性论者甚至坚持天赋观念说和先验论。在哲学史上,理性论是与经验论长期对立的两大派别。彭加勒虽然也是一位理性论者,但是由于他在理性论和经验论之间保持了必要的张力,从而削弱了典型的和极端的理性论的上述特征,使其理性论思想与实在论达到了协调一致,形成了他的理性论的实在论(rationalistic realism)思想。

作为一位数学家和理论科学家,彭加勒成为理性论者似乎是顺理成章的。他充分肯定了理性在科学中的地位,肯定科学理论的重

---

[16] M. R. Gardner, Realism and Instrumentalism in Pre-Newtonian Astronomy, in *Testing Scientific Theories*, J. Earman ed., Minneapolis: University of Minnesota, 1983.

要作用和意义。即使在他为经验的至高无上地位辩护时,他依然认为理论是人类理智的自由创造,实验事实更多地是引导而不是限制科学家做出选择。在彭加勒看来,知识不是赤裸裸的经验赠品,甚至也不是仅仅由经验构成的,精神创造的能动性在数学乃至在以实验为基础的物理科学中表现得都很明显。

彭加勒明确指出:

> 宗教具有摆布信仰者的巨大威力,但是并非所有的人都是它的信徒。信仰只能强加给少数人,而理性却会给一切人留下烙印。我们必须致力于理性。($L.E.$, p.102)

他这样断言:

> 经验并非一切,而且学者也不是被动的,他没有等待真理跑来找它,或者期待真理碰到他鼻子尖上的机会。他必须去迎接真理,正是他的思考向他揭示出通向真理的道路。[17]

正因为如此,他才一方面主张,达到基本现象的最好方法显然是实验了,应当用实验设法分离自然界向我们提供的一团复杂的乱丝,仔细研究尽可能多的孤立要素。可是很不幸,这样做既非总是可能的,亦非总是充分的。因而他又主张,有时思想要超过实验,而且必须超过实验才行。($S.H.$, pp.185-186)他尖锐地批评那些"最藐视理论的人",指出他们"天天吃理论的食粮而不自知"。他说:"假若失去这

---

[17] 同注⑮,第5页。

种食粮,进步会立即中止,我们将会像古老的中国那样,不久便会停滞不前。"($V.S.$, p.138)

在世纪之交物理学危机时期,非理性主义者和反理智主义者似乎找到了他们思想的适宜气候和温床。他们大肆宣称:作为知识的实在形式,作为真理源泉的科学破产了;与理智和理性的方法极不相同的其他方法,如神秘的感觉,是合理的。

作为一位坚定的理性论者,彭加勒站出来迎击这一流行的思潮。他在肯定理性巨大威力时表明:科学家的建筑并非像肥皂泡一样美丽而短暂,只能使我们欢娱一时,旋即就破碎了;科学是在牢固地建设,它已建成了天文学和物理学,今天它正在建设生物学,明天它将以同样的过程建设伦理学;科学的法规将毫无争议地处于支配地位,没有一个人将能够违背它们。($L.E.$, p.120)他在批评勒卢阿的非理性主义和反理智主义时说:"如果他把理智看作是完全无能为力的,那只不过是把更大的地盘让给其他认识源泉,例如感情、情绪、本能、信仰。"他指出,感情、本能可以指导理智,但却不能使理智变得毫无用处;感情、本能可以指挥眼睛之所向,但却不能代替眼睛。"理智将保持'思想的芦苇'的优势,这也是一种并未受到轻视的最高权力。"($V.S.$, pp.215-217)他对那些仅凭本能行事,不爱动脑筋思考问题的人大为不满:

> 现在,大多数人都不爱思考,当本能引导他们时也许是侥幸的,最通常的情况是,当他们追求直接的、永远相同的目的时,本能引导他们比理性指导纯粹的智力更为得宜。但是,本能是惯例,如果思想不使之丰富,人类便不会比蜂蚁有更多的进步。于是,对于那些不爱思考的人来说,有必要去想想,……($S.M.$,

p.9)

尤其值得注意的是,彭加勒还洞察到,正确的科学思想体系一旦出现,便具有相对的独立性、自主性和自我增殖能力。他说:

> 正像个别人死去而人类不死一样,个别的思想即使消灭了,而真理依旧永存。这是因为,正像人可以生育一样,思想也可以产生思想。[⑬]

但是,彭加勒并未把理性论推到极端,正如我们从前面的论述中多次看到的,他在经验和理性、实验和数学、事实和理论之间保持了适当的平衡,而没有固执于一极而排斥另一极。他不赞成康德的先验论。他一方面认为康德的先天范畴并不是不变的,而是随着人的进化和科学的发展而变化的,他用约定论思想把康德的"先验的"冲淡为"约定的"。另一方面,他不同意康德的天赋观念论,尤其是康德的几何学先验论,而用进化认识论对它加以诠释。他指出,人类之所以采用最有利的、最方便的几何学,这是自然选择使我们精神本身适应了外部世界的条件。乍看起来这似乎是人们的先验直觉,实际上是"祖传的经验"在人类精神上长期的积淀。($S.H.$, p.109)我们在几何学中的一切本能的东西主要是种族的获得物,而不是个人的获得物,前者占压倒优势。这些获得物越是必要,自然选择就越迅速地导致之。这些获得物必定在年代上相当久远,因为没有它们,生物体的防御是不可能的。($S.H.$, p.107)

[⑬] 同注⑩,第37页。

彭加勒就这样用经验论和约定论对极端理性论做了必要的限定和补充,并把理性论与实在论有机地结合起来。这种结合集中体现在下述思想上:世界是统一的、和谐的、有规律的,它具有理性的结构,是人的理性可以把握的。

彭加勒坚信自然的统一性。他说:

至于统一性,不存在什么困难。如果宇宙的各部分不像一物的各部件,它们就不会相互作用,它们就不会彼此了解;尤其是,我们只能知其一部分。因此,我们不去问自然是否是一个整体,而要问它为何是一个整体。($S.H.$, p.173)

他注意到,能量守恒和转化的发现揭示了力的统一,光、电、磁原先分开的领域现在合为一体,他眼看着阴极射线、X射线、铀射线和镭射线形成一个"人们未曾料到的完整世界"。而对这种科学的历史和现状,更增强了他的自然统一性的信念:"我不相信它们将消灭这普遍的统一性;我想它们将进一步改善它。"($S.H.$, p.210)

彭加勒也往往把自然的统一性等同于自然的和谐性或规律性。对于自然的和谐性或规律性,注意观察天象的古代巴比伦的迦勒底人就有这样的感受了。他们看到,如此众多的发光点并非乌合之众,而像纪律森严的军队。他们当然不了解这种纪律的准则,但是繁星点点的夜空的和谐壮观足以给他们以规律性的印象。仰观如是,俯察亦然。我们小小的地上的世界表面看来是无序的,未经训练的眼睛也许看到的只是混乱,只是偶然和任性的统治。不过,它也是有规律的,我们也能再次发现天体研究向我们揭示的和谐。因此,彭加勒断言:

自然服从规律,剩下的只是了解规律是什么;为此,他们只需要耐心,他们有权要求怀疑论者应该信任他们。(V.S.,pp. 159-161)

彭加勒认为"世界内部和谐"的"最好表达方式就是定律(规律)"。他意味深长地写道:

定律是人类精神最近代的产品之一,还有人生活在永恒的奇迹中而不觉得奇怪。相反地,正是我们,应当为自然的规律性而惊奇。人们要求他们的上帝用奇迹证明规律的存在,但是永恒的奇迹就是永远也没有这样的奇迹。因此,世界之所以是神圣的,正因为它是和谐的。(V.S.,p.7)

如果我们回想一下彭加勒把世界的和谐视为唯一真实的客观实在,那么他的上述言论不正是从本体论上把理性论与实在论结合起来了吗?

自然的统一、和谐、有序,也表明自然具有人的理性可以把握的理性的结构。彭加勒这样写道:

数学的真理是用一连串无懈可击的推理从少数一目了然的命题推演出来的,这些真理不仅把它们强加于我们,而且强加于自然本身。可以说,它们支配着造物主,只容许他在比较少的几个答案中选择。因此,为数不多的实验将足以使我们知道他做了什么选择。(S.H.,p.1)

在谈到重形式而轻内容的数学精神(它是典型的理性精神)时,他说:这种精神站得最高,看得最远,教导我们辨识眼睛看不到而理性却能推测的、真正的和深奥的类似,足以使我们洞察自然的秘密。他这样赞颂人的理性的伟大:人的理性能够包容星汉灿烂、茫无际涯的宇宙,并且享受到它的无声的和谐。($V.S.$, p.157)他明确指出:天文学日渐精确的预言纠正了自然不可理解的谬论。($V.S.$, p.161)彭加勒就这样从认识论上把理性论与实在论结合起来了。

"锦江春色来天地,玉垒浮云变古今。"彭加勒穷理尽性,谙古通今,博采善思,崇实尚理;他的综合科学实在论是熔实在论的实在观、真理观、科学观于一炉,并以关系实在论为本体论,以实在论的约定论为方法论,以近似实在论、经验论的实在论和理性论的实在论为认识论,以作为实在的"关系"贯穿始终,从而熔铸或化合成一种新的"合金"或"化合物",因而具有不同于构成它的单个"元素"或成分的优良的特性或本性。这种综合实在论不仅在各种不同的或异质的哲学思潮和流派之间保持了必要的张力,而且也在古老的哲学传统和新颖的科学思想之间保持了必要的张力,从而成为一种卓有成效的认识论和方法论武器。可以认为,综合实在论像经验约定论一样,也是彭加勒的主导哲学思想。这些富有启发性的思想显然对彭加勒在众多学科和领域取得开创性的成就大有裨益,而且它们对现代科学思想和哲学思潮已产生并将继续产生不可低估的影响。唯有哲人科学家,才能对人类的精神宝库做出如此重大的双重贡献。

第六章 美的旋律和创造的神韵

——彭加勒对科学方法和数学发明的心理探秘

> 隐隐飞桥隔野烟，
> 石矶西畔问渔船。
> 桃花尽日随流水，
> 洞在清溪何处边？
> ——桃花溪
> 唐·张旭

作为一位超级哲人科学家，彭加勒在进行科学理论探索的过程中，同时也十分重视科学方法的探索。因为他深知，要进行创造性的科学研究，首先需要创造方法，因为没有一个方法会自行产生（S. M., pp. 12-13）。他把自己的一本科学哲学著作命名为《科学与方法》，足见他对科学方法的重视程度。在本章，我们仅仅论述一下他的诸多方法中较重要的两种——假设和科学美。

彭加勒的思想并没有只停留在他的专业领域的概念上。他通过对自己数学发明的体验的考察，已深入到一个更加困难的问题，即科学思维的本性问题、数学发明的心理机制或创造心理学的问题，得出了一些引人入胜的猜测和结论。现在，让我们领略一下彭加勒的美的旋律和创造的神韵吧。

§6.1 假设的作用、分类和内涵

关于假设,在彭加勒之前,许多科学家在科学实践中都自觉或不自觉地运用过,也有的对这种科学方法做了不同程度的论述。彭加勒的贡献在于:他不仅充分肯定了假设在科学中的地位和作用(他甚至把他的第一部科学哲学著作取名为《科学与假设》),尤其是他对假设进行了有启发性的分类,并深入探讨了其内涵。

彭加勒认为:"人们略加思索,便可以察觉到假设起的作用;数学家没有它便不能工作,更不用说实验家了。"($S.H.$,p.2)假设"能迫使我们设想比感官能够向我们揭示的大得多或小得多的对象,我们不再存有束缚我们前辈的那些顾忌了,前人只是因为害怕假设,才妨碍了他们去发现某些真理"($V.S.$,p.165)。因此,我们不要对假设简单地加以责难,更不应认为假设是荒诞不经的东西。怀疑建筑在假设之上的科学是否牢固,是否吹一口气会使之倾倒,这种怀疑是浅薄的。仔细审察一下假设在科学中的地位和作用,我们将认识到:"假设不仅是必要的,而且它通常也是合理的。"($S.H.$,p.2)于是彭加勒断言:"没有假设,科学家将永远寸步难行。"[①]

值得注意的是,彭加勒对假设进行了分类研究。($S.H.$,pp.3-4,178-181)他把假设按其特性和功用分为三类:极其自然的假设、中性假设和可检验的假设。

在彭加勒看来,第一类假设是极其自然的,人们几乎不能避免

[①] H. Poincaré, *The Foundations of Science*, The Science Press, New York and Garrison, N.Y., 1913, p.6.

它。例如,我们不得不假定十分遥远的物体的影响完全可以忽略不计,小位移遵循线性定律,结果是原因的连续函数,对称性所给予的条件等等。这类假设只在表面看来是假设,实质上它们可化归为伪装的定义和约定。这类假设在数学及其相关的学科中遇到,它们形成了数学物理学所有理论的公共基础,这些学科正是由此获得了严格性。这类假设是最后才能被舍弃的东西,只有到万不得已时,我们才用另外一些方便的、多产的假设代替它们。

第二类假设是所谓的中性假设。例如,在大多数问题中,解析家在计算之初就假定,或者物质是连续的,或者相反,物质是由原子构成的(人们从原子假设借用了两件事:能量守恒原理和方程的线性形式,这是小运动的普遍规律)。他可以做相反的假定,而不改变他的结果,只是所得结果的难易程度不同而已。在光学理论中,引入了两种矢量,其一被看作速度,其二被看作旋涡。这里还是一个中性假设,因为采取正好相反的假设也能得到相同的结论。因此,实验成功也不能证明第一个矢量实际上是速度;实验只能证明一件事,即它是矢量。只要这些中性假设的特征不被误解,它们就永无危险,不会使我们误入歧途。这类假设或者作为计算的技巧,或者有助于我们理解具体的图像,或者可以坚定我们的思想,从而没有排除它们的机会。由此可见,彭加勒在某些方面似乎是把中性假设当作模型来看待的。这类假设有时具有隐喻的意义。与诗人不禁用隐喻一样,科学家也不应该禁用这类假设。因为它们是有价值的,对于精神的某种满足而言可能是有用的。倘若它们是中性假设,它们就不是有害的。(S.H.,p.193)

第三类假设是真正的推广,它们是实验必须证实或否证的假设。这类假设总是应该尽可能早、尽可能经常地受到检验。当然,如果它们经不起这种检验,人们就应该毫无保留地抛弃它。若实验证实它们,它们就会成为富有成效的真理;若实验否证它们,它们也不是没有用处的。在彭加勒看来,科学家在抛弃被实验否证的假设时,不仅不要有病态情绪,而且应当感到高兴,因为他从中正好找到了未曾料想到的发现机会。由于科学家的假设并不是在毫无考虑的情况下做出的,他顾及了可能参与该现象的所有已知因素。如果经验不支持它,那肯定是遇到了未曾料到的、非同寻常的东西,正是在这里,存在着有待发现的新奇事物。这样看来,被抛弃的假设远不是无用的,可以说它比真实的假设贡献更大。它不仅是判决性实验的诱因,而且若不做此假设,只是偶尔做了这个实验,则人们将一无所获,至多不过是把一件事实编入目录中,不能从中得出应有的结果。由此可见,彭加勒不仅看到了这类假设的正面助发现作用,而且也看到它的反面助发现作用。

在彭加勒论述的启示下,玛丽·妮厄(Mary Jo Nye)根据假设在科学知识体系中所起的作用,把假设分为"说明性假设"(保留在物理学理论中,是一种协调手段,有益于提示不同现象之间的相互关系)、"启发性假设"(不具有存在的意义,仅有建议、观察或探索纲领的联接方式中的信息的启发意义)、"实在论假设"(具有实在论的或存在的意义,并能由实验直接地或间接地加以验证)[②]。这种分类方法尽管名称与彭加勒的不同,但却具有大致相同的内容。

彭加勒提醒人们注意:"重要的是不要过分地增加假设,只能一个接一个地做假设。"($S.H.$, p.179)他多次指出,最好把不同假设

---

② M.J.妮厄:〈十九世纪关于原子的争论与一种"中性假设"的二难推论〉,郑玉铃译,《自然科学哲学问题丛刊》(北京),1980年第4期,第56-66页。

的数目减到最小限度,只引入少数基本假设,而不要引入多数特设假设或辅助假设。堆积一大堆假设是无用的,而且会带来麻烦。例如,假使我们在若干假设的基础上构造理论,如果实验否证这个理论,我们前提中的哪一个假设必须改变呢?这是我们无法知道的。相反地,如果实验成功了,我们也不能认为一举证明了所有假设,至多只能说实验与它们不矛盾。也正是在这种意义上,彭加勒认为没有所谓的"判决性实验"。

§6.2 作为理性美的科学美

毋庸置疑,美完全统治着艺术领域,但是美的王国却远远延伸到艺术领域之外,它也囊括了人类精神生活的其他领域。正像在艺术创造活动中一样,科学创造活动也深深地打上了审美的烙印。可以毫不夸张地说,在精密科学的重大发现和理论评价当中,科学美(或它的最抽象、最集中的体现:数学美)是启迪思想和明晰思想的最有效的工具之一。

彭加勒对科学美尤其有浓厚的兴趣和深刻的感受。他深有体会地说:"一个名副其实的科学家,尤其是数学家,他在他的工作中体验到和艺术家一样的印象,他的乐趣和艺术家的乐趣具有相同的性质,是同样伟大的东西。"[③]科学家所体验到的这种印象就是和艺术美可以相提并论的科学美。彭加勒曾这样绘影绘声地描写数学行家在数学研究中所获得的类似于绘画和音乐所给予的乐趣:

---

③ ポァンカレ(H. Poincaré):《科学者と詩人》,平林初之輔訳,岩波書店(东京),1928年,139頁。

他们赞美数和形的微妙和谐;当新发现向他们打开了意想不到的视野时,他们惊叹不已;他们感到美的特征,尽管感官没有参与,他们难道不乐在其中吗?……对所有杰出的艺术家来说,情况难道不也是这样吗?(V.S.,p.139)

在彭加勒看来,科学美根源于自然美。正因为如此,"数学家把重大的意义和他们的方法与他们的结果的雅致联系起来"的做法才"不是纯粹的浅薄涉猎"(S.M.,p.25);正因为如此,我们才毋需担心"这种本能的和未公开承认的偏见将使科学家偏离对真理的追求"(S.M.,p.16)。但是,科学美并不是自然美,即"不是给我们感官以印象的美,也不是质地美和表观美"。彭加勒认为他并不是小看自然美,而是这种美与科学无关。科学美是"比较深奥的美",是"潜藏在感性美之后的理性美"。这种美在于各部分的和谐秩序,并且纯粹的理智能够把握它。正是这种美使物体,也可以说使结构具有让我们感官满意的彩虹般的外表。没有这种支持,这些倏忽即逝的梦幻之美结果就是不完美的,因为它是模糊的、总是短暂的。相反,理性美可以充分达到它自身,它能"使理性变得可靠、有力"(S.M.,pp.15-17)。

作为理性美的科学美,其基本含义和内容是什么呢?这得从美的定义说起。关于美,甚至在古代就有两种定义:一种定义说,美是部分同部分,部分同整体的固有的协调;另一种定义认为,美根本不涉及部分,而是"一"的永恒光辉透过物质现象的朦胧的显现。一般说来,科学家所谓的科学美似乎兼容了这两种定义的内容,但他们仿佛比较偏爱第一种。

彭加勒就持有这样的观点。他虽然对科学美没有下一个完整的、明确的定义,但却把"雅致"、"和谐"、"对称"、"平衡"、"秩序"、"统一"、"方法的简单性"、"思维经济"等赋予科学美。彭加勒说:

> 在解中,在证明中,给我们以雅致感的实际上是什么呢?是各部分的和谐,是它们的对称、它们的巧妙平衡;一句话,雅致感是所有引入秩序的东西,是所有给出统一、容许我们清楚地观察和一举理解整体和细节的东西。

这种科学美也起因于"方法的简单性和提出的问题的复杂性之间的悬殊差别",而且"这种审美的满足与思维经济密切相关"($S.M.$, pp.25-26)。不过,在这形形色色的含义中,彭加勒最强调的还是"和谐",他甚至把其他含义和内容也包容于和谐之中,有时则干脆认为,"普遍和谐是众美之源"($V.S.$, p.10)。他还说过:

> 运用数学符号就像运用物理实在一样;正是在比较事物的不同方面的过程中,我们能够领悟它们的内部和谐,唯有这种内部和谐才是美的,从而值得我们努力追求。($V.S.$, p.149)

也正是由于和谐是众美之源,因此审美感"并不是由感觉的质的本身所激起,而是由我们经受无意识的印象的感觉关系的和谐组合所激起"($V.S.$, p.264)。

科学美是一种理性美,而理性美必须由人的理智来把握和感受,因此科学美必然是主客观的统一,必然带有强烈的主观色彩,必然只能为具有特殊审美感的科学家深深体验到。彭加勒正是这样看问题的。他说:"美的事物是其本身最适合于我们理智的事物,因此它们同时是这种理智最了解如何使用的工具。"(S.M.,p.17)。"简言之,数学雅致感仅仅是由于解适应于我们精神的需要而引起的满足,这个解之所以能够成为我们的工具,正是因为这种适应。"(S.M.,p.26)科学美"只有少数有特权的人才能充分享受。"(V.S.,p.139)

科学美在科学研究和科学探索活动起着不容忽视的作用,概括彭加勒的观点,大致有以下三个方面。

第一,科学美是激励科学家忘我工作的强大动力。彭加勒说:

> 科学家研究自然,并非因为它有用处;他研究它,是因为他喜欢它,他之所以喜欢它,是因为它是美的。如果自然不美,它就不值得了解;如果自然不值得了解,生活也就毫无意义。……科学家之所以投身长期而艰巨的劳动,也许为此缘故甚于为人类未来的福利。(S.M.,p.15)

在彭加勒看来,科学是真、善、美的统一:对科学美的追求不会偏离对真的追求,这种追求能使人变得更完善,因此为真理本身的美而忘我追求真理是合情合理的。(S.M.,pp.16-17)在这里,彭加勒是一位摒弃短视的实用主义,高扬高远的理想主义的人。他希望数学家不要期待直接的效用,而必须像艺术家那样去工作。

第二,科学美是选择事实和评价理论的重要标准。彭加勒说:

> 正是对这种特殊美,即对宇宙和谐的意义的追求,才使我们选择那些最适合于为这种和谐起一份作用的事实。
>
> 正因为简单是美的,正因为壮观是美的,所以我们宁可寻求简单的事实、壮观的事实;我们乐于追寻星球的壮观路线;我们

乐于用显微镜观察极其微小的东西,这也是一种壮观。

科学家也往往给方法和结果雅致的理论赋予重大的意义,而且一般说来,这些做法并不会使科学家偏离真理。($S.M.$, pp.16,25)

第三,科学美是科学发明的神奇工具,这是科学美的最重要的功能。彭加勒以数学发明为例说明科学美的这种作用。在他看来,数学发明就是在大量的数学组合的集合中进行选择,具有审美感的科学家能一眼洞察到整体和细节。事实上,我们越是清楚地、越是一目了然地观察这个集合,我们就越是彻底地觉察到它与其他邻近对象的类似性,从而我们就有更多的机会推测可能的推广。在意外地聚合了我们通常没有汇集到一起的对象时,雅致可以产生意想不到的感觉;在这里,它再次是富有成果的,因为它这样便向我们揭示出以前没有辨认出的亲缘关系。甚至当它起因于方法的简单性和提出的问题的复杂性之间的悬殊差别时,它也是富有成效的,而且每每促使我们看到,偶然性并不是原因,它必定能在某个未曾料到的定律中找到。($S.M.$, pp.25-26)彭加勒得出结论说:"正是这种特殊的审美感,起着微妙的筛选作用,这就充分地说明,缺乏这种审美感的人永远不会成为真正的创造者。"($S.M.$, p.59)

§6.3 发明就是识别、选择

彭加勒关于数学发明及其心理机制的描述是十分有趣的。他于1908年5月在巴黎普通心理学研究所以〈数学发明〉为题发表了讲演,同年6月该会会刊《通报》刊载了他的讲演稿,几个月后彭加勒把这篇讲演收入到他的《科学与方法》($S.M.$, pp.43-63)一书中,标题变成〈数学创造〉。正是这篇讲演,后来直接成为数学家阿达玛(J. Hadamard,1865-1963)研究数学发明创造的动因和资料源泉,促使他在 1954 年出版了《数学领域中的发明心理学》一书。

当时,由莱桑(Laisant)和费尔(Fehr)在瑞士编辑出版的《数学教学》杂志也着手调查数学家的思想习惯和工作方法。这家杂志提出了 30 个问题,分送给参加海德堡和圣·路易斯国际会议的数学家以及其他知名的数学家(共 100 余人)。在 1905 年至 1908 年,这些回答材料以适当的摘要形式发表了,在 1909 年收集起来以单行本的形式出版。在这些调查结果发表时,彭加勒已完成了他的讲演稿的草稿,因此不可能利用这些调查结果。但是,大多数数学家的答复材料却证实了彭加勒的结论。下面,我们拟以彭加勒的这篇讲演为主,阐述一下他关于数学发明及其心理机制的观点。

彭加勒认为数学创造实质上即是数学发明,而数学发明则是识别、选择。为了弄清这个含义,我们不妨走远一点,分析一下科学创造究竟是"发现"还是"发明"。

关于"发现"和"发明"二词的含义,《辞海》的解释是这样的:"发现"意指"本有的事物或规律经过探索、研究才开始知道";而"发明"则意指"创制新的事物,首创新的制作方法"。在西文中,"发现"一词(英 discovery,德 Entdeckung,法 découverte)也包含着"使原来隐蔽着的东西显现出来"的语义,而"发明"一词(英 invention,德 Erfindung,法 invention)则意味着"想出、设计出或制作出某种新事物、新过程"。可见,中、西文对"发现"和"发明"的含义的理解大体上是一致的。因此,人们一般把在科学上创造新理论称为"发现",而把在技术上创造新事物称为"发明",故有"科学发现"和"技术发明"的惯用称谓。

在科学家和哲学家中间,一些人也坚持这种传统的看法。他们认为理论始终存在于可观察的对象之中,科学家发现它,就像哥伦布发现新大陆一样。科学家不是发明家,科学家用感官看见可观察的现象,而用"思想之眼"洞见理论。另一些人则坚持认为,理论是科学家发明的,在科学家找到它之前,它并不"存在"。

现代科学大革新家爱因斯坦就持有后一种观点。他认为:"概念和基本原理都是人类理智的自由发明"。他在批评马赫的认识论和科学观时指出:

……我看他的弱点正在于他或多或少地相信科学仅仅是对经验材料的一种整理;也就是说,在概念的形成中,他没有辨认出自由构造的元素。在某种意义上他认为理论是产生于发现,而不是产生于发明。④

由此可见,是发明还是发现理论的问题,涉及经验材料对科学家思维影响的程度。所谓发明,爱因斯坦意指精神跨越以感觉和材料为一方,以概念和公理的创造为另一方这二者之间的鸿沟;所谓发现,则意指按照现存的模式或智力图像整理经验材料。尽管爱因斯坦有时也混用"发明"和"发现"这两个词汇,但他始终认为发明是通向创造性思维的道路。

美国科学史界的后起之秀阿瑟·米勒(Arthur I. Miller)在他的专著中指出:

---

④ 《爱因斯坦文集》第一卷,许良英等编译,商务印书馆(北京),1976年第1版,第314,438页。

科学中的创造性活动强调发明高于发现,而知识的结构则强调发现高于发明。发明类似于符号游戏,在这种游戏中,伴随着对资料的想象,这些资料被吸收到图式之中,资料仅稍微与图式有关;……⑤

米勒通过对科学史大量案例的研究所得出的结论是有一定道理的。这样看来,发明就是一种再现认识行为的概念框架的设定,是思维自由的创造性的活动;而把发现理解为"使原来隐蔽者的东西显现出来",就容易使人认为发现不是创造性行为。

其实,彭加勒早就具有上述有关见解,尽管他的某些表述还不是那么十分清楚的。在彭加勒看来,数学创造是人类精神的能动性的最大体现,在这种能动性中,人类精神从外部世界取得的东西最少,人类精神只是自行活动或按照自己的意志活动。因此,心理学家对数学创造十分感兴趣,因为他们在研究数学思维的步骤时,可以期望达到人类精神的最本质的东西。

数学创造实际上是什么呢?彭加勒的回答是:"数学创造并不在于用已知的数学实体做出新的组合。任何一个人都会做这种组合,但这样做出的组合在数目上是无限的,它们中的大多数完全没有用处。创造恰恰在于不做无用的组合,而做有用的、为数极少的组合。"正由于这样,"发明就是识别、选择。"($S.M.$, p.48)彭加勒认为,数学工作不是简单的机械工作,它不能用机器去完成,无论如何不能用机器圆满地完成。这不仅仅是应用法则的问题和按照某一固定的规

---

⑤ Arthur I. Miller, *Imagery in Scientific Thought*, Birkhauser Boston Inc., 1984, p.130.

律做出许多可能的组合的问题。这样得到的组合为数极多,但却是无用的、麻烦的。发明者的真正工作就在于在这些组合中进行选择,以便消除无用的组合,或者更确切地讲,避免使他们陷入困境,而且必须使指导这种选择的法则极其精巧、极其微妙。这是只可意会而难以言传的,在这种情况下,怎么能够设想一个机械地应用它们的筛子呢?

如何进行这种选择呢?在彭加勒看来,值得加以研究的数学事实是这样一些事实,通过它们与其他数学事实的类比,能够导致我们了解数学定律,正像实验事实能够导致我们了解物理学定律一样。这些事实能够向我们揭示出其他事实之间的意外关系,而在此之前我们却错误地认为,那些早就知道的其他事实彼此之间是毫无联系的。彭加勒进而指出,在所选择出来的组合中,最富有成果的组合是从相距很远的领域取来的元素形成的组合。但是,这并不意味着把尽可能相异的对象收集到一起就足以做出发明,这样形成的大多数组合都毫无成果,不过它们之中的某些极稀有的组合却是最富有成果的。

彭加勒唯恐别人误解他的"发明就是选择"的意思,他赶紧做了说明:"选择"这个词也许不十分严格。选择并不是像采购员那样,面对眼前陈设的大量货样,逐个审视它们,以便从中挑选。这里的货样多得不可胜数,他花费一生的时间和精力也难以把它们审察完毕。选择的实际过程根本不是这样。无结果的组合甚至不出现在发明家的思想中。除了他抛弃的一些组合——尽管它们也在某种程度上具有有用组合的特征——之外,在他有意识做出的组合的范围内,仿佛实际上从来也没有无用的东西。这一切就好像发明家是一位复试主考人,他只询问已经通过初试的候选人。

怎样在大量的组合中识别、选择最富有成果的组合呢？这就要靠直觉，这是一种难以定义的微妙的感觉。具有直觉的人，尽管他们没有超常的记忆力，也可以成为创造者，其成功之大小取决于这种直觉在他们身上发展程度之大小。因此，并非每一个人都能做出发明，因为并非每一个人都具有这种直觉。

§6.4 数学发明的心理机制

彭加勒通过自己发明富克斯函数的切身体验，说明了数学发明的心理机制，从中我们可以比较深刻地洞察到数学家的心灵究竟发生了什么。彭加勒发明富克斯函数的经过像九幕戏剧一样，栩栩如生地呈现在我们的面前。彭加勒是这样向我们叙述的：

我曾用十五天时间力图证明不可能存在任何类似于我后来称之为富克斯函数的函数。我当时一无所知；我每天独自一人坐在我的办公桌前，待一两个小时，尝试了大量的组合，什么结果也没有得到。（第一幕）

一天夜晚，我违反了我的习惯，饮用了黑咖啡，久久不能入睡。各种想法纷至沓来，我感到它们相互冲突，直到成对地结合起来，也就是说，造成了稳定的组合。（第二幕）

到第二天早晨，我已确立了一类富克斯函数的存在，它们来源于超几何级数；我只能写出结果；仅花费了几个小时。接着，我想用两个级数之商把这些函数表示出来；这种想法完全是有意识的和深思熟虑的，与椭圆函数的类比指导着我。我问我自己，如果这些级数存在，它们必须具有什么性质，我毫不费力地

第六章 美的旋律和创造的神韵　175

获得了成功,形成了我所说的 θ 富克斯函数。(第三幕)

恰恰在这时,我离开了我当时居住的卡昂,参加了矿业学校主办的地质考察旅行。沿途的景致使我忘却了我的数学工作。到达库唐塞后,我登上公共马车去某个地方。当我的脚踩上踏板的一刹那,一种想法涌上我的心头,即我通常定义富克斯函数的变换等价于非欧几何学的变换,在我先前的思想中,似乎没有什么东西为它铺平道路。我没有证明这一想法;我坐在公共马车的座位上,继续进行已经开始的谈话,但是我感到它是完全可靠的。(第四幕)

回到卡昂,为了问心无愧起见,我抽空证实了这一结果。然后我把注意力转向一些算术问题的研究,表面看来没有取得许多成果,也没有想到它们与我以前的研究有什么关系。我为我的失败而扫兴,于是前往海滨消磨几天时间,想一些其他事情。(第五幕)

一天早晨,当我正在悬崖边散步时,一种想法浮现在我的心头,即不定三元二次型的算术变换等价于非欧几何学的变换,它正好同样具有简洁、突然和直接可靠的特征。(第六幕)

返回卡昂后,我深思了这个结果,推导出一些结论。二次型的例子向我表明,存在着富克斯群,这些群不同于与超几何级数对应的群;我看到,我可以把 θ 富克斯级数理论应用于这些群,从而存在着一些富克斯函数,它们不同于当时我知道的从超几何级数得到的函数。我自然而然地让我自己构造这一切函数。我向它们发起了系统的攻击,一个接一个地攻克了所有的外围工事。有一处外围工事无论怎样进攻还是岿然不动,只有攻陷它才能占领整个阵地。但是,我的全部努力乍看起来只是使困

难清楚地呈现在我的面前,事情实际上就是这样。所有这些工作完全是有意识的。(第七幕)

紧接着,我要去瓦莱里昂山服军役;这样,我便从事截然不同的工作。一天,我正在大街行走,曾经使我感到困难的答案突然浮现在我的眼前,我无法立即探讨它。(第八幕)

只是在服役结束后,我才开始继续研究这个问题。我已有全部元素,只需排列和整理它们。就这样,我一举写出了我的最后的论文,丝毫没有感到有什么困难。(第九幕)

请原谅我们冗长的引用吧!彭加勒身历其境的叙述太逼真、太生动了,以致我们不忍心随意对它加以剪裁、取舍。其实,在彭加勒的另外的研究工作中也有类似的情况。彭加勒认为,这一个例子已能够完全说明问题,多举了也无用,其他数学家在《数学教学》杂志中所给出的意见只会证实它们。

在彭加勒发明富克斯函数的经过的叙述中,最引人注目、最使人感兴趣的是第二、四、六、八幕,它们是直觉式的顿悟或灵感的显现,这是先前长期无意识(unconscious,也可译潜意识)工作的明显征兆。彭加勒认为,在数学发明中,这种无意识工作的作用似乎是不可否认的,即使在其他不太明显的情况下,也可以发现它的踪迹。当人们研究一个艰难的问题时,在第一次进攻中往往达不到良好的效果。于是人们或长或短地休息一下(像彭加勒的睡觉、旅行、散步、逛街),坐下来重新工作。在起初半小时内,像以前一样,什么也找不到,然后一个决定性的想法突然浮现在脑海。在顿悟之前的有意识工作之所以富有成效,是因为它被打断了,休息使思想生气勃勃、精力饱满。但是,这种休息并不是大脑停止了活动,而是充满了无意识的工作,它给数学家揭示了难题的答案。这种揭示可以在轻松的散步或旅行时发生，也可以在有意识的工作期间发生，不过它与有意识的工作无关；有意识的工作至多起了兴奋剂的作用，犹如它是一种刺激物一样，它激发了在休息时已经达到的结果，但这种揭示依然是无意识的，尽管它采取了有意识的形式。

关于这种无意识工作的条件，彭加勒做了如下说明：

> 如果一方面有意识的工作期间在它之前，另一方面有意识的工作期间又尾随其后，那么它就是可能的，而且肯定是富有成果的。($S.M.$, p.54)

这些突如其来的灵感（已经引用的例子充分证明了这一点）只有在有意识地努力工作了若干天之后才会出现，尽管这些努力好像毫无成果，从中也没有得出什么好东西，而且所采取的路线似乎也是完全错误的。然而，这些努力并不像人们设想的那样一点结果也没有；它们驱动着无意识的机器，没有它们，无意识的机器就不会运转，也不会产生出任何东西。至于灵感之后的第二个时期的工作的必要性，是比较容易理解的。必须使灵感的结果成形，从它们之中推导出直接的结论，整理它们，用语言表达出证明，而且必须验证这一证明。从灵感或顿悟中，即从无意识工作的成果中，人们可望得到的仅仅是一个出发点。至于其后的验证、运算、推导、证明等，则是相当严格、相当复杂的，它们要求纪律、注意力、意志，因而要求意识。从彭加勒的例子我们可以看到，在四次灵感或顿悟（饮用黑咖啡夜晚久久不能入睡时，脚踩上公共马车踏板的一刹那时，正在悬崖边散步时，服军役正在大街上行走时）的前后，都是有意识的工作，其中第三幕和第五幕是承前启后的有意识的工作。但是，无意识的工作并不必要由物质的刺激物（如黑咖啡）引起。在这样的情况中，人们在他无意识的工作中呈现出的东西似乎可以部分地被过分激动的意识所领悟，可是这并不改变无意识的工作的本性。彭加勒的这一切论述说明，不愿付出艰苦的劳动，仅乞望灵感从天而降，无异于守株待兔。但只是苦干而没有灵感的闪光，也不能做出数学发明。

彭加勒指出，伴随着灵感的产生，我们对顿悟到的结果有绝对确实性的感觉，这种感觉不是骗子，而且它通常的确不会骗人。但是，不能认为这个法则没有例外，这种感觉有时显得很逼真，也往往会欺骗我们，只有当我们企图证明时，才会发现这一点。由此可见，灵感之后的有意识的工作是多么重要了：它使灵感的正确结果成形，它使灵感的错误结果废弃。但是，在数学发明中，顿悟的显现或灵感的产生毕竟起着关键性的突破作用，它自然受到发明家的特别关注。彭加勒就这样说过：当我早晨或晚上躺在床上处于半睡眠状态时，常有一些想法浮想联翩，我特别注意这一事实。

为了探讨在数学发明中无意识工作和有意识工作的心理机制，彭加勒引入了无意识的自我（the unconscious self）或阈下的自我（the subliminal self，也可译为潜在的自我）以及有意识的自我（the conscious self）的概念。他认为，无意识的自我或阈下的自我在数学创造中起着举足轻重的作用。他说：

> 阈下的自我绝不在有意识的自我之下；它不是纯粹机械的；它能够识别；它机智、敏锐；它知道如何选择、如何凭直觉推测。……它比有意识的自我更清楚地知道如何凭直觉推测，因为它在有意识的自我失败了的地方获得成功。一句话，阈下的自我

难道不比有意识的自我优越吗？（$S.M.$,p.56）

彭加勒认为,可以肯定,在无意识的工作延续了一段时间之后,以一种顿悟的形式呈现在我们脑海里的组合,一般说来是有用的、多产的组合。其实,这只是初次印象的结果,确切地讲,阈下的自我也形成了许多毫无兴趣的组合。这种看法是必要的,因为有意识的自我严格地受到限制,至于阈下的自我,我们不知道它的限制,它是自由的,它在短时间内做出的各种组合,也许比有意识的自我在整个一生所能完成的组合还要多。假使它仅仅产生一小部分组合,我们从中能够选择、可以发现的有效的组合的机遇就会很少。在阈下意识形成的大量组合中,只是有趣的组合才能闯入意识领域。也就是说,在我们无意识活动的无数产物中,只有一些被召唤通过阈限,其他的依旧在阈限之下。这种特权并不是简单的偶然性给予的。在我们感觉到的所有刺激物中,只有最强的才能引起我们的注意。有特权的无意识现象,即容许变成有意识的现象,就是这种能引起我们注意的最强的刺激物,它直接或间接地最深刻地影响了我们的情感。这种情感是一切真正的数学家都知道的真实的审美感,即数学的美感,数和形的和谐感,几何学的雅致感。

在彭加勒看来,被我们赋予美和雅致这一特征的、能在我们思想上激起一种审美情感的数学实体是这样的实体：它们的元素和谐地配置,以致精神能够毫不费力地包容它们的整体,同时又能认清细节。这种和谐同时是我们审美需要的满足以及支持、指导我们思想的助手。而且,一个秩序井然的整体摆在我们的双目之下,促使我们预见数学定律。由此可见,有用的组合恰恰是最美的组合,最美的组合能使数学家的审美感着迷。

在这些分析的基础上,彭加勒得出结论说:

> 在由无意识的自我盲目形成的大量组合中,几乎所有的都毫无兴趣、毫无用处;可是正因为如此,它们对审美感也没有什么影响。意识永远不会知道它们;只有某些组合是和谐的,从而同时也是有用的和美的。它们能够触动我刚才所说的数学家的这种特殊情感,这种情感一旦被唤起,便会把我们的注意力引向它们,从而为它们提供变为有意识的机会。(S.M., pp. 58-59)

为了解释阈下的自我所进行的无意识的工作和有意识的自我所进行的有意识的工作之机制,彭加勒把组合中的未来元素想象为伊壁鸠鲁(Epicurus,前342?-270?)的带钩原子。在精神完全休眠时,这些原子是不动的,也可以说,它们钩住了墙壁,这种完全休眠可以无限延续下去,没有相遇的原子,从而在它们之间也没有任何组合。可是,在表面上的休眠和无意识的工作期间,它们中的某些原子脱离墙壁并开始运动。它们通过封闭它们的空间向各个方向传播,犹如一群蚊虫,或者说像物理学的气体运动论中的分子。它们相互碰撞可以产生新的组合。初期的有意识的工作的作用在于,它使这些原子中的某一些可以运动,它把它们从墙壁上卸下来并使它们自由活动。在此期间,我们之所以没有做出有效的组合,是因为要把这些原子集合起来,就要使它们以无数不同的方式运动,即便如此还是找不到满意的集合。但是,通过我们的自由意志使这些原子开始运动之后,它们就不会返回到它们的初始状态,它们自由地继续它们的运动。但是,我们的自由意志并非随意地选择它们,它追求一个完全确定的目的。因此,可动的原子并非无论什么样的原子,它们是我们可以合理地期望从中得到所要求答案的原子。于是可动的原子经受碰撞,从而使它们进入它们之间的组合,或者与在它们的进程中撞击到的其他静止的原子形成组合。不管情况如何,有形成机遇的组合中的元素至少有一个是由我们的自由意志自由地选择出的那些原子之一。在这些组合中,可以找到所谓的有效的组合。彭加勒认为,他的这一比喻是很粗糙的,但他不知道如何用其他方法使自己的思想得到人们的理解。

现代心理学已经证明,所有的认识都是长时间的事情,在意识内容可以由理性加以系统表述出来之前,长时间地伴随着处于无意识状态的种种过程;它又把注意力转移到了认识的前意识的废而不用的阶段。在这一阶段中,清晰的概念被具有强烈情绪内容的表象所替代,这些表象不是思想,而是仿佛在心灵的眼睛前面图画般地看到的东西。这些表象表现在一种猜测的但却仍然未知的事态范围内,根据容格(C.G.Jung,1875-1961)提出的符号定义,它们也可以称为象征性的。这些原型作为在这个象征性的表象世界中的调整控制器和造字要素,实际上起着感觉和理念之间有效的桥梁作用,因而也是形成科学理论的必要的先决条件。然而,必须注意把这一直觉的知识转移到意识之中,使它与特殊的、在理论上可以系统表示的理念联系起来。⑥

---

⑥ 这段话是量子物理学家泡利(W.Pauli,1900-1958)在一篇论文中讲的,泡利是心理学家容格的朋友。参见《自然科学哲学问题丛刊》(北京),1982年第1期,第46页。

§6.5 一位准心理学家的形象

彭加勒关于他自己如何发明富克斯函数的详尽描述,尤其是关于数学发明心理机制即两种自我的工作方法的探讨是十分有趣的,这显示出彭加勒并非十分外行的心理学家的形象。

彭加勒对数学发明反省的最为独特之处是关于无意识工作和阈下的自我的精彩描述。这可能根源于他熟悉心理学家夏尔科(J. M. Charcot, 1825－1893)和让内(P. Janet, 1859－1947)的著作。他也熟悉他的妹夫、哲学家布特鲁(E. Boutroux, 1845－1921),而布特鲁是美国第一流心理学家威廉·詹姆斯(William James, 1842－1910)的朋友。他也经常在巴黎出席弗洛伊德(S. Freud, 1856－1939)的一位密友和坚定支持者博纳帕特(M. Bonaparte)的晚会,对弗洛伊德的学说肯定比较了解。在这些心理学家当中,除夏尔科比彭加勒长一辈之外,其他三位和彭加勒都属同一辈人。

詹姆斯关于无意识、意识的选择性、意识流的论述也许对彭加勒有所启示。在詹姆斯看来,有关潜意识或无意识的精神生活问题是心理学中的极其重要的问题,有效的刺激可能只有一小部分进入意识,意识流中的大量东西是模糊的、支离破碎的、不可捉摸的。思想包含的不仅有中止处,那是容易观察到的,而且有过渡状态,那是非常模糊的、疾飞般掠过的和不确定的东西,躲过了大多数心理学家的注意。心理学家曾在思想流的实质点截取横断面,他们忽略了那些飞速而过的、稍纵即逝的东西[7]。

---

[7] G.墨菲等:《近代心理学历史导引》,林方等译,商务印书馆(北京),1980年第1版,第269页。

夏尔科是彭加勒的同胞,让内和弗洛伊德是夏尔科的得意门生。1889年,让内在他的博士论文〈心理的不自主运动〉中就提出了无意识的概念,这要早于弗洛伊德,但他对这个概念并没有进行系统的论述。弗洛伊德最有创造性的贡献之一,就是对于无意识或潜意识的分析。在弗洛伊德看来,无意识并不是权宜之计,并不是有名无实的东西,只要认识了无意识,就为世界和科学的一个决定性的新倾向铺平了道路。他宣称精神分析派的第一个论断就是肯定精神过程都是无意识的,而那些有意识的精神过程只不过是一些孤立的动作和整个精神生活的局部。他认为无意识不是当时处于潜伏状态的那种东西的名称,无意识是一个特殊的精神领域,它具有自己的愿望和冲动,自己的表现方法以及它所特有的精神机制。为了解释这种机制,弗洛伊德把人的精神活动区分为三个系统:无意识系统、下意识系统或前意识系统、意识系统。前两个系统也可以并称为无意识系统。他认为无意识系统是心理分析的深层基础,不受客观现实调节,是人的生物本能、欲望和其他奇妙的东西的储藏库。这些东西具有强烈的心理能量的储备,总要为自己寻找出路,表现出来。下意识或前意识系统是位于意识系统和无意识系统之间的一个边缘部分,其中无意识的冲动、愿望、感情,很容易转移到意识系统中去。[⑧]

彭加勒很可能或多或少地了解这些著名心理学家的思想,加之他本人对数学发明的心理状态也有切身的体会,难怪他的描述是那样惟妙惟肖,分析是那样引人入胜。不用说,彭加勒对数学发明的心理机制的深层解释仅仅停留在粗糙的比喻上,而缺乏精密的科学论

[⑧] 转引自周义澄:《科学创造与直觉》,人民出版社(北京),1986年第1版,第215-216页。

证。这也难怪,因为时至今日,脑科学、思维科学、认知心理学等学科的发展,也无法对此做出令人信服的解释。人脑对大至宇宙、小至基本粒子的客观对象已具有不少的知识,但是人脑对人脑的认识却实在太肤浅了。

在心理学家的眼里,彭加勒的形象又是如何呢？1895年,心理学家图卢兹(E. Toulouse)着手从事一项雄心勃勃的计划,他想用临床医学方法和心理学实验方法来审察在他们的工作中显示出优越精神的人。他和彭加勒在1897年谈了话后,写出了《昂利·彭加勒》一书,该书经由彭加勒的认可于1910年出版了。这是通过与大科学家面对面交谈而完成的唯一系统的心理学传略。

据图卢兹叙述[9],彭加勒是中等身材(5英尺4英寸,约1.65米),较肥胖(154磅,约57.4公斤),稍微有点驼背,外表看来漫不经心,有传奇色彩。即便在他参加巴黎科学院、法兰西学院或巴黎大学全体教职员会议时,他不是画草图(通常是对称绘制),便是在备忘录上写数学,甚至随便找个信封之类的东西就在背面乱画乱写起来。据美国科学史家米勒考证,彭加勒是一个积习很深的乱写乱画的人,他一再画对称的图形,这从他在巴黎综合工科学校上学时的笔记本就可以看出。

图卢兹说,彭加勒从上午十点工作到正午,然后由下午五点工作到七点,晚上留出时间看杂志。彭加勒患有轻度失眠症,他把失眠与慢性消化不良联系起来。他一般从晚上十点到第二天早晨七点都躺在床上,实际有效睡眠时间只有七个钟头,甚至最轻微的噪声也能惊醒他。据彭加勒讲,在进入熟睡之前,他的脑海里浮现出十分逼真的

---

[9] 关于图卢兹和西蒙的看法,参见注⑤,第235—241页。

第六章 美的旋律和创造的神韵

假设性的视觉图像,他事后无法清楚地回忆它们,它们通常牵连到动来动去的默不作声的人。(请注意:彭加勒在"数学发明"的讲演中提到,当他早晨或晚上躺在床上处于半睡眠状态时,常有一些想法浮想联翩)进入较深度的睡眠时,这些不合意的图像便会被根本无法回忆的梦所替代。彭加勒肯定地认为,他从来也没有在熟睡和做梦时解决数学问题。

图卢兹把彭加勒对于各种试验(例如记数的顺序、记字母的顺序、记文章等)的反应与小说家左拉(Emil Zola,1840-1902)和雕塑家达卢(Jules Dalou,1838-1902)的反应做了比较。图卢兹向三个受试者每人读一段文章,然后请他们重新写出来。左拉完成得最好,几乎逐字逐句地重写出了那段话。达卢许多细节出了错,但却自由地重新安排了句子并简化了文字。彭加勒一些细节出了错,但却按事件的逻辑顺序重写了它,即他保存了文章的形式。图卢兹得出结论说,彭加勒不会死记硬背地学习。但是,他并没有断言彭加勒记忆力差。彭加勒力图硬记住数与词的集合,并力图使它们符合图式。图卢兹继续说,彭加勒往往记不住实验室仪器的个别功用或数学公式,但却力图从第一原理推算它们。这些结果与彭加勒一眼就能把握数学证明的能力是一致的。不过,图卢兹认为彭加勒的意象(imagery)是"听觉式的"。米勒不赞同图卢兹的这一结论,他指出"听觉式的"东西并没有引起彭加勒的创造性思维,例如词或声音并没有在彭加勒发明富克斯函数中起作用。彭加勒的意象是借助于"感觉式的"东西。彭加勒不是认为自己是直觉主义者吗?

图卢兹关于"天才问题"的结论在于,存在着达到彻悟的恰当的综合倾向,该倾向在把知识场的元素联系起来时起了重要作用。图卢兹说,彭加勒把这种无法表达清楚的过程称之为无意识的工作。

诺贝尔经济学奖获得者、美国人工智能理论奠基人之一西蒙（H. A. Simon, 1916 - ；他自取中文名字司马贺）猜想，彭加勒的思维是由两种机制构成的，他分别称之为"通晓"和"有选择的忘却"。通晓是有意识的工作，它是利用资料沿着一个决策树的节和枝到达目标。在有选择的忘却或潜伏中，决策树从记忆中消失了，隐藏在下一个尝试中，这是下一个通晓周期的节点。

不管怎样，彭加勒的感觉意象和创造性思维能够使他在数学中达到令人惊讶的结果，在这里他把提供严密性的任务留给了其他人。另一方面，在物理学中，他得心应手的工作则是批判、精制和提供严密性，当然他在这方面也有天才的直觉能力。

第七章 猜测大自然永恒的奇迹

——彭加勒的自然观

> 流水通波接武冈,
> 送君不觉有离伤。
> 青山一道同云雨,
> 明月何曾是两乡。
> ——送柴侍御
> 唐·王昌龄

作为以自然界为自己研究对象的自然科学家,尤其是那些活跃在科学前沿的理论自然科学家,一般说来都对自然界有一个总的看法,或者说有一种诚挚的信念。这个总的看法或信念就是科学家的自然观,它对科学家的研究工作往往起着定向作用。在本章,我们拟对彭加勒的自然观作一剖析。

§7.1 对自然界的统一性和简单性的信念

在彭加勒看来,科学定律和原理都是人们从经验得到的各种自然现象(未加工的事实)出发所做的推广,而"每一种推广在某种程度上都含有对自然界的统一性和简单性的信念"($S.H.$, p.172)。但是,从本体论上讲,自然界是统一的吗? 自然界又果真是简单的吗?

对于第一个问题,彭加勒断然做出了肯定的回答。他说:"至于统一性,不存在什么困难。如果宇宙的各部分不像一物的各部件,它们就不会相互作用,它们就不会彼此了解;尤其是,我们只能知其一部分。因此,我们不去问自然是否是一个整体,而要问它为何是一个整体。"(*S.H.*,pp.172-173)

彭加勒对自然界的统一性是坚信不疑的。他联想到能量守恒和转化的发现揭示了力的统一,他注意到光、电、磁三个原先分开的领域现在形成了一个领域,他眼见阴极射线、X射线、铀射线和镭射线是一个"人们未曾料到的完整世界"。面对这一科学的历史和现状,更增强了他对自然界统一性的信念:"我不相信它们将消灭这普遍的统一性;我想它们将进一步完善它。"(*S.H.*,p.210)

彭加勒往往也把自然界的统一性等同于自然界的和谐性或规律性。关于自然界的和谐性和规律性,注意观察天象的古代巴比伦的迦勒底人就有这样的感觉了。他们看到,如此众多的发光点并非乌合之众,而是像纪律森严的军队。他们当然不了解这种纪律的准则,但是繁星点点的夜空的和谐壮观便足以给他们以规律性的印象。仰观如是,俯察亦然。我们小小的地上的世界表面看来是无序的,未经其他观察训练的眼睛也许看到的只是混乱、只是偶然和任性的统治,不过它也是有规则的,我们在这里也能再次发现天体研究向我们揭示出的和谐。因此,彭加勒断言:"自然服从规律","剩下的只是了解规律是什么"(*V.S.*,p.160)。

彭加勒认为"世界的内部和谐"的"最好表达方式就是定律"[①]。

---

① "定律"与"规律"在英语中同为 law。

他意味深长地写道:"定律是人类精神最近代的产品之一,还有人生活在永恒的奇迹中而不觉得奇怪。相反地,正是我们,应当为自然的规律性而惊奇。人们要求他们的上帝用奇迹证明规律的存在,但是永恒的奇迹就是永远也没有这样的奇迹。因此,世界之所以是神圣的,正因为它是和谐的。"($V.S.$, p.7)

关于自然界是否简单的问题,彭加勒认为答案"就不是那么容易的事情了",但是"我们能够假定它是这样而毫无危险地行动",即使"那些不相信自然规律是简单的人还往往不得不像他们相信似地去行动"($S.H.$, p.173)。他指出,半个世纪前,人们已坦白地承认简单定律比复杂定律更有希望,并且"宣布自然界喜欢简单性",从此以后"自然界十分经常地指责我们说谎"。今天,我们尽管不再承认这种意向,但是为了科学不致变得不可能,为了满足我们精神无法摆脱的需要,我们还必须"保留必不可少的那么多的意向。"($S.H.$, pp.156-157)

彭加勒通过研究科学的历史,发现了两种可以说是相反的现象:"有时简单性隐匿在复杂的外表下;有时简单性则是表面的,它隐藏着极其复杂的实在。"($S.H.$, p.175)他赞同菲涅耳如下的见解:"自然界在那里玩弄解析困难,同时却仅仅使用简单的方法,通过把这些方法结合起来,自然界就产生了我不知道的难以解决的纷乱。"他接着指出:"简单性正是隐藏在这里,我们必须去发现它。"($S.H.$, p.175)

彭加勒的下述观点值得我们注意:个别事实或现象是复杂的,而规律或原因则是简单的。例如,行星摄动是复杂的,牛顿定律是简单的;气体分子的运动最为变幻莫测,可是观察的结果却表现为马利奥特(E. Mariotte)定律的简单性。彭加勒认为,在气体运动论的例子中,"大数定律在平均中重建起简单性。在这里,简单性仅仅是表面的,只是我们感官的粗糙妨碍我们洞察复杂性。"(S.H.,p.175)关于牛顿定律的简单性,它隐藏在行星摄动这一现象的复杂外表下。"谁知道它是否由于某种复杂的机制,由于受到不规则运动激励的难以捉摸的物质的影响呢,谁知道它是否只有通过平均作用和大数作用才变简单了呢?"不过,可以肯定,不假定真实定律包含互补项是困难的,这些项在小距离的情况下是可以觉察的。"假如在天文学中,这些项作为牛顿定律的修正可以忽略,假如由此恢复了它的简单性,那只是因为天体的距离极大的缘故。"(S.H.,pp.175-176)

彭加勒认为,或者简单性是真实的,或者它掩盖着复杂的实在,这并没有太大的关系。不管简单性是由于降低个体差异的大数的影响,也不管它是由于容许我们忽略某些项的一些量或大或小的作用,它绝不是由于机遇。这种简单性无论是真实的还是表面的,总是有原因的。"这样一来,我们总是能够遵循同一推理过程,如果简单性在几个特例中被发现,我们便能够合理地假定,它在类似的情况下还是可靠的。否认这一点也就是赋予机遇一种不能容许的作用。"(S.H.,p.177)不过,其中还是有差别的。如果简单性是真实的和基本的,那么即使我们测量手段的精度提高了,这种简单性依然如故。因此,如果我们相信自然界本质上是简单的,我们必然能从近似的简单性推论出严格的简单性。彭加勒指出:"这是以前做过的东西;这是我们没有权利去做的东西。"(S.H.,p.178)例如,开普勒定律的简单性仅仅是表面的,这并不妨碍人们把它十分近似地用于与太阳系类似的系统,但它并不是严格正确的。

自然界的统一与关系的和谐(不变)和规律(定律)的简单(表现为方程的形式依然如故)是相通的,彭加勒对此是心领神会的。

他说：

> 彭加勒指出，古代物理学家为了说明热、电、磁、光等现象，不仅创造了不必要的实体（热质、电流体等），而且也割裂了真正的关系。这种强调个性的做法无异于在它们中间挖了一道深渊。"待到我们强烈地感觉到世界的统一性，觉察到把世界的各个部分连接在一起的密切关系时，这个深渊必然会被填平。"（$S.H.$, p. 188）

彭加勒还看到，简单性的丧失可以通过显著地获得统一性而加以补偿。（$S.H.$, p. 212）例如，由于安德鲁斯（T. Andrews）和范·德瓦尔斯（J. D. von der Wals）的研究，原先用直线表示的一些现象，现在必须用多少有点复杂的曲线把这些直线联结起来（相图），简单性无疑丧失了。但是，作为一种补偿，却获得了统一性：人们了解到物质的三态并没有不可逾越的鸿沟，物态之间的过渡并非是突然的，连续性还是处于统治地位。

当前，耗散结构理论的创始人普里高津（I. Prigogine）认为："人们对自然的看法经历了一个向着多重性、暂时性和复杂性发展的根本变化。""科学的兴趣正在从简单性向着复杂性转变。"[②]普里高津也许只看到了硬币的一面，而没有看到另一面。的确，茫茫宇宙、大千世界在表面上、在现象上、在细节上，可能比我们想象的要复杂得多；但是，从本质上看，从规律上看，从整体上看，自然界似乎比我们

[②] 湛垦华、沈小峰等编：《普利高律与耗散结构理论》，陕西科学技术出版社（西安），1982年第1版，第201、203页。

想象的要简单得多。

§7.2　偶然性和决定论

彭加勒坚持认为自然界存在偶然性,他虽然对那种"既没有为自由或所谓的演变因素留下最小的余地,也没有为可以称之为偶然的任何事物留下最小的余地"($V.S.$, p.253)的决定论表示不满,但好像也没有明确地、一贯地反对决定论。他只是对这样一个研究了数世纪而没有希望解决的问题提出疑问。他说:

> 科学是决定论的;它是先验的决定论的;它以决定论为公设,因为没有决定论,科学便不会存在。科学也是后验的决定论的,如果它从假设决定论开始,作为科学存在的必要条件,科学以后正是通过现存的事实证实决定论,科学的每一个成果都是决定论的胜利。也许调和是可能的。我们能否承认,这种向决定论的挺进将继续下去而不停止、不倒退、不会遇到不可逾越的障碍呢?正如我们数学家所说的,我们无论如何无权通过这一极限去推导出绝对的决定论,因为到了该极限,决定论在同义反复或矛盾中消失了,我们能够承认这一点吗?($L.E.$, p.112)

但是,毋庸置疑的是,彭加勒充分肯定了偶然性的存在。什么是偶然性呢?彭加勒感到"有必要给这个如此不可缺少,而又如此难以捉摸的概念下一个尽可能精确的定义"($S.M.$, p.2)。在彭加勒看来,古人把现象区分为表面上服从一劳永逸地确立起来的、和谐的定律的现象和归咎于偶然性的现象;后者是无法预言的现象,因为它们不服从所有的定律。在每一个领域中,精确的定律并非决定一切,它们只是画出了偶然性可能起作用的界限。"在这一概念中,偶然性这个词具有精密的和客观的意义:对一个人来说是偶然性的东西对另一个人来说也是偶然性,甚至对上帝来说也是这样。"(S.M.p.65)他对当时流行的决定论表示不满:"即使那些想保持人类的自由意志权利的人,也让决定论至少在无机界专门统治。每一个现象不管多么微不足道,都有其原因;全能的、对自然规律了如指掌的精神,从世纪开始之时就能预见这个原因。"(S.M.,p.65)对于这种精神而言,偶然性一词便没有任何意义,或者确切地讲,就不可能有偶然性。彭加勒不同意这种"绝对的决定论者"的观点。

对于不具备超人精神的人类而言,白痴所谓的偶然性也全然不同于科学家所谓的偶然性。在白痴看来,"偶然性仅仅是我们无知的量度。按照定义,偶然发生的现象就是我们不知道它的规律的现象。"(S.M.,p.65)彭加勒认为这样的定义显然不能令人满意。他反问道:古代巴比伦的迦勒底牧羊人用他们双眼追踪恒星运动,尽管他们当时并不知道天文学定律,他们会想到恒星是随意运动吗?如果现代物理学家研究了新现象,如果他在星期二发现了它的规律,那么他会在星期一说这个现象是偶然发生的吗?而且,为了预言现象,我们不是常常求助于贝尔特朗德(Bertrand)的所谓的偶然性定律吗?例如,在气体运动论中,我们正是借助于分子速度无规则变化的假设得到了马利奥特定律和盖·吕萨克(Gay-Lussac)定律。假如分子是有组织的,如果它们服从某种纪律,那么可观察的定律就会极其复杂。"正是由于偶然性,也可以说是由于我们的无知,我们才引出了我们的结论"(S.M.,p.66)。这样一来,说偶然性与无知同义,那意味着什么呢?

在科学家的眼中,"偶然性并非是我们给我们的无知所取的名字"($S.M.$, p.66)。彭加勒认为,在我们不知其原因的现象中,有一种是偶然发生的现象,概率运算将会暂时给出它们的信息;另一种不是偶然发生的,只要我们未确定支配它们的定律,我们就无法谈论它。我们必须把这两种现象区别开来。"对于偶然发生的现象本身,通过概率运算给予我们的信息显然将是真实的,即使到这些现象被更充分地了解的那一天也不失其真。"($S.M.$, p.67)例如,人寿保险公司的经理对于受保的每一个人何时死亡一无所知,他根据概率运算和大数定律,照样得到红利。在保险单签字后,即使有那位医生向经理揭示出受保人的寿命,这些红利也不会丧失。这位医生使经理不再无知,但他并没有影响红利,显然红利不是无知的结果。

彭加勒把偶然性分为三类。第一类是微小的原因导致巨大的结果,或者说,初始条件的微小差别在最后的现象中产生了极大的差别。例如,一个立在其顶点的圆锥,它肯定会倒下去,因为它是不稳平衡。不过,我们不知道它倒向哪一边,这似乎只有偶然性才能决定。如果圆锥完全对称,它的轴完全垂直,除重力外不再受其他力作用,那么它根本不会倒下去。但是,对称性稍有欠缺,它就会倒向某一边;而且,只要它倾斜了,不管倾斜得多么小,它必将倒向那一边。即使对称性完美无缺,极轻微的震动或气流的影响,也会使它倾斜几孤秒,这将足以决定它倒下,甚至倒下的方向也是起初倾斜的方向。在气象学中,大扰动一般发生在大气处于不稳平衡的区域内。在这个区域,极微小的作用就足以决定旋风在这里突然发生而不是在那里突然发生。黄道带上的小行星现在看来似乎是随意分布的,要知道,它们与太阳的初始距离的十分微小的差别,亦即它们平均运动的十分微小的差别,都会导致它们目前黄经的巨大差异。轮盘赌游戏与前例看起来差别很大,实质上却是相同的。推动指针旋转的力变化千分之一或两千分之一,就足以使指针停在黑扇形或下一个红扇形。我们的肌肉感觉无法区分这些差别,甚至很灵敏的仪器也无能为力。这些例子有一个共同特点:"我们觉察不到的极其轻微的原因决定着我们不能不看到的显著结果,可是我们却说这个结果是由于偶然性。"(S.M., p.68)

第二类偶然性正好与第一类相反:原因上的巨大差别导致结果上的微小差别,或者说,复杂的、多重的原因导致简单的、单纯的结果。例如,当两个温度不同的物体接触时,较热的物体便把热量传给较冷的物体,可以预见温度最后将相等。此时,要向先前的状态,我们却无法推测哪一个较热一些。但是,如果温度计的灵敏度提高一千倍、十万倍,我们才能辨认出存在的微小的温度差。这是原因上的巨大差别和结果上的微小差别。在气体分子运动的例子中,给我们以深刻的印象的不是原因的微小,而是它们的复杂性,但分子无规则运动的结果却表现出规律性的统计平均。雨滴看起来是随意分布的,因为决定雨滴形成的原因是复杂的(凝结核的影响、气旋的影响)。小尘粒之所以能在瓶水中均匀地悬浮着,恰恰在于水流的复杂性。考虑两种液体的混合物或两种精细尘粒的混合物,我们也会达到同样的结果。我们之所以把它们归因于偶然性,只因为它们的原因太复杂、太众多了。打牌人洗牌时,特定的置换的概率取决于打牌人的习惯。可是如果他洗牌时间足够长,最终的次序将受偶然性支配,而与其他东西无关,即所有可能的次序将同样是可几的。

还有第三类偶然性,它没有前两类重要。当我们审查与结果有关的原因时,我们忽略了一些乍看起来完全是在我们之外发生的情况,人们从来也没有想到把任何影响归咎于它,不过与我们所有的预期相反,它最终却起着重要的作用。例如,一个人通过大街去做生意,了解行情的人能够说出,他为什么在这个时刻出发,为什么沿这条大街行走。砖瓦匠在屋顶上干活,雇用他的包工头在某种程度上可以预见他会做什么。但是,过路人不会想到砖瓦匠,砖瓦匠也不会想到他,他们似乎属于相互间毫不相干的两个世界。可是,砖瓦匠不小心把一块瓦掉了下去,砸死了那位过路人,我们毫不迟疑地说,这是偶然的。其原因在于,"我们的软弱妨碍我们把握整个宇宙,促使我们把宇宙分为各个部分。我们在试图做这项工作时,尽可能地使人为成分少一些。可是,时时会发生这些部分中的两个相互作用的情况。于是,在我们看来,这种相互作用的结果似乎是出于偶然性。"($S.M.$,p.77)不过,彭加勒强调指出:这样两个通常彼此毫不相干的世界无论何时发生相互作用,这种反作用的定律必然是十分复杂的。另一方面,这两个世界在初始条件上的极微小的改变都足以使它们不发生反作用。要是过路人迟一秒钟通过,或者砖瓦匠早一秒钟掉下瓦片,只需要作多么小的改变啊。($S.M.$,p.78)

彭加勒指出,不管原因是微不足道的还是相当复杂的,即使我们不能预见它们在每一个场合的结果,至少平均说来,我们可以预见它们的结果。现在要问,偶然性为什么服从规律呢?对于第一类偶然性,他解释道,这是由于函数的微小变化与变量的微小变化成比例,即连续函数的无穷小增量与变量的增量成比例。($S.M.$,pp.79、80)例如在轮盘赌中,推力包含在α和$\alpha+\varepsilon$之间的概率显然等于推力包含在$\alpha+\varepsilon$和$\alpha+2\varepsilon$之间的概率,倘若ε很小的话。由于我们假定,推力极其微小的变化足以改变指针最后停留的扇形的颜色。从α到$\alpha+\varepsilon$扇形是红的,从$\alpha+\varepsilon$到$\alpha+2\varepsilon$扇形是黑的;因此,每一个红扇形的概率与下一个黑扇形的概率相同,从而红的总概率等于黑的总概率。

对于第二类偶然性,彭加勒解释道,我们所谓的初始状态,本身只是以往长期的历史的最终结局。在这一历史进程中,复杂的原因长时间起作用,它们有助于产生元素的混合物,它们至少在小区域内倾向于使一切变均匀;它们把棱角磨圆,把小丘推平,把凹地填满。原来为它们所作的曲线不管多么随意和不规则,可是它们对于曲线变规则起了如此多的作用,以致最终它们向我们提供的是连续的曲线。($S.M.$,p.86)

彭加勒认为,像这样定义的偶然性具有客观性。尽管"微小的"、"复杂的"等用语或标准是相对的,但一切人都有大体相同的感觉,我们的标准对所有的人依然为真,因此它保持着客观的意义。($S.M.$,p.79)我们所假定的概率定律可用连续曲线来表示,它不仅在解析意义上是连续的,而且实际上也是连续的。偶然性的最高定律——大数定律——能给我们以帮助。面对半无秩序,我们必定束手无策,但是在极度无秩序时,统计规律却能重建起我们的精神能够在其中找到的一种平均秩序。($S.M.$,p.274)

现代科学(尤其是混沌的研究)表明,在一向视为决定论绝对统治的牛顿力学中,随机性(偶然性)也比比皆是。随机性是牛顿方程的本质,因为运动对初始条件十分敏感;确定行为是极其稀少的,即使两体问题也是如此,混沌(chaos)就是决定论系统的内在随机性。一般而言,只有可积性才有确定性,而可积系统少到与不可积系统无法相比,可积系统的体积为零、测度为零。由此看来,彭加勒肯定自然界中的偶然性而反对绝对的决定论的方向是正确的。

§7.3 自然规律因时而异吗?

作为思想家的彭加勒,经常思索各种带有根本性的问题,自然规律(定律)是否因时而异就是他冥思苦想的一个重大问题。

长期以来,自然规律在时间上永恒不变已成为人们的一种无意识的先入之见。古人是怎样理解规律的呢?彭加勒指出:"对他们来说,规律是内在的和谐,是静态的,也可以说是永远不变的;要不然,规律就像自然力图模拟的模特儿一样。"可是,对于数学家来说,"规律是某种完全不同的东西;它是今天的现象和明天的现象之间的恒定关系;总而言之,它是微分方程式。"($V.S.$, p.174)他后来还说过:"规律是什么呢?它是前因和后果之间、世界的目前状态和直接后继状态之间的恒定关系。""规律的本体等价于把宇宙的不同变化速度与这些元素的现在值联系起来的微分方程组。"($L.E.$, p.2)

彭加勒所指出的"古人"和"数学家",实际上还是认为规律是恒定的。为了消除在这个问题上面临的各种矛盾,他认为可以假定,实际的自然规律并非恰恰就是我们所设想的那样;也可以假定,自然规律实际上就是我们所设想的那样,但是它并非总是如此。但是,由于我们不能充分清楚地认识自然规律,因之我们不能采纳这两种解决办法中的第一个,我们被迫臆想自然规律的演变。($V.S.$, p.256)

在彭加勒的妹夫、数学家布特鲁(P. Boutroux)论自然规律偶然性的著作的启发下,彭加勒在"规律的演变"($L.E.$, pp.1-14)一文中专门讨论了布特鲁提出的问题:自然规律是否不受变化的影响,如果世界连续不断地演化,那么支配世界这种演化的规律本身是否唯一地被排除在所有的变化之外?彭加勒指出,这样一个概念从来也没有机会被科学家接受,科学家是不会在承认科学的合理性和真正的可能性的情况下接受它的。但是,哲学家却保留着询问这样一个问题的权利,以便考虑它所限定的各种答案,审察这些答案的后果,并力图使它们与科学家的合理要求协调一致。他表示自己乐于考虑这个问题所呈现出的各个方面,但又预先声明他不得出所谓的结论,而要得出各种各样的也许并不使人兴味索然的想法。(L.E.,p.1)

彭加勒说,让我们暂且承认,规律在漫长的世代已经经历了变化,但是扪心自问一下,我们是否有觉察到这些变化的手段。他告诫人们不要忘记,在人们生活和思考过的若干世纪之前,有一个无法比拟的更漫长的时期,当时人类还不存在;毫无疑问,今后接着的将是人种灭绝的时代。"如果我们要相信规律的演变,那么这种演变只能是很缓慢的,以致在人类能够论证的若干年内,自然规律只能经历不显著的改变。"(L.E.,p.1)

按照人们所理解的规律的定义,我们有可能向后以及向前追踪时间的进程。知道现在和规律,我们就能够预言未来,我们同样地也能够了解过去,这个过程基本上是可逆的,即从现在推导过去的方式与从现在推导未来的方式相同。如果规律在过去的确演变了,我们必须通过地质学的过去来了解。但是,这种过去不能直接被观察到,我们只是通过它留给现在的痕迹认识它,因此,对于没有证人的地质学的过去,它们因其真正的本性便逃避了每一种检验。这样一来,即使自然规律在石炭纪时代与在当代的不相同,我们也将永远无从得而知之,因为我们只能依据规律的恒久性的假设推知当时的一些东西。关于未来,我们也是以同样的方式推断的,即使我们的子孙可以绵延到遥远的未来,并亲自检验我们的预言,但是这也无法揭示规律的变化,因为我们只能在假定规律不变的前提下应用这个规律进行我们的计算和推理。因此,"如果规律的不变性在我们所有推断过程的前提中起作用,那么它必然在我们的结论中出现。"正由于这样的逻辑循环,所以"我们无法认识过去,除非我们承认规律不改变;如果我们承认这一点,那么规律演变的问题就毫无意义;如果我们不承认这个条件,那么认识过去的问题便不可能有解,正如与过去有关的所有问题一样。"(L.E., p.3)

彭加勒认为,"这个过程是可逆的,我们刚刚说过的道理同样可以适用于未来"(L.E., p.4)。似乎存在着这样一些情况:那时我们能够说,在一个特定的日期之前,世界会到达末日或改变它的规律(这二者将是同样的事情,与我们的规律不相同的世界将不再是我们的世界,而是另一个世界);例如,当我们的计算表明,在那一天我们必须考虑的一些量中的一个正好变成无限或呈现出物理学上不可能的值。但是,研究现在的世界和它的规律不会导致我们易于表述这样一个矛盾。因为规律是通过经验得出的;如果规律告诉我们,星期天的条件 A 把我们引向星期一的条件 B,这是由于我们既观察到条件 A 也观察到条件 B,这两个条件没有哪一个在物理学上是不可能的。我们可以进一步追踪这个过程(如由 B 到 C,由 C 到 D),只要涉及的各个条件在物理学上是可能的。不过,例如要是条件 D 在物理学上是不可能的,我们就无法获得经验,来证明条件 C 在某一天结束时产生条件 D。这样,不管推导进行得多么长,我们永远达不到在物理学上是不可能的条件,即得不出矛盾。如果我们的表述之一没有摆脱矛盾,那么我们或许已经超越了经验的界限,或许已经外推到界限之外去了。可是,有无限多个外推经验公式的方法,在这些方法中,总可以选择一种排除那些在物理学上是不可能的状态的方法。这样一来,从原则上讲,经验似乎容许我们从可供选择的所有规律中找到某些规律,这些规律不会把我们引向我们刚才提到过的那类矛盾,并且能迫使我们得出规律并非永远不变的结论。但是,很遗憾,诚如彭加勒所指出的:"能证明规律这样一种演变的手段还未被我们发现,不管它涉及证明规律将要改变还是涉及规律已经改变。"($L.E.$, p.5)这种手段不仅在数学家的工具库中没有,就是在地质学家的工具库中也没有,尽管地质学家具有数学家所缺少的工具,它容许地质学家从现在得出有关过去的一些结论(正是由于这个缘故,彭加勒认为未来似乎比过去更为神秘)。($L.E.$, p.7)

彭加勒提出了一系列饶有趣味的问题:如果人类生存时间比我们设想的还要长,长到足以看到规律的显著改变,事情将会怎样?如果人类已经获得足以感觉到这种规律改变——不管它改变得多么缓慢——的仪器,在若干代人之后就可以分辨出这种变化,事情又会如何?对此,他解释道,记载我们祖辈经验的回忆录仅仅是过去的遗迹,它们向我们提供的只不过是这种过去的间接知识。对于历史学家来说,古老的文献就是地质学家的化石,而以前科学家的成就只不过是古老的文献而已。至于以前那些科学家的思想倾向,除了关于以前时期的人与我们相类似的程度之外,它们什么也没有揭示出来。如果自然规律变了,宇宙的各部分都会受到影响,人类也不能摆脱这种影响,假定人类在新环境中能兴旺繁衍,也必须以变应变。而且,我们无法理解以前时代人的语言,对我们来说,他们使用的词汇不再有任何意义。于是,我们就返回到相同的两难困境:或者古文献在我们看来是完全清楚的,因而世界将依然相同,那些文献不能告诉我们任何不同的东西;或者古文献将成为不可理解之谜,根本不能告诉我们任何事情,甚至不能告诉我们规律已经演变。再者,古人像我们一样,只具有一些自然规律的零碎的知识。我们总能找到某些方法把这两种片段知识联系起来,即使它们依然是未经触及的;如果留给我们的只是最古老的片段知识的模糊的、不确定的和已被半遗忘的图像,那么就更有理由去这样做了。(L.E.,pp.9-10)

从另一种角度来看,企图通过直接观察也难以觉察规律的变化。这是因为,通过直接观察得到的规律永远只不过作为结果而产生的东西,比如马利奥特定律只不过是分子规律的结果。彭加勒指出:"规律的简单性仅仅是表面的,它隐藏着极其复杂的实在,因为实在的复杂性是由大量的分子来度量的。可是,恰恰因为这个数目是很大的,以致在细节上的不一致相互得以补偿,从而我们认为存在着和谐。"(L.E.,p.11)然而,分子本身可能也是一个小型世界,它们的规律也可能只是作为结果而发生的,为了发现原因,我们还必须继续延伸到分子的分子,而不知道这个过程何时可告结束。

彭加勒在列举并分析了有关例子后指出:不存在我们能够肯定地阐述的单个规律,它在过去像在今天一样,总是在同样的近似程度上是真的;事实上,我们甚至不能肯定地阐述、永远也不能够证明它在过去是假的。不管我们通过经验还是归纳来观察变化,也不管我们在变化后企图通过或多或少的人为的综合适应每一事物来解释变化,情况都是如此。然而,这并没有妨碍科学家坚持他对不变性原理的信念,因为从来没有一个规律降到昙花一现的地位,它只是被另一个更为普遍、更为综合的规律所取代。由于旧规律的废除归因于新规律的出现,以致不会有空位期,不变性原理依旧完整无损。(L.E.,p.13)

当然,不变性原理只是科学家的信念。事实上,人们似乎并不担忧规律实际上是否变化,而只是忧虑能否认为规律是可变的。"被看作是存在于创造或观察它们的精神之外的规律,其本身是不可改变的吗?"彭加勒认为:"这个问题不仅不可能有答案,而且是毫无意义的。"($L.E.$,p.13)他反问道:在固有事物的世界中,规律是否能够随时间而变化,而在类似的世界中,"时间"这个词也许毫无意义③,对这感到奇怪又有什么用处呢?设想两个类似于我们的智能人在两个相隔成百万年的时刻观察宇宙,他们中的每一个将构造出一种科学,这种科学是从观察到的事实推导出的规律的体系。很可能,这些科学将大相径庭,在这种意义上可以说规律已经演变了。然而,不管差别可能多么大,总有可能想象一种理智,一种与我们的理智相同,但是却有更大视野或被赋予更长生命的理智,这种理智将能够完成综合,并用单一的或完全连贯的公式把两个零碎而相关的公式(两个短命的研究者在短时间得到的公式)结合起来。在这种理智看来,规律将不变化,科学将是不可改变的;科学家将只能得到不完全的知识。

显然,彭加勒并未就规律是否演变的问题得出明确的答案,但他提出的一些想法和有关分析还是有启发意义的。后来的一些科学家也就此发表了各自的见解。狄拉克(P.A.M.Dirac)认为:"通常假定〔迄今为止的〕自然规律一直与现有的一样。这一点是毫无道理的。规律可能处于不断的变化之中,特别是那些被当作自然界的常数的量可能随宇宙学时间而变化。这种变化将完全使模型构造者心烦意乱。"④英国皇家学会会员、著名植物生理学家谢尔德雷克(R. Sheldrake)近年提出"形态发生场"的新猜测,用来解释结晶以及生

---

③ 现代科学表明,在小于普朗克长度($l_p = 10^{-33}$厘米)和普朗克时间($t_p = 10^{-43}$秒)的范围内,空间和时间概念就失效了,这是一个没有空间、没有时间的物理世界。

④ [英]狄拉克:〈理论物理学的方法〉,曹南燕译,《自然科学哲学问题丛刊》(北京),1982年第4期。

物体的细胞、组织、器官和个体所具有的特征性形态,并可以解释某些动物学习新行为的奇异现象。他的这种新猜测向自然规律不变性这个先入之见的假设提出挑战。他指出:"科学史表明,对这些一望而知的假设提出挑战有时是极有成效的,它可能导致各种观察世界的新方法的诞生。有一种至今没有被提出质疑的诸如此类的假定是:自然规律由某些永恒的(或超时间的)定律或原理所决定。"[5]美国物理学家惠勒(J. A. Wheeler)几年前在中国讲学时说:

> 实际上,方程本身也是由大爆炸形成的。不仅粒子和场本身来自大爆炸,就连物理定律也是来自大爆炸。大爆炸这一建造工程,完全是随机的,就像遗传变异和热力学第二定律一样,并没有一块预先刻定了物理定律的花岗岩。[6]

惠勒否认自然规律的永恒性,但他对规律一旦形成之后是否因时而变化,似乎并没有做出明确的回答。

自然规律是否演变(因时而异)的问题还与这样一个古老而复杂的哲学命题相关:我们认识到的自然界的规律性是否就是自然界本身所固有的规律性?这些迷人而深奥的问题必将继续引起科学家和哲学家的沉思和探索。

---

[5] 转引自朱亚宗:〈对自然界永恒不变性的新挑战〉,《自然信息》(北京),1984年第3期。

[6] 《惠勒讲演集:物理学和质朴性》,安徽科技出版社(合肥),1986年第1版,第19页。

§7.4 关系是我们能够得到的唯一实在

什么是实在？彭加勒是从两种意义上来理解实在的。实在的第一种含义是指"感觉得到的世界的实在"(S.M.,p.133)，也就是所谓的"孤立的要素"(V.S.,p.26)。例如，生理学家告诉我们，有机体是由细胞构成的；化学家附加道，细胞本身是由原子形成的；在有机体中，这些细胞和原子都是实在。在佩兰实验证实了分子存在之后，彭加勒说"化学家的原子现在是一种实在了"(L.E.,p.91)。在这里，他就是在上述意义上理解实在的。彭加勒肯定"这种实在无论如何具有它的价值"(S.M.,p.133)。

但是，彭加勒认为还有一种"更为微妙的实在"。他反问道："这些细胞的排列方式，导致个体统一的方式，不也是实在而且不也是更有趣的实在吗？"(S.M.,p.133；V.S.,p.26)在彭加勒看来，这种排列方式和统一方式就是关系。

关系之所以是一种更有趣的实在，这是因为，尽管事物是千差万别的，现象是千奇百怪的，但它们之间往往存在着密切的、相同的关系。例如，"在电振荡，摆运动和一切周期现象之间存在着密切的关系，而这种关系又对应于深刻的实在；这种关系，这种类似，或恰当地讲，这种平行性扩展到细节；它是更为普遍的原理，即能量原理和最小作用原理的结果；这是我们能够证实的东西，这就是在一切装束下总是依然如故的真理，……"(S.H.,p.191)另一个原因在于，"在我们曾认为是简单的关系中我们已辨认出的关系，当我们知道了它们的复杂性时，它们在这些相同的对象中还继续存在着"。彭加勒指出："唯有这一点是重要的"(S.H.,p.211)。例如，设想生活在非欧世界的居民，他们习惯称谓的直线实际上是生活在欧几里得世界的居民的曲线，但是他们的曲线之间的关系却与我们的直线相互之间的关系相同，因为完全可以找到一种变换把二者联系起来。这一切就是彭加勒认为关系是比孤立的要素更为有趣的原因，因为不变的关系才是事物和现象的根底。

彭加勒这样说过："世界表现为变幻无常地继起的、变化极为纷繁复杂的现象。所有的物理学家都知道，这种捉摸不定的外观下隐藏着不变的根底。可是一般人都不知道去发现它。有的人像追捕蝴蝶的儿童一样，分辨不出前面发生的现象和后面接着的现象具有共同的东西，而只是把心思放在现象中不断变化的东西上。另一些人只看到他们自己的思想，当自然违背了他们的思想时，他只会闭目冥想。"彭加勒赞扬像居里（P. Curie）这样的真正的物理学家，"既不看他们的内心，也不看事物的皮相，而能够看到事物的根底。"⑦

孤立的要素和对象之间的关系都是实在，但是彭加勒认为，"真实对象之间的真正关系是我们能够得到的唯一的实在"（S. H., p.190）。其原因是，"自然界永远将真实对象向我们隐藏着"，而科学"能够达到的并不是像朴素的教条主义者所设想的事物本身，而只是事物之间的关系。在这些关系之外，不存在可知的实在。"（S. H., pp.190、4）这一切，就是彭加勒的实在观。

此外，在彭加勒看来，"实在的"与"客观的"是同义词，因此他很自然地认为："唯一的客观实在在于事物之间的关系，由此产生宇宙的和谐。毫无疑问，这种关系，这种和谐不能认为存在于构想出它们

---

⑦　ポマンカレ（H. Poincare）：《科学者と詩人》，平林初之輔訳，岩波書店（东京），1927年，第 18 页。

的精神之外。但是,它们仍然是客观的,因为对于所有的思维者来说,它们现在是、将来会变成,或者将来永远是共同的。"($V.S.$, p.271)

著名科学史家李约瑟(Joseph Needham)在他论述中国科学和文明的大部头著作中经常强调,经典的西方科学和中国的自然观长期以来是格格不入的。西方科学向来强调实体(如原子、分子、基本粒子、生物分子等),而中国的自然观则以"关系"为基础(用现代语言来讲,则是以关于物理世界的更为"有组织的"观点为基础)。看来,以关系和谐为基础的彭加勒的自然观似乎还带有东方色彩呢!

使我们感兴趣的是,彭加勒还把哲学家的实在和科学家的实在进行了比较。他说:

哲学家所理解的实在并不是科学家所满意的那种实在。哲学家的实在、哲学家的真理始终是有生气的、不断变化的,它的各部分呈现出密切相联、彼此渗透的外观,如果要把它分离开来,就必须使它破裂。科学家的实在和所有的图像相同,都是不动的、僵死的。打个比方,它是用石料巧妙拼结起来的镶嵌图,可是这只是拼起来的。毫无疑问,我们所能了解的只是这种图像,这是因为我们以我们的理解力为标准构造它。因此,科学诗对科学来说也许只不过是装饰品,但哲学诗对探究真理的哲学家却可以作为一种工具。[8]

---

[8] 同⑦,第 199-200 页。

§7.5 物质和以太

在 19 世纪,随着光的波动论的复活、电磁理论的发展以及机械自然观的流行,人们为了用力学解释光现象和电磁现象,便千方百计地臆想具有特殊性质(例如能承受大的切应力,不对有质物质产生明显的阻力等)的以太力学模型。托马斯·扬(Thomas Young)把以太比作穿过树丛的清风,科希(A. L. Cauchy)提议以太具有负压缩性,麦卡拉(J. MacCullagh)认为以太是与已知弹性体根本不同的新型弹性物质,斯托克斯(G. G. Stokes)却把以太喻为沥青和果子冻,开耳芬则视以太为不含空气的均匀泡沫。

在那个时候,特别是在电子发现和考夫曼实验之后,人们进而把以太看作是构筑宇宙的砖块之一乃至唯一的砖块。洛伦兹在 1898 年向德国杜塞尔多夫会议提交的论文中这样写道:"以太、有质物质,还可以再加上电,这些都是建筑用的石块,我们用这些材料构成了物质世界。"⑨洛奇 1882 年在伦敦学会的讲演中宣称:"以太是一种充满整个空间的连续实体,它能够像光那样振动,它能够分裂成正电和负电,它能够以旋涡的形式构成物质,它能够连续地无冲撞地传播,……"他在 1907 年断言:"以太存在的证据就好像空气的存在证据那样强烈和直接。"他认为以太必须是连续的和无摩擦的,同时是刚性的和完全弹性的,并根据一些条件和假设算出以太的密度是每立方

---

⑨ 広重徹,〈19 世纪のェーテル問題(2)〉,《科学史研究》(东京),13(1974),104-115。

厘米 10^{12} 克大小的数量级。[10]

作为一位老一辈的经典物理学家,彭加勒的思想也打上了那个时代的烙印。不过,需要特别指出的是,他既没有断然地否认物质(他显然指的是有质物质),也没有爽快地承认以太。

在《科学与假设》中,他在谈到可能的力学解释是无穷多的时候说:"为此,我们不需要以我们感觉到的、我们直接观察其运动的、通常的物质为满足。或者我们将假定,这种普通物质是由原子构成的,我们无法知道原子的内部运动,唯有整体位移总是能为我们的感官所感受。或者我们将设想某些微妙的流体,叫它们以太也好,叫其他名字也好,它们在物理学理论中总是起着如此巨大的作用。"(S. H., p.197)在彭加勒看来,物质也好,以太也好,都是解释物理现象的有用的假定(他称这类假定为"中性假设")。

彭加勒评述了那些把以太看作是唯一原始物质,或者甚至是看作唯一的真实的物质的观点。他指出,比较稳健的人把普通物质视为凝聚的以太,这是不足为怪的;但是,另外的人则进而减小它的重要性,简直把它看作是以太奇点的几何轨迹。例如,在开耳芬勋爵看来,我们称之为物质的东西,只不过是以太被旋涡运动所激发的点的轨迹;在黎曼看来,物质是以太不断消失的点的轨迹;在最近的其他创造者,例如维歇特(E. Wiechert)或拉摩看来,物质是以太经历一种具有十分特殊性质的扭转的点的轨迹。彭加勒自问道,如果我们试图采取这些观点之一,我们有什么权利在这是真实的物质的借口之下,把在通常物质中观察到的力学性质推广到以太呢?

---

[10] S. Goldberg, "In Defense of Ether", *His. Stu. Phy. Sci.*, Second Annual Volume, Philadelphia, 1970, pp. 89 – 125.

彭加勒提出了"我们的以太实际存在吗?"的问题。实际上,他对这个问题避而未答,但却分析了我们的以太信念的起源。(S. H., pp. 199-200)他指出,光离开恒星在未射到地球上需要多年时间,它必须寄托在某个地方,即必须由某种实物的支持者承载着。这也可以用更数学化的、更抽象的形式来描述。我们所研究的系统的状态只依赖于紧挨着的先前时刻的状态,因此该系统满足微分方程。假如我们不相信以太,那么实物宇宙的状态就不仅取决于紧挨着的先前的状态,而且也取决于以往许多状态,该系统仅满足差分方程。正是为了避免与力学普遍定律的背离,我们才发明了以太,此其一。这个原因还只是迫使我们用以太充满星际空间,斐索实验则更进一步,它通过在空气或运动的水中传播的光线的干涉向我们表明,以太似乎渗透到实物本身之中,此其二。还有,如果我们想要维护牛顿第三定律,甚或不希望改变整个力学,那就必须引入以太,以便使物质表观上经受的这种作用与物质对于某物的反作用相平衡,此其三。另外,那些想废除空虚空间而相信绝对运动的人也需要以太。

彭加勒得出结论说:

> 以太是否真正存在,并没有什么关系;这是形而上学家的事情。对我们来说,主要的事情是,一切都像以太存在那样发生着,这个假设对于解释现象是方便的。归根结底,我们有任何其他理由相信物质客体的存在吗?那也仅仅是一种方便的假设;只是这个假设永远是方便的,而以太在某一天却要被作为无用的东西被抛弃。然而,即使在那一天,光学定律以及用解析法变换它们的方程依然是真的,至少是一级近似。(S. H., pp. 245-246)

在《科学与方法》中,他对电子构成物质还是电子是以太中的孔眼这两个假设感到一时难以裁决。用实验裁决,暂时还不可能;按各人的气质裁决,这就会使保守派趋向一边而喜新者趋向另一边。($S.M.$, p.230)显然,彭加勒在这里把物质和以太都视为假设。这是他的所谓的"中性假设"的妙用,也是彭加勒关于物质和以太的观点的不变性之一面。照此看来,断言"彭加勒认为以太是真实的"[11],恐怕有些武断。

不过,彭加勒在为《科学与假设》的英译本所写的序言中却认为"正是未知的以太解释已知的物质,而物质不能解释以太。"[12]这样看来,在说明物理现象时,似乎以太比物质更根本。他在逝世前的几个月(1912年4月11日)在法国物理学会的讲演中,再次讨论了"物质和以太之间的关系"($L.E.$, pp.89 – 101)。

§7.6 力学自然观与电磁自然观

彭加勒是不满意力学自然观的,他明确宣布,我们追求的是统一性而不是机械论。但是,日本物理学史家广重彻认为,如果把力学自然观理解为"物理学定律都要归并为力学定律"这样一种世界图像,那么彭加勒就不具有力学自然观。但是,仔细审察彭加勒的思想就不难看出,他也没有从流行的机械论的观点中解脱出来,他相信力学在整个物理学的认识论结构中必须分配一个优越的地位。广重彻甚

---

[11] A. I. Miller, *Albert Einstein's Special Theory of Relativity*, Addison-Wesley publishing co., 1981, p.166.

[12] H. Poincaré, *The Foundations of Science*, 1913, p.7.

至把未能摆脱机械观看作是彭加勒未能达到相对论的原因。[13]

其实,彭加勒是倾向于电磁自然观的。

19世纪后期,随着批判学派对经典力学基础的批判和电磁理论的深入发展,在物理学界居统治地位的力学自然观渐渐难以维持下去了。沿着麦克斯韦和洛伦兹开辟的思想路线,在以太观念中发生了最独特、最意外的转变。麦克斯韦虽然把以太看作是一种具有复杂性质的纯粹机械性的实体,但是他和他的后继者并没有构想出一种恰当的力学模型,为麦克斯韦电磁场定律提供一种满意的力学解释。后来,人们逐渐习惯于承认电磁场是同质点并列的概念,而不要求对它们做力学解释了。这样,一些物理学家便先后放弃了力学的自然观,可是却造成了一种无法长期容忍的二元论。为了摆脱面临的困境,人们采取了相反的路线,试图把力学基本概念归结为电磁学的基本概念。电磁自然观于是应运而生。

在德国,维歇特于1894年勾画出电磁自然观的轮廓。他假定,电磁以太是唯一的实在,带电粒子是以太激发的结果,所有物质可能都是带电粒子的集合物,并认为物质的最主要的特性即质量或许能解释为自感作用产生的表观电磁质量。他从1896年起,在静止以太的基础上独立地发展了自己的电子论,它在很多方面与洛伦兹的电子论相似。

尤其是到1897年,电子通过阴极射线荷质比的测定和塞曼(P. Zeeman)效应的理论分析终于得到确证,洛伦兹电子论的基本粒子找到了。而且,人们了解到,电子在阴极射线、β射线、光电效应、塞曼效应、电解、金属导电等宽广领域中都扮演着十分重要的角色。由

---

[13] 同⑨,104-115。

于这些引人注目的成果,维恩(W. wien)在1900年为洛伦兹《纪念文集》撰写的文章中正式提出了"力学的电磁基础的可能性",并为电磁自然观正式设置了活动舞台。维恩假定所有的质量本质上渊源于电磁,一切有质物质都是由正负电荷组成的。他的目标是把力学吸收到电磁学中,并证明牛顿定律只是更普遍、更精确的电磁定律的特殊情况。在20世纪初,电磁自然观曾吸引了一些年轻的物理学家(特别是德国的物理学家,例如亚伯拉罕在1903年显然已经成功地解释了电子的力学性质,在准稳近似的范围内把力学吸收到电磁学中),它一度被当作物理学理论的最有发展前途的远景,并被视为力学自然观的最好的替代物。

　　力学自然观断言,物理实在的要素是离散的,或者有时是连续的惯性质量,它们在超距力或接触力的影响下按照力学定律运动。而电磁自然观断言,唯一的物理实在是电磁以太和带电粒子,所有的自然定律都可以归结为由电磁场方程规定的以太的性质。电磁自然观的最简单的方案认为,带电粒子只不过是以太的结构,因而以太是唯一的物理实在。电磁自然观表达了关于物理学的一个纲领性意向:集中建立一个只以电磁定律和电磁概念为基础的普遍的物理学。这个纲领的可行性决定性地依赖于,是否能把力学概念和力学定律成功地还原为电磁概念和电磁定律。[⑭]

　　彭加勒的有关言论和行动表明他是比较接近电磁自然观的研究纲领的。他觉得考夫曼关于高速电子真实质量为零的实验"导致出根本未曾料到的概念。仅就阴极粒子所证明的东西被推广到一切物

[⑭] R. McCormmach. "H. A. Lorentz and the Electromagnetic View of Nature", *ISIS*, 58(1970), 37-55.

体,我们称之为质量的东西也许只不过是伪装;一切惯性恐怕都是电磁起源"($S.M.$, p.224)。他认为,在这种情况下人们面临两个假设。或者假定正电子具有比它们的虚设电磁质量大得多的真实质量,唯独负电子没有真实质量,还可以假定存在只具有真实质量的中性原子。或者假定不存在中性原子,正电子像负电子一样也没有真实质量。在后一个假设中,"惯性完全起源于电磁;它本身归结为以太的惯性;电子就其本身而言不再是任何物;它们只不过是以太中的孔眼,而以太则绕着这些孔眼运动;这些孔眼越小,以太就越多,从而以太的惯性也就越大。"($S.M.$, p.230)彭加勒虽然感到难以在两个假设之间作出裁决,但他毕竟把后者作为一种可供选择的假设提了出来。

在谈到必须把洛伦兹和斐兹杰惹收缩假设扩展到电子本身时,彭加勒认为,电子的形变将影响其力学性质。就负电子而论,其表观惯性源于其位移所引起的运流的自感应;对于正电子而言,我们还不知道是否如此。但是,为了得到完全补偿且符合相对性原理,还必须满足这样两个条件:第一,正电子没有真实质量,而只有虚设的电磁质量;或者,至少是这样,即使它们的真实质量存在着,也不是常数,而是按照与它们的虚设质量相同的规律随速度变化。第二,所有的力都是电磁起源,或者至少它们按照与电磁起源的力相同的规律随速度而变化。彭加勒认为由此可以得出如下结果:首先,不再存在物质,因为正电子不再具有真实质量,或者至少不再有不变的真实质量,于是建立在质量不变基础上的力学必须加以修正。再者,电磁解释必须考虑到所有已知的力,尤其是引力,或者至少引力定律必须如此修正,以便这种力按照与电磁力相同的方式随速度变化。($S.M.$, pp.246-247)尽管彭加勒感到这一切好像有点人为色彩,而且是建立在假设性的基础上,但是这些看法无论如何是与电磁自然观吻合的。在为《科学与假设》的英译本所写的序言中,他讲得好像还要肯定一些:

> 物质似乎就要失去它的质量、它的最牢固的属性,它本身似乎就要分解为电。于是,力学必须让位于一个较为广泛的概念,这种概念将能解释力学,而力学却不能解释这种概念。⑮

洛伦兹是电磁自然观的主要代表人物之一。彭加勒倾向于电磁自然观,也可由他对洛伦兹理论热情支持的态度看出。按照洛伦兹的电子论,物质仅仅是由携带着大量电荷的电子构成的,在我们看来它似乎是中性的,这是因为这些电子与相反符号的电荷相互补偿了。所有这些电子都飘浮在以太中。以太处处完全相同,以太中的扰动像光或赫兹的真空中的振动一样,是按同一规律传播的。除了电子和以太,别无他物。当光波进入电子很多的以太部分时,这些电子在以太扰动的影响下便处于运动之中,它们于是作用于以太,这样就可以解释折射、色散、双折射和吸收。如果由于某种原因使电子处于运动,它就会扰动它周围的以太,从而引起光波,这可以解释白炽物体的发光。($S.M.$,pp.226-227)对于洛伦兹的电子论,彭加勒是十分关心它的发展的。他认为洛伦兹理论最使人满意,缺点(堆积假设和违背牛顿第三定律)最少。他这样说过:"洛伦兹理论是十分吸引人的。它给某些现象以很简单的解释,早期的理论,甚至原始形式的麦克斯韦理论,也不能以满意的方式解释它们;例如,光行差、光波的

---

⑮ 同⑫,p.7。

部分拖动、磁偏振和塞曼效应。"(S.H.,p.280)"让我们采纳洛伦兹理论,在各种意义上审察它,一点一滴地修正它,也许一切将会安排就绪。"(V.S.,p.202)

至于彭加勒本人创立的电子动力学,更是电子论的发展和数学完善化,也是电磁自然观研究纲领下的产物。由于彭加勒致力于优美的哈密顿-拉格朗日形式系统,而这种形式系统在1905年前后用诸如群论、四维矢量空间和准稳逼近这样的高深数学和物理学所充满,因而洛伦兹的电子论在许多物理学家的眼中似乎是最有前途的理论,它是打开通向物质的统一的场论描述的突破口,也就是说,它是电磁世界图像的基石。[16] 因此,无论从主观意向还是从客观效果来看,我们说彭加勒倾向于电磁自然观是有充分的理由的。但是,彭加勒并不是完全赞同电磁自然观的全部纲领的,他对废除有质物质持慎重态度,对以太的实在性持保留意见,更不完全同意把力学归结为电磁学。他总是想在不破坏力学框架的情况下试图"弯曲"这个框架,以便容纳新理论,尽管这个框架并非总是能被弯曲的。

彭加勒的自然观的内容是比较丰富的。例如,他还认为自然不仅存在着规律,而且也服从这些规律;人们可以认识这些规律,但却无法摆脱它们;在认识规律和服从规律的前提下,就可以进而征服世界。他这样说过:"从每一个实验,通过一系列的数学演绎,便可推出许多结果,于是每一个实验将使我们了解宇宙之一隅。"(S.H.,p.1)

---

[16] 同[11],p.85。

今天,我们不再乞求自然,我们支配自然,因为我们发现了她的某些秘密,我们每天都将发现她的其他秘密。我们以定律的名义支配自然,她不能对此提出异议,因为这些规律是她的规律;我们不能疯狂地要求自然改变这些规律,我们首先必须服从它们。只有服从自然,才能支配自然。($V.S.$,p.159)

彭加勒的这些言论,既显示了人类的自信和理性的威力,也体现了人类的谦恭和科学态度。这比那些单纯向自然进行掠夺式索取的自然观显然要高明得多,而这些言论还是彭加勒在现代科学还未问世的本世纪初讲的,这就尤为难能可贵了。要知道,人类的妄自尊大、目空一切,业已招致了许多严重的恶果。人类应该对自己过错做出认真的反省,尤其是要严肃地考虑:我们究竟应该怎样与自然界和谐共处?

第八章 空间和时间是同一个整体
——彭加勒的时空理论

> 客舍并州已十霜,
> 归心日夜忆咸阳。
> 无端更渡桑乾水,
> 却望并州是故乡。
> ——渡桑乾
> 唐·贾岛

作为一位在科学前沿长期进行探索的科学家和善于对科学的基础进行反思的哲学家,彭加勒对时间和空间问题自然十分关注。他在自己的几本科学哲学著作中,都用专章讨论了这个问题。但是,由于种种原因,彭加勒的时空理论在国内一直不甚为人熟知,至今还有人对彭加勒的时空观不屑一顾,仅冠以"唯心主义"而心安理得。在本章,我们拟就彭加勒的时空理论做一较为详细的介绍,并扼要地加以评论。鉴于彭加勒认为"时间从逻辑上讲在空间之前"[①]($V.S.$, p.133),我们还是先从他的时间理论谈起。

[①] 彭加勒认为,肌肉感觉系列在空间概念的起源中起了重要的作用,这些感觉是可以自身重复的系列。正是由于重复,赋予空间以基本特征,但是重复要以时间为先决条件,这就足以说明时间从逻辑上讲在空间之前。

§8.1 时间及其测量

彭加勒把时间分为心理的时间和物理的时间。在他看来,"只要我们不越出意识的范围,时间概念相对而言是清楚的。"(V.S., p.35)例如,我们可以毫无困难地把现在的感觉与过去的感觉的记忆或将来的感觉的期望区别开来,也可以明确知道我们记忆中的两个意识现象一个曾在另一个之先,或两个预期的意识现象一个将在另一个之先。关于两个意识事实的同时性,我们意指它们相互之间深深地渗透,以致分析在不肢解它们的情况下无法把它们分开。因此,"我们排列意识现象的次序不容许任何任意性。它强加于我们,我们不能改变它。"(V.S., p.36)就心理的时间而言,同时或居先的概念是有十分确定的含义的,这与物理的时间大不相同。

彭加勒指出,唯一应该引起注意的是,对于已经变成能够在时间中进行分类的记忆的感觉集合物来说,它应该不再是现实的,我们必须丧失它的无限复杂性的感觉,否则它依然是现存的。也可以说,它必须在观念结合中心的周围结晶,这个中心是某种类似于标签的东西。只有当它们这样丧失了全部生命时,我们才能够把我们的记忆在时间中分类,犹如植物学家把枯花排列在他的标本集中一样。由于这些标签在数目上是有限的,因此心理的时间应该是间断的,即在记忆的排列中存在着空的间隔。

再者,我们不仅希望把我们自己意识的现象纳入时间形式中,而且也希望把其他意识现象纳入这个形式中。可是,两个意识,就像两个互不沟通的世界,我们是没有权利试图把它们纳入同一模型、用同一标准来度量它们的。这是彭加勒认为"心理的时间是定性的时间"

($V.S.$, p.37)的原因。

心理的时间就这样给予了我们。不过,彭加勒说,我们更希望把物理的事实纳入时间形式中,"我们需要创造出科学的和物理的时间"。"这是必不可少的,因为没有它,科学便不会存在。"($V.S.$, p.37)

但是,彭加勒看到,要创造出物理的时间,面临着两个困难:第一,心理的时间是定性的时间,我们能够把它变换成定量的时间吗?第二,我们能够把发生在不同世界的事实归之于同一量度吗?彭加勒认为,第一个困难早就被人们注意到了,这个问题也可以说被解决了。"我们没有两个时间间隔相等的直觉。自信他们具有这种直觉的人是容易受幻觉欺骗的人。"($V.S.$, p.38)断言从正午到一时所经历的时间与从二时到三时所经历的时间相同,独自根本没有意义,彭加勒指出:"只有通过确实具有某种程度任意性的定义,它才能获得我愿意给予它的意义。"($V.S.$, p.38)

心理学家可以放弃定义,物理学家和天文学家却不能,他们是如何定义的呢?彭加勒分析说,他们用摆量度时间,他们通过定义假定,这个摆的全部节拍都是相等的持续时间。这不过是一级近似,因为温度、空气阻力、大气压都使摆的步调变化。即使我们能避免这些误差来源,还有电的、磁的或其他原因引入小干扰,摆的步调还不是绝对等时的。而且,最精密的计时计也必须不断地通过天文观察校准,人们把恒星日即地球旋转的周期作为时间的恒定单位。但是,潮汐像制动器一样作用于地球,地球的转动变得越来越慢。这样,校准时计的标准本身也不是严格准确的。

彭加勒揭示出,令人烦恼的并不在于定义的严格性,而且我们在做上述定义时隐含了这样一个公设:两个等价现象的持续时间是相同的,也可以说相同的原因在相同的时间产生相同的结果。但是,经验表明,情况并不完全如此。而且,更棘手的是,在物理实在中,一个原因并不产生一种结果,而是许多截然不同的原因共同产生它,我们没有任何办法区分每一个原因的作用。我们只能说,几乎相同的原因在几乎相同的时间内产生几乎相同的结果,因此我们的定义无非是近似的。

彭加勒分析了物理学家和天文学家为用地球旋转定义时间而提出的证据。他指出,产生热的潮汐摩擦必定使活劲(vis viva)消灭,因此他们祈求于活劲原理或能量守恒原理。他们在针对地球旋转减慢做出校正时还要求助于牛顿定律。也就是说,他们采取使牛顿定律和活劲原理可以成立的方式定义持续时间。但是,作为实验的真理的牛顿定律只不过是近似的,这表明我们依然只是近似地下定义。

假定我们采用另一种测量时间的方法,牛顿定律赖以建立的实验还具有相同的意义,只是它的表述不同而已,不用说它变复杂了。因此,天文学家的时间定义无非是使力学方程式尽可能地简单。彭加勒认为,这也就是说"没有一种度量时间的方法比另一种更真实;普遍采用的方法只不过是更方便而已"($V.S.$, p.44)。

彭加勒特别关注的还是第二个困难,这个困难与前一个类似。他问道:两个心理现象发生在两个不同的意识中,当我说它们是同时的时候,我意指什么呢?当我说发生在每一个意识之外的物理现象在心理现象之前或之后的时候,我意指什么呢?例如,1572年,第谷·布拉埃(Tycho Brahe)在天空中发现了一颗新星,这说明遥远的天体发生了大爆炸,这个物理事实至少是在两百年前发生的,因为光从该恒星到达地球需要这么长的时间。人们知道,哥伦布(C. Columbus)在1492年发现美洲大陆。当我们说这个没有目击者(新星的卫星无人居住)的壮观现象处在哥伦布意识中的西班牙岛(属厄瓜多尔)的视觉图像之前时,这意味着什么呢?彭加勒指出:"稍加思索就可以充分地认识到,所有这些断言本身并没有意义。它们只有作为约定的结果才会有意义。"($V.S.$, p.46)

为了理解外部世界,我们不得不把如此之多互不渗透的世界纳入同一框架,尽管我们从来也没有完全达到这种描述。两个同时的心理事实在解析不破坏它们的情况下无法把它们分开,两个物理事实也是同样吗?有人认为,当两个事实的相继顺序可以任意颠倒时,可以认为它们是同时的。彭加勒说:"显而易见,这个定义不会适合于发生在相距很远之处的两个物理事实,在涉及它们时,我们甚至无法理解这种可逆性是什么;此外,相继本身必须首先定义。"($V.S.$, p.48)其实,早在1898年的〈时间的测量〉一文中,彭加勒就指出,在分析两个远隔的物理事实时,因果性、同时性和时间的概念都变得含混不清。

彭加勒通过分析自己写信与朋友读信以及电闪与雷鸣的例子,说明同时或居先的寓意。他说,当一个现象作为另一个现象的原因出现在我们面前时,我们认为它在前面,我们正是通过原因来确定时间的。但是,当两个事实在我们看来似乎是以恒定的关系联系在一起时,我们怎样辨认哪一个是原因、哪一个是结果呢?我们假定在先的事实或居先是另一个事实的原因和结果的原因,此时我们却是通过时间确定原因的。我们"时而说先后即因果,时而说因果即先后"($V.S.$, p.49),我们怎样才能把自己从预期理由中拯救出来呢?我们能摆脱这种循环论证吗?

再者,我们永远也不能直接认识两个物理现象,我们认识的只是它们各自在我们身上产生的感觉。可是,两个感觉(结果)的先后顺序并不就是两个物理现象发生(原因)的先后顺序,例如人们听到的两个雷声的顺序并非总是与两个电闪的先后顺序相同。况且,我们的确没有权利谈论一个现象的原因,因为一个现象是在某一时刻之前整个宇宙状态的结果。只有表述如此复杂情况的法则才可能是普遍的和严格的,但是我们实在无法表述它。因此,"在答案中仅有方便和简单的理由,这是十分强有力的。"($V.S.$, p.53)

为了寻找方便和简单的新法则,彭加勒提出了光速不变公设。他强调说:"它向我们提供了研究同时性的新法则,这个法则与我在上面所描述的法则截然不同。"($V.S.$, p.54)他认为,"很难把同时性的定性问题与时间度量的定量问题分开"($V.S.$, p.56)。他还讨论了两个远隔的观察者通过光讯号确定同时性的问题。他后来在〈时间和空间〉一文中指出,在新力学中,没有瞬时传递的作用;最大的传输速度是光速。在这些条件下,能够发生下述情况:事件 A(作为仅仅考虑空间和时间的一个结果)既不会是事件 B 的结果,也不会是事件 B 的原因,如果它们发生的地点之间的距离如此之大,以致光在足够长的时间内不能从 B 地传到 A 地,或从 A 地传播到 B 地的话。($L.E.$, p.24)

在 1904 年和 1905 年,彭加勒还提出了虚时间坐标的概念。他后来这样写道:

每一个事件发生着,就像时间是空间的第四维一样,就像起源于通常的空间和时间的结合的四维空间不仅能够绕通常的空间轴以时间不改变的方式旋转,而且能够绕无论什么轴旋转。因为比较在数学上是精确的,所以有必要把纯粹虚值赋予空间的第四个坐标。在我们的新空间中,一个点的四个坐标不再是

x,y,z 和 t，而是 x,y,z 和 $t\sqrt{-1}$。但是，我没有坚持这种观点；主要的问题是要注意，在新概念中，空间和时间不再是两个绝然不同的、能够被独立看待的实体，而是同一整体的两个部分，是两个如此紧密结合的部分，以至于不能轻易地把它们分开。($V.S.$, p.23-24)

在1912年，彭加勒在谈到量子论时还提出了时间原子的概念，"宇宙会突然地从一个状态跃迁到另一个状态；但是在间歇期间，它依然是不动的。宇宙保持同一状态的各个瞬时不再能够相互区分开来。因此，这将导致时间的不连续变化，即时间原子。"($L.E.$, p.86)，这表明他猜想时间也具有分立性。他还猜想，在有些世界中，"时间"这个词也许毫无意义。($L.E.$, p.13)

美国物理学家惠勒这样说道："……在我们今天面临的原则性的深奥课题中，再也没有比'时间'这一概念所带来的困惑更为严重的问题了。"他认为时间问题给现代物理学的基础造成了三大裂痕：第一，时间终结于大爆炸和引力塌缩；第二，过去与将来二者是以一种与时间所要求的因果有序相矛盾的方式关联在一起的；第三，在非常小的尺度中，量子论否定了"之前"和"之后"这两个概念的全部意义。[②] 普里高津也指出："在动力学中，时间被当作运动；在热力学中，时间与不可逆性联系在一起；在生物学和社会学中，时间作为历史，我们怎样把这些不同含义的时间相互联系起来呢？这显然不是

[②]《惠勒讲演集：物理学和质朴性》，安徽科技出版社（合肥），1986年第1版，第30-31页。

一件轻而易举的事情。"③一个名叫莫里斯(R. Morris)的美国人于1985年出版了一本《时间之箭》的专著,深入探讨了各个历史时期时间观念的演变以及科学发展对时间问题提出的新见解。他依据各学科对时间从不同角度的认识,将时间分为五种:1. 热力学时间(用热力学第二定律描述平衡系统的熵增论来解释时间的流逝);2. 粒子物理学时间(用粒子具有弱相互作用来说明时间不可逆性);3. 宇宙时间(将认识时间的范围扩展到整个宇宙);4. 电磁学时间(用电磁理论对时间进行探索);5. 心理学时间(从心理学角度论述人对时间的知觉体验)。④我们认为,在时间问题上所出现的"分化"和"裂痕"是好事,它会激励有才华的科学家为谋求新基础而进行伟大的智力搏斗,以便使这个困惑了人类几千年的问题逐渐明朗起来。

§8.2 几何空间与知觉空间

彭加勒对康德空间学说的批判建立在区分几何空间和知觉空间的基础上。知觉空间是遗传的产物,是自然选择的产物,是我们在其中进化的特殊物理条件的产物,所有这些因素都是可能发生的。因此,知觉空间不可能是先验综合真理的基础。另一方面,我们为了利用空间术语使连贯的思维成为可能,我们发明了几何空间。我们并没有在几何空间中向我们自己描述对象,我们宁可推论说,仿佛它们被设置在那个空间中。由此可见,几何空间不是先验的感觉形式。

彭加勒认为,严格意义上所谓的空间是几何学的对象,他称其为

---

③ 伊·普里高津:《从存在到演化》,曾庆宏等译,上海科学技术出版社(上海),1986年第1版,第2页。

④ 参见《大自然探索》(北京)1986年第3期,第61页。

几何空间。

彭加勒列举了几何空间的几个最主要的特征：一、它是连续的；二、它是无限的；三、它有三维；四、它是均匀的，也就是说，它的所有点都相互等价；五、它是各向同性的，也就是说，通过同一点的所有直线相互等价。($S.H.$, p.69)

彭加勒把我们的表象和我们感觉的框架称为知觉空间。在他看来，知觉空间分为三类：视觉空间、触觉空间和动觉空间。

视觉空间。考虑一个纯粹的视觉印象，它来自在视网膜末端形成的映像。彭加勒通过分析指出，这个映像是连续的，但是只有二维，这就是所谓的纯粹视觉空间，它不同于几何空间。此外，这个映像被局限在一个有限的框架内。再者，这种纯粹视觉空间不是均匀的，因为视网膜上的各点所起的作用并不相同，即它们不是等价的。

彭加勒还揭示出，视觉空间的连续性和二维只不过是一种幻觉。由于视觉能使我们判断距离，从而能使我们领悟第三维，这种领悟是由眼睛的调节感觉和双目的会聚感觉引起的。这两种感觉都是肌肉感觉，它们完全不同于给我们以头两维概念的视觉。因此，第三维所起的作用与其他两维似乎并不相同，从而所谓的完全视觉空间并不是各向同性空间。一般说来，调节感觉和会聚感觉总是一致的，在二者之间存在着恒定的关系，或者用数学语言来说，量度这两个肌肉感觉的两个变数在我们看来似乎不是独立的。如果这二者不一致，即它们相互独立，我们便不得不计及一个变数，这样一来，完全视觉空间对我们来说就是四维物理连续统。($S.H.$, pp.70-72)彭加勒认为视觉空间仅仅是空间的一部分，即使在这个空间概念中，也存在着某些人为的成分。($V.S.$, p.95)

触觉空间和动觉空间。彭加勒认为触觉空间比视觉空间更为复杂,而且离几何空间更远。(S.H,p.72)对于触觉,他觉得没有必要重复对于视觉的讨论。

彭加勒较为详细地讨论了动觉空间。(S.H.,pp.73-75)他指出,除了视觉和触觉材料外,伴随着我们所有动作的动觉材料对于空间概念的形成同样有贡献,而且比视觉和触觉贡献更大。动觉通常称之为肌肉感觉,相应的框架便构成所谓的动觉空间。

关于动觉空间的维数,彭加勒说,每一肌肉都会产生一种特殊的、能够增加或减少的感觉,以至于我们肌肉感觉的总数取决于与我们所有的肌肉同样多的变数。从这种观点来看,我们的肌肉有多少,动觉空间就有多少维。

彭加勒通过分析和比较得出结论说,在视觉、触觉和动觉这三种形式之下的知觉空间基本上与几何空间不同。它既不是均匀的,也不是各向同性的,人们甚至不能说它有三维。关于知觉空间和几何空间的联系,彭加勒论述道,我们的表象只是我们感觉的复制品,因此它们只能和这些感觉排列在同一框架内,即排列在知觉空间内。知觉空间仅仅是几何学空间的映象,映象由于透视而改变了形状,我们只能通过把对象纳入透视规则来想象它们。因此,我们无法在几何空间想象外部物体,但却可以就这些物体推理,犹如我们处在几何空间一样。

§8.3 空间的相对性

彭加勒早在1898年就断然否认绝对空间的存在,他在《科学与假设》中明确提出了"空间相对性原理"(S.H.,p.96;参见§4.3)。后来,他曾多次表示:"不可能想象绝对空间"(当我力图想象物体和我自己同时在绝对空间运动时,我实际上想象我自身不动,似乎各种物体和在我之外、名曰我的人绕我运动),"言说绝对空间是胡言乱语"(我们必须把与我们身体恒定地联系在一起的坐标系作为空间的参照系,以此作为出发点)($V.S.$, pp.80,99),"无论谁谈到绝对空间,用的都是无意义的词语"($S.M.$, p.96)。

彭加勒主张空间是相对的,他要求人们从三种意义上来理解空间的相对性。他举例说,我在巴黎的一个确定地点圣贤祠,我明天将来到这里。但这并不意味着我回到空间的同一点,因为到明天,地球携带圣贤祠已由此运行了一天的路程,它要超过两百万公里,而这只是地球相对于太阳的运动。此外,太阳系本身又相对于银河系运动,银河系本身无疑也处于运动之中,尽管我们无法觉察它的速度。因此,我明天来到圣贤祠,这并不意味着我明天将处于我今天所在的空间的同一点,而是说我明天距圣贤祠的距离与今天的相同。彭加勒认为这是空间相对性"最平凡的形式之一"($S.M.$, p.97)。他后来还这样表述空间相对性最平凡的一种形式:

> 如果我们周围的所有物体和我们的身体本身以及我们的测量仪器,在它们彼此之间的距离丝毫不变的情况下被转移到空间的另一个区域,那么我们便不会觉察到这一转移。这就是实际所发生的情况,因为我们被地球的运动携带着而不能觉察这一点。($L.E.$, p.16)

空间相对性另一种最平凡的形式是:假使所有的物体也和我们的测量仪器以相同的比例伸长,我们也不会觉察到它。因此,我们不仅无法知道物体在空间的绝对位置,甚至连"物体的绝对位置"这种说法也毫无意义,我们仅仅同意说它相对于另一个物体的位置;"物体的绝对大小"和"两点之间的绝对距离"的说法也无意义;我们必须说的只是两个量的比例、两个距离的比例。(L.E.,p.16)例如,设在某夜,宇宙的所有尺度变大了一千倍,但依然与原来的相似。当第二天醒来时,面对这一令人惊奇的变化,我们根本觉察不到什么,甚至最精密的测量也无法揭示这一巨大变化,因为我们的身体、我们所用的量尺与被测对象严格按照同一比例变化。彭加勒指出,德尔伯弗(Delbeuf)坚决主张这种形式的空间相对性。按此形式,我们就不能说明天我距圣贤祠的距离与今天的相同,而应说明天和今天我距圣贤祠的距离等于我身体高度的同一倍数。(S.M.,p.98)

彭加勒进而认为,倘若一切对象(包括我们的身体和光线)按照我们所希望的任何复杂的规律变形,我们也永远觉察不出这种形变。例如,观察一个具有复杂形状的镜中的世界,这面镜子以千奇百怪的方式使对象发生了形变,但是这个世界各部分的相互关系不改变,也就是说,从拓扑学的观点来看,真实世界与镜像世界是等价的。在这种情况下,这两个世界将是无法区分的,即我们若处在镜像世界之中,我们无法查明这一变化,因为我们的身体和我们的测量工具按同样的规律形变了。(S.M.,pp.101-102)因此,彭加勒说"空间比我们通常认为的还要相对得多"(L.E.,p.16)。

彭加勒得出结论说:"我们看到,应该在多么广泛的意义上来理解空间的相对性;空间实际上是无定形的,唯有处于其中的物才能给予它一种形状。"(S.M.,pp.102-103)"空间实际上是无定形的、松弛的形式,没有刚性,它能适应于每一个事物;它没有自己的特性。"(L.E.,p.17)我们在拓扑学中所考虑的这种无定形空间,即独立于我们测量仪器的空间的基本性质或唯一性质是三维连续统的性质。

($L.E.$, pp.27-28)彭加勒在这里也许猜想到,空间是物质的存在形式,也就是说,物不是在空间之中,而是这些物有着空间的广延。要知道,这些猜想是在广义相对论诞生之前提出的啊!

在彭加勒看来,空间的相对性实际上也隐含着物理学中的相对性原理。他这样说过:

> 我们说空间是相对的,这意味着物理学定律在这个空间的所有部分是相同的;或者,用数学语言来说,就是描述这些规律的微分方程不依赖于坐标轴的选择。($L.E.$, p.41)

这是否含有爱因斯坦所谓的广义相对性原理的意思呢?读者可以仔细推敲。

空间为什么是相对的呢?彭加勒认为,我们知道空间的点,或者更一般地说,我们知道我们身体的最终位置,只有通过肌肉感觉系列,才能向我们揭示出把我们从某一初始位置带到这个最终位置的动作。这个最终位置一方面将取决于这些动作,另一方面将取决于我们出发的初始位置。我们的肌肉感觉只能向我们揭示这些动作,却无法告诉我们初始位置,我们无法把它与其他可能的位置区分开来。"显然,这明确地提出了空间的本质的相对性。"($V.S.$, p.118)彭加勒后来进而指出,我所谓的初始位置可以在我的身体相继占据的所有位置中任意选取,如果关于这些相继位置的或多或少的无意识的记忆对于空间概念的产生是必要的,那么记忆就可以或多或少地追溯到过去,由此导致了空间定义本身的某种不确定性,这种不确定性恰恰构成了它的相对性。($S.M.$, pp.110-111)他还指出,我们无法设想把物质客体的变化影像从所谓的纯粹空间排除出去,要

想象空虚空间是不可能的,空间不可简化的相对性即由此而来。(S.M.,p.95)

彭加勒还认为:"空间的相对性和它的均匀性是唯一的和相同的东西。"(S.M.,p.113)他这样解释道,我们习惯于说空间的点 a 和 b 相互关联,正如点 a´ 和 b´ 相互关联一样,这仅仅意味着两个动作系列 M 和 M´ 是由相同的肌肉感觉伴随的。因为我意识到,在从位置 A 到位置 B 时,我的身体依然有能力做相同的动作,我知道存在着与点 a´ 相关的一个空间点,正如任何一点 b 与点 a 相关一样,以至于两个点 a 和 a´ 是等价的。这就是所谓的空间的均匀性。同时,这也是空间是相对的原因,因为不管空间是相对于轴 A 而言还是相对于轴 B 而言,它的特性依然是相同的。

§8.4　空间为什么有三维?

彭加勒认为几何空间是数学连续统,知觉空间是物理连续统,他是通过连续统的维数来规定空间的维数的。

彭加勒让我们考虑一下不同的印象系统并把它们相互比较。我们往往辨认出,这两个印象系统是不可区分的(这通常用下述说法来表示:它们相互之间太接近了,我们的感觉太粗糙了,以致我们无法区分它们)。此外我们确定,这两个感觉系统尽管与第三个系统不可区分,但它们二者有时却可以彼此区分。在这种情况下,我们说这些印象系统的流形构成物理连续统 C,而这些系统中的每一个称为该连续统 C 的元素。接着,我们在 C 中取两个元素 A 和 B,设存在着完全属于连续统 C 的元素系列 Σ,该系列是这样的:A 和 B 是这个系列的外项,该系列的每一项与前一项不可区分。如果能够找到这样的系列Σ,我们便说 A 和 B 相互连通;如果 C 的任何两个元素相互连通,我们就说 C 完全是连成一片的。

现在,在连续统 C 中以完全任意的方式取一定数目的元素,我们把这些元素的集合称为截量。在把 A 和 B 联合起来的各种系列中,我们将区分出两类系列:一种是其元素与该截量的一个元素可区分的系列(我们说这些系列切断截量),一种是其所有元素与该截量的所有元素不可区分的系列。如果把 A 和 B 连通起来的所有Σ切断截量,我们将说 A 和 B 被截量隔离,截量分割 C。如果我们不能在 C 中找到被截量隔离的两个元素,我们将说截量没有分割 C。

在拟定了这些定义后,倘若连续统 C 不能被本身不形成连续统的截量分割,那么这个连续统有一维;在相反的情况下,它有多维。若形成一维连续统的截量足以分割 C,则 C 将有二维;若形成二维连续统的截量足以分割 C,则 C 将有三维,等等。根据这个递归定义(用 n-1 维连续统定义 n 维连续统),我们总能够辨认出任何物理连续统有多少维。只要一种物理连续统可以等价于空间,即这个连续统的元素对应于空间的每一个点,不可区分的元素对应于空间中相互之间十分接近的点。这样一来,空间将具有与连续统一样多的维数。($V.S.$,pp.96-99)

同样,彭加勒认为数学连续统的维数即是几何空间的维数。他给数学连续统下了这样一个解析定义:n 维连续统是 n 个坐标的集合,也就是说,是能够各自独立变化的,而且假定所有的实值满足某些不等式的 n 个量的一个集合。然后,彭加勒把维数的确定建立在截量概念的基础上。让我们考虑一条闭曲线,即一维连续统。我们在这条曲线上任取两个不容许我们通过的点,于是该曲线便被分为两部分,我们无法从一部分到达另一部分。另外,让我们考虑一个闭曲面,它形成一个两维连续统。在这个曲面上,可以取一个、两个或任意数目的被排除的点,该曲面并不因此就被分为两部分,因为我们可以从曲面上的一点到另一点,而不会遇见任何障碍,因为总可以绕过被排除的点。可是,如果我们在曲面上画出一条或多条闭曲线,并把它视为不可逾越的截量,那么就能够把该曲面分为几个部分。

现在,考虑一下空间的情况。我们既不能通过某些点,也不能通过某些线来把空间分为几个部分,这些障碍总可以绕过去。只有某些曲面,即某些两维截量才能够把空间分割开来。这就是我们说空间具有三维的原因。($L.E.$, pp. 28-29)

彭加勒还用所谓的"分配系统表"解释空间为什么有三维。($S.M.$, pp. 114-117)他说,对于我们能够遭受到的每一次打击,自然界都能使我们联想到一种或多种防御办法,从而使我们自己免受伤害。于是,我们有各种可能的危险的一览表,我们用 A_1、A_2 等表示它们;另一方面,我们有各种防御办法的一览表,我们称其为 B_1, B_2 等。当我期望防御打击时,我企图达到这一打击所来自之点,但只要我接近得很近就足够了。于是,如果对应于 B_1 的点距对应于 A_1 和对应于 A_2 的点足够近的话,那么防御办法 B_1 就可以对付 A_1 和 A_2。但是,也可能发生这样的情况:对应于另一个防御办法 B_2 的点可以充分地接近对应于 A_1 的点,而不充分地接近对应于 A_2 的点,以至于防御办法 B_2 可以应付 A_1 而不能应付 A_2。于是,两个防御办法 B_1 和 B_2 与同一警报 A_1 关联,并且与大量的其他警报关联,我们将按 A_1 那样的范畴来排列它们,并使它们对应于空间的同一点。但是,我们可以找到警报 A_2,它将与 B_2 关联而不与 B_1 关联,而由于补偿它将与 B_3 关联,但 B_1 却不与 A_1 关联,如此等等,于是我们可以写出系列 B_1、A_1、B_2、A_2、B_3、A_3、B_4、A_4……其中每一项都与后一项和前一项关联,而不与远离的几项关联。

这些范畴的排列顺序不是任意的。例如,我们必须把 B_2 放在 A_1 和 A_2 之间,从而也就放在 B_1 和 B_3 之间,我们不能把它放在 B_3 和 B_4 之间。因此,存在着一个次序,我们按照这一次序排列我们的对应于空间同一点的范畴,经验告诉我们,这个次序以三重登记表的形式呈现在眼前,这就是空间有三维的原因。彭加勒进而认为:

> 空间的特性,即具有三维的特性,仅仅是我们的分配系统表的特性,也可以说是人类理智的内在特性。倘若消除了某些联系,即是说消除了某些观念联想,就足以给出不同的分配系统表,并足以使空间获得四维。($S.M.$, pp.117-118)

不过,他接着指出,我们的分配系统表并不是随意做出的。在警报 A_1 和防御办法 B_1 之间存在着联系,这是我们理智的内在特性。但是,这种联系为什么会发生呢?正因为防御办法 B_1 提供了手段,可以有效地防范危险 A_1;这是在我们之外的事实,这是外部世界的特性。因此,我们的分配系统表仅仅是外部事实集合的翻译。如果它有三维,这是因为它适合于具有天然固体的世界,天然固体的位移明显地遵循刚体运动定律。因此,我们不必为三维空间的语言容许我们最容易地描述我们的世界而感到惊讶;这种语言容许我们最容易地描述我们的世界;这个表之所以建立起来,正是因为我们为了能够生活在这个世界上。当然,我们可以设想生活在我们世界上的会思维的生物,他们的分配系统表可以是四维的。从而能够在多维空间思维。但是,这样的生物一旦在那里产生,它们是否能够在那里生存,它们本身是否能抵御它们可能遭受的许多危险,这还是一个问

题。($S.M.$, pp.119 - 220)

实际上,把第四维赋予空间的每一个尝试总是把这一维回归到其他三维之一。彭加勒指出,其原因在于,由于大量的经验,我们的肌肉感觉和它们可能形成的"系列"的观念和十分复杂的基本材料联系在一起,我们的系列被分类,用不甚精确的方式来描述,即我们的肌肉感觉系列分为对应于空间三维的三类。如果我们希望设想第四维,可以假定构成第四类一部分的另一个肌肉感觉系列。可是,因为这种肌肉感觉已被纳入三个预先存在的类之一,所以我们只能想象属于这三类之一的系列,以至于第四维回归到其他三维之一。($V.S.$, pp.130 - 131)

彭加勒认为,物理方程的变换群与坐标轴在通常空间中变换的群同构,而且它和我们的三维空间密切地联系在一起。因此,当这个群以最自然的方式,即通过引入三维空间被提出时,我们的方程将取它们最简单的形式。正是由于这个群本身与被认为是固体的每一单元的位置变化的群同构,正是由于服从这个群的规律的运动固体的这一性质通过最终分析只不过是物理方程不变性这一特征的特例,因此在导致我们把三维赋予空间的物理学根据和心理学根据之间,并不存在基本的差别。($L.E.$, p.42)

彭加勒指出,经验并没有告诉我们空间有三维,"我们所能说的一切就是,经验告诉我们赋予空间以三维是方便的。"($V.S.$, p.95)这是因为,我们完成的仅仅是生理学的实验;另外,要使会聚感觉和调节感觉之间不一致,只要在眼睛上戴上合适构造的眼镜就足够了,我们难道能说戴上眼镜就足以使空间具有四维吗?制造眼镜的人难道给空间多加了一维吗?关于空间和经验的关系问题,彭加勒还有很多论述,我们马上就要涉及这个问题。

空间为什么有三维？这个问题长期以来被认为是学究式的、没有意义的。但是，彭加勒却不如是观，他饶有兴味地讨论了这个问题，并把"物竞天择，适者生存"看作是解决这个问题的一把钥匙。这一思想与现代胀宇宙论的观点不谋而合。现代胀宇宙论认为，紧致化之后的空间可以有任意维数，在宇宙的非因果连结的不同区域中，空间维数紧致化的过程是独立进行的。因此，在宇宙紧致化之后，不同区域（即不同的小宇宙）可以有不一样的非紧致化的维数。但是我们注意到，生命存在的必要条件（或者，至少我们这类生命存在的必要条件实质上是基于电磁作用和引力作用），恰好只能在四维时空（空间是三维）中实现。事实上，在大于四维的时空中，静电力和万有引力随物体间距的增加而急剧地减小，从而不可能形成原子和行星之类的束缚态；另一方面，按照广义相对论，在小于四维的时空中，远距物体之间的万有引力定律完全消失。因此，按照胀宇宙论，宇宙可以由具有不同时空的小宇宙组成，我们之所以生活在四维宇宙当中，是因为其他维数的时空不可能有我们这种类型的生命。[⑤]

§8.5 空间和经验

彭加勒认为，空间概念不是我们心灵固有的先验的形式（在这方面他显然不赞同康德的观点），也不是经验强加给我们的真理，尽管感觉和经验在空间概念的形成中起了很大的作用。空间概念实际上是一种约定，经验为选择这种约定提供了机会。

在彭加勒看来，知觉空间是几何空间的映象，我们无法在几何空

[⑤] 洪定国：〈胀宇宙论〉，《自然辩证法通讯》（北京），1986年第4期。

间中想象外部物体。当我们说把这样一个物体"局限"在空间的一点时,仅仅意味着我们想象为了达到那个对象所必要的动作。当我们想象这些动作时,只是意指我们想象伴随这些动作的肌肉感觉,这些肌肉感觉没有一点几何学的特征,从而根本不含有空间概念预先存在的意思。(S.H., p.75)

彭加勒肯定了我们身体的动作在空间概念的起源中起着举足轻重的作用。他说,对于完全不能动的生物而言,既不会有空间,也不会有几何学,外部对象在它周围徒然地移动,这些位移在他的印象中所引起的变化不会被这种生物归咎于位置的变化,而只会归咎于状态的变化。这种生物无法把这两种变化区别开来,这种区别对我们来说是根本的,而对它则没有意义。我们身体所做的动作导致外部对象在我们感官上产生的印象发生变化,我们自然地把我们印象可能经受的变化分为两个范畴,即内在变化和外在变化。外在变化是非随意的,它们并不被肌肉感觉所伴随;内在变化是我们身体的运动,我们可以把它们与其他变化区别开来,因为它们是随意的,并被肌肉的感觉所伴随。内在变化能够矫正外在变化,例如我们以这样的方式用我们的眼睛跟踪运动着的物体,使它的映象总是返回到视网膜的同一点上。可以被这种矫正感受的外部变化是位置变化;如果它不能被这种矫正感受,它就是状态变化。

彭加勒通过讨论后指出:若不借助肌肉感觉,则视觉和触觉不能给我们以空间概念。这个概念不仅不能从单一的感觉得到,甚至不能从感觉系列得到,没有一种感觉不借助于其他感觉就能够向我们传达空间概念。而且,不可动的生物从来也不能通过它的动作矫正外部对象位置变化的结果,从而没有理由把位置变化和状态变化区别开来。如果它的运动不受意志控制,或者没有任何感觉相伴随,它

也不能获得空间概念。我们的运动受意志控制,而且有感觉相伴随,所以我们有可能获得空间概念。但是,

> 我们的感觉若孤立起来,没有一个能够使我们产生空间观念;我们只有研究这些感觉相继发生的规律,才能得到这一观念。($S.H.$, p.76)

要了解感觉相继发生的规律,就必须有联想和记忆参与其中。($S.M.$, pp.106-112)在彭加勒看来,对于我们能够遭受到的每一次打击,自然界都能使我们联想到一种或多种防御办法,从而使我们自己免受伤害。同一防御办法可以防止多种打击,同一打击能够用多种方式防御。正是这种多重防御办法产生了协调,这就是空间。但是,这些联想就其大部分而言,并不是个人的获得物,而是种族的获得物。这些获得物越是必要,自然选择就越迅速地导致之。这些获得物必定在年代上是最早的,因为没有它们,生物体的防御便是不可能的。

这样生成的空间只不过是小空间而已,即是局部空间,它是参照于与我们身体相联系的坐标轴的;这些坐标轴是固定的,由于我们的身体不动,只是我们身体的某些部分移动。为了扩大空间的界限,必须要有记忆参与。由于记忆的参与,我们便能想象按确定的次序相互跟随的连续感觉的复杂性,从而使局部空间扩大为广延空间。对于想象中的固定于海底的有意识的生物来说,它只知道局部空间,因为关于这种局部空间的参照系是不变的。而我们却具有一种本能,能够不时地进行坐标变换,所以我们能够意识到广延空间。

感觉、联想、记忆虽说在空间概念的形成中起着重要的作用,但

是"空间的特性严格地说来并不是所谓的经验真理"。因为"经验促使我们仅仅与作为物理连续统的知觉空间联系,它从来也没有促使我们与作为数学连续统的几何空间联系"($V.S.$, p.125)。

在空间概念的起源中,彭加勒的观点是明确的:他既肯定经验的"指示"作用,更充分地肯定精神的"选择"和"建构"作用。关于前者,他指出,经验起的"唯一的作用""是作为机会而有用"。"可是,这种作用并非不怎么十分重要,我认为必须给它以重要性。假如存在强加于我们感觉的先验的形式,而且这就是三维空间,那么这种作用便毫无用处。"($V.S.$, p.127)显而易见,彭加勒是不承认"强加于我们感觉的先验的形式的",否则经验就丝毫不起什么作用了。关于后者(也涉及前者),彭加勒有一段原则性的论述:

我相信,即使空间被理解为三维数学连续统,尽管它是无定形的,建构它的也是精神,可是精神并未用不存在的东西来构造它;精神需要材料和模型。这些材料像这些模型一样,预先存在于精神之内。然而,没有强加于精神的唯一模型;精神做了选择;精神可以选择,例如可以在四维空间和三维空间之间做出选择。此时,经验的作用是什么呢?它给出进行选择所遵循的指示。($V.S.$, p.132)

彭加勒在这里说的"预先存在于精神之内"的"材料和模型",以及前面提及的空间的三维性是"人类理智的内在特性",这些指的恐怕不是与经验无关的所谓的"先验的东西",他也许指的是在构成空间的渐进训练中,个体的经验积淀和种族的经验积淀。因为在彭加勒看来,人类对时间和空间的认识也是有机体的生物进化过程的部分和结果,这反映了彭加勒具有一种进化认识论的观点。另外,他也这样明确说过,几何学不是经验科学,但它的诞生却是与经验有关的;我们创造了它所研究的空间,但是必须使它适应于我们生活于其中的世界。我们选择了最方便的空间,但却是经验指引我们选择。由于这种选择是无意识的,我们误认为它是被强加于我们的。无论说经验把空间概念强加于我们,还是说我们是与预先创造好了我们的空间一起诞生的,都是不完全正确的。($S.M.$, pp.121-122)

第九章 揭开科学自身的面纱

——彭加勒的科学观

> 山光物态弄春晖,
> 莫为轻阴便拟归。
> 纵使晴明无雨色,
> 入云深处亦沾衣。
>
> ——山中留客
> 唐·张旭

科学大师彭加勒不仅在数学、物理学和天文学等领域做出了举世瞩目的贡献,而且也对科学本身进行了较为深刻的哲学反思,发表了一些值得注意的见解。本章拟就彭加勒的科学观作一简要的评论。

§9.1 科学:它的定义、目的和规范

什么是科学(这里指自然科学)? 长期以来,这一直是一个众说纷纭的问题。有人认为科学是人类认识活动的结果,是关于自然界的有条理的知识;有人则认为科学是人类认识活动的过程,科学是创造知识而不是知识本身,它意味着一个过程,而不是一堆静态学说;

有人却认为科学是上述二者的合取。不过,也有人认为无需给科学下一个严格的定义,因为过于刻板的定义有使精神实质被阉割的危险。

彭加勒是怎样看待这个问题的呢?他在《科学的价值》中对这个问题做了直截了当的回答:

> 科学首先是一种分类方法,是把表面孤立的事实汇集到一起的方法,尽管这些事实被某些自然的和隐秘的亲缘关系约束在一起。换言之,科学是一种关系的系统。($V.S.$, pp.265-266)

他进而指出:"科学仅仅是一种分类方法,而且分类方法不会为真,而只是方便的。"($V.S.$, p.271)彭加勒在《科学与假设》中曾说,如果科学家满足于赤裸裸的实验事实,那就完全误解了科学的本性。科学是用事实建立起来的,正如用砖石建筑房子一样。但是一堆事实并不是科学,犹如一堆砖石并不等于房屋。因此科学家应当做整理工作,应当按顺序配置。($S.H.$, p.168)谈到数学物理学的作用时,彭加勒虽然承认它具有毋庸置疑的作用,但是这种作用只在于"编辑书目","书目编得再好,也不能使图书馆的藏书丰富起来,而实验物理却负买书之责,唯独它能使图书馆丰富。($S.H.$, p.172)

彭加勒的这些观点与马赫如出一辙。在马赫看来,科学主要由一大堆观察到的事实和现象所组成,它们再由若干定律和法则约束在一起,自然定律实际上只是为了记忆事实的方便和经济起见而发展的一些人为的措施。马赫断言:"科学的任务""只是对事实作概要的陈述"①,"科学的对象就是现象之间的关系"②。试把彭加勒的科学定义与马赫的结论比较一下,二者甚至在词语上也有惊人的相似之处。彭加勒与马赫不同的是,曾明确表示反对狭隘经验论,强调科学理论的作用和价值(尽管估价不足),也辨认出在概念形成中自由构造的元素。但是,他对科学所作的定义却是唯象论的,这表明他对科学的意义和本质的认识是不很深刻的。

爱因斯坦在批评马赫时说:"马赫的体系所研究的是经验材料之间存在着的关系;在马赫看来,科学就是这些关系的总和。这种观点是错误的,事实上,马赫所做的是在编目录,而不是建立体系。"③这种批评完全适用于彭加勒。现代科学的发展表明,科学并不是一种纯粹的经验事业,科学发展的过程也不是不断的归纳过程,直觉和演绎在精密科学的发展中也起着越来越大的作用。而且,科学正在日益揭示出现象背后潜藏的本质。科学理论一旦建立起来,还具有巨大的能动作用。只要回顾一下电磁波、光线弯曲、中微子、正电子的预言等诸如此类的"笔尖上的革命"就可想而知了。试问,它们之中的哪一个能够通过事实的分类和整理而得到呢?马赫和彭加勒都是相对论的先驱,但是马赫至死厌恶相对论,彭加勒长期对相对论保持缄默。④这种态度可以从他们的科学观找到部分答案。

---

① 马赫:《感觉的分析》,洪谦等译,商务印书馆(北京),1957年第1版,第6页。

② E. N. Hiebert, "Ernst Mach", C. C. Gillispie, *Dictionary of Scientific Biography*, Vol. VIII, NewYork, 1970 - 1977, pp. 597 - 607.

③ 《爱因斯坦文集》第一卷,许良英等编译,商务印书馆(北京),1976年第1版,第169页。

④ S. Goldberg, Poincaré's Silence and Einstein's Relativity, Bri. Jour. His. Sci., 5 (1970), 73 - 84.

彭加勒不完全同意勒卢阿(Le Roy)⑤关于"科学仅仅是行动规则"的观点。他指出,即使认为科学是一种行动规则,它也与博弈之类的游戏规则不同。游戏规则是一种任意的约定,而科学规则却是一种富有成效的行动规则。他举例说,如欲制取氢气,使酸作用于锌,这是一个成功的规则;假若使蒸馏水作用于金,这虽说也是一个规则,但却不会成功。"因此,如果科学的'处方'像行动规则一样具有价值,那是因为我们知道,它们会取得成功,至少就一般情况而言是这样。"($V.S.$, p.219)

彭加勒反对勒卢阿的唯名论,强调认识是科学的目的而行动则是手段,但他并未完全摆脱唯名论的羁绊。彭加勒不懂得,普遍概念虽然不是客观独立存在的东西,但却是客观事物的普遍性质和真实性质的反映。彭加勒认为,当我们问什么是科学的客观价值时,这并不意味着科学使我们认识到事物的真实本性,而是意味着科学使我们认识到事物的真实关系。他断言:"科学所达到的并不是朴素的教条主义者所想象的事物本身,而只是事物之间的关系,在这些关系之外,再没有可知的实在了。"($S.H.$, p.4)因此他说,当一种科学理论自命能使我们认识到热是什么、电是什么或生命是什么时,则可预定其必将失败,它所能给我们的仅仅是粗糙的印象。在彭加勒看来,科学研究的两个主要目的在于把先前似乎无关的东西联系起来,并使我们利用这些关系来预言新的现象。

作为一位长期从事科学研究和活跃在科学共同体内的科学大师,彭加勒对科学的本性或科学家活动的规范也有所洞察。这些看法散见在他的著作的字里行间,例如:

---

⑤ 勒卢阿是法国哲学家和数学家。

普遍性。彭加勒赞同亚里士多德的说法,也认为"科学以普遍性作为目的"。他指出,科学虽则面对的是特殊的事实,但它要认识的却是普遍的规律,它将追求愈来愈广泛的概括。($L.E.$,p.106)"没有普遍性便没有科学"($S.H.$,p.13),对于数学而言,没有数学无穷便没有数学,"因为在那里没有普遍的东西"($S.H.$,p.22)。

自主性。在英国有一种说法:除了不能把男人变成女人外,议会是无所不能的。彭加勒认为,议会固然无所不能,但是"唯独不能就科学事务做出合格的判决"。"没有那个权威能够制定一种法规,来裁决实验是否有用。"($L.E.$,p.107)显然,彭加勒从中看到了科学的自主性。这一点也可以从他提出"为科学而科学"的口号中看出。

公正性。彭加勒说:"我们最高尚的抱负常常与最陈旧、最可笑的偏见联系在一起。科学将消除这些偏见;这是科学的天职,也是科学的义务。"($L.E.$,p.109)而且,人们为了发现科学真理,就"必须使精神不带偏见,不徇私情,必须绝对诚意正心。"($V.S.$,p.3)这一切,充分显示了科学的公正性,即无偏见性。

诚实性。彭加勒认为,在科学活动中,人们把欺骗看作是卑鄙的罪恶和最严重的堕落,对歪曲实验过程的企图表示极端的厌恶,把侵犯别人研究成果的行为视为最大的丑闻。科学要求绝对的真诚、最珍贵最难得的真诚——既不欺骗别人,也不欺骗自己。($L.E.$,p.105)

继承性。彭加勒认为科学具有继承性,他说:"被真正的实验精神所推动的科学""是尊重过去的","它与那种容易被新奇的东西蒙骗的科学上的势利行为针锋相对"。他指出:"有些人迷恋一种观念,并非因为这种观念是正确的,而是因为它是新的。这些人是可怕的破坏者,……"也正是在这种意义上,彭加勒认为:"无疑地,我们必须批判传统,但是我们一定不能完全抛弃传统。"(L.E.,p.110)在这里,我们自然会想到库恩所揭示的"一种隐含在科学研究之中的'必要的张力'",即"科学研究只有牢固地扎根于当代科学传统之中,才能打破旧传统,建立新传统。"因此,"十分常见的是,一个成功的科学家必然同时显示维持传统和反对偶像崇拜这两方面的性格。"[6]

竞争性。由于科学把独创性视为最高价值,因而科学发现的优先权问题便引起科学家的极大关注,科学研究中的竞争也就在所难免了。彭加勒看到了这一点,他指出:

> 必须要有竞争。科学竞争总是有礼貌的,或者至少几乎总是有礼貌的;无论如何,竞争是必不可少的,因为竞争总是富有成果的。(S.M.,p.295)

在彭加勒的著述中,也流露出对科学的公有性、怀疑性、宽容性等的认识,我们就不在此一一论及了。

§9.2 科学发展的动态图像

彭加勒没有把科学的发展看作是年表、轶事的堆砌或知识的静态积累,而认为科学的发展是非直线的、无止境的。他的动态科学发展观比较符合科学发展的历史,值得我们认真借鉴。

彭加勒在《科学的价值》中以数学物理学(理论物理学)为例,较

---

[6] 托马斯·S.库恩:《必要的张力》,纪树立等译,福建人民出版社(厦门),1981年第1版,第224、225页。

为详尽地阐发了他的科学发展观。他认为,数学物理学发源于天体力学,天体力学在18世纪末兴旺发达起来,数学物理学即应运而生。这是数学物理学发展的第一阶段,即中心力的物理学。其基本内容是,把物体或原子等视为质点,此等质点相互间的引力或斥力在联接两质点的直线上,力的大小与它们的距离的某一方次成反比。这是物理学家模仿牛顿的反平方引力定律,模仿天体力学所致。但是,中心力的思想后来不能满足人们的需要,从而出现了危机。于是人们不得不舍弃过去的见解,不问宇宙构造的隐微,而以一般的原理为指导。这样,数学物理学便发展到第二阶段——原理的物理学。迈尔原理(能量守恒原理)、卡诺原理(彭加勒称它为能的退降原理)、牛顿的作用与反作用原理、相对性原理、拉瓦锡原理(质量守恒原理)、最小作用原理就是六个最普遍的原理。这些原理都是直接推广实验的结果。但是到了19世纪末,它们或多或少地与实验事实发生了矛盾。彭加勒在本世纪初第一个明确指出,数学物理学又一次面临危机。这次危机是物理学革命的前夜,是物理学进入新阶段的预兆。

在当时的历史环境中,不仅科学哲学家没有勾画出科学发展的动态模式,而且许多著名的物理学家面对大量的反常现象,也看不到经典物理学基础的危机。由于彭加勒既置身于物理学的前沿,又有一定的哲学眼光,因而能高出同时代的人。彭加勒不仅把危机明确作为科学发展的一个环节,而且他还认为,在一般情况下,科学理论的框架(即基本概念和基本假设)"没有被打破,因为它们是有弹性的,但是它们扩大了"。($V.S.$, p.179)即使在科学危机与革命中,理论框架变成"废墟",可是每一种理论也不能完全消灭,它们的生命是永恒的。彭加勒的"危机-革命"论也许可以说是库恩在1960年代提出的科学发展动态模式(前科学→常规科学→危机→科学革命

→新的常规科学→……)的雏形。

彭加勒认为科学的发展是无止境的。他说:"科学不管把它的征服向前推进得多么远,科学的领域并未经常受到限制。其前沿的全线依然是很神秘的。其前沿推进得越远,神秘的范围扩展得越大。""今日的学者并未期望从自然界中一举引出它的秘密。他们虽然知道,它们为之献身的事业是伟大的,但是与此同时,他们也了解,这一事业是没有终点的。"[7]彭加勒批评那些轻率地做预见的"不幸的预言家"。这些预言家认为,在科学中,所有能够解决的问题都已经被解决了,除了补遗之外,没有留下任何值得解决的东西。彭加勒以数学史为例驳斥道:"解"这个词的意义扩大了,对希腊人来说,好解就是只使用直尺和圆规的解,后来变为用求根法得到的解,接着人们又利用代数函数和对数函数。于是,"悲观主义者发觉他们自己总是失败、总是被迫退却,我想现在不再有悲观主义者了。"(S.M.,pp.19-20)

科学的发展之所以没有终点,在彭加勒看来,这是由于人类的智力有限,而天地万物的变化无限,人们在一定阶段对自然规律的认识(定律)只能是近似的和暂时的。他这样写道:

> 任何时候也没有一个特定的定律不是近似的和可几的。科学家从来也没有放弃对这一真理的承认,他们只相信,每一个定律不管其正确与错误,都可以用另一个更精确、更可几的定律来代替,这种新定律本身也将不过是暂时的而已,同样的进程能够

---

[7] ポマニカレ:《科学者と詩人》,平林初之辅訳,岩波书店(东京),1927年,第198页。

无限地继续下去,以致科学在进步中将具有越来越可几的定律,其近似程度将以精确性、可能性与确实性的差别像你随意选取的那样小。

他还说:"每一个定律只不过是不完善的和暂时的陈述而已,它必定在某一天被另一个优越的定律所代替,前者只不过是后者粗糙的翻版而已。"(V.S.,pp.251-252)彭加勒的这种观点后来被称为暂定主义,在物理学革命中,它对于反对力学先验论和力学自然观,对于破除对经典力学的迷信起到了积极的作用。在这里,彭加勒通过对科学定律的考察事实上已经认识到,真理是包含在认识过程本身中,包含在科学的长期发展中。科学从认识的较低阶段不断地上升到较高阶段,但是永远也不能通过所谓绝对真理的发现而达到终点。

彭加勒认为科学发展是无止境的,这也是他对历史经验的总结。19 世纪后期,经典力学和经典物理学结合成一座庄严宏伟的理论大厦,物理学家踌躇满志,声称理论物理学已经终结。可是没多久,接踵而至的新发现和新理论就使这一预言化为泡影。身历其境而又通晓科学历史和现状的彭加勒,当然能依据历史经验做出恰当的结论。

需要指出的是,彭加勒把科学危机以及随之而来的科学革命主要看作是由于实验和科学的基本原理发生尖锐冲突而引起的。例如,他认为:"考夫曼关于镭射线的实验同时引起了力学、光学和天文学的革命。"(S.M.,p.310)他也注意到各个理论体系之间的不可调和的矛盾所导致的危机。不过,在后一方面,他的洞察要略逊爱因斯坦一筹。爱因斯坦正是由于敏锐地洞察到后一种危机,才从协调经典力学和经典电动力学两个理论体系之间的裂痕入手,运用探索性的演绎法，提出了相对论和光量子论，全面打开了本世纪初物理学革命的新局面。

彭加勒还注意到："科学进步正是由于它的各部分之间未曾料到的结合引起的。""过去的最大进展发生在这些学科中的两个结合之时，发生在我们开始意识到它们形式的类似性而不管它们内容的差别之时，发生在它们相互之间如此模仿，以致一个获胜而另一个也会受益之时。与此同时，我们可以在同类的结合中预见未来的进步。"(S.M., p.35)不难看出，彭加勒在本世纪初就已预见到交叉学科和边缘学科勃兴的趋势，即在两门学科之间的未开垦的处女地将会收获到科学的硕果，他的博学多才显然有助于他做出这一预见。彭加勒注意到，过分专门化便会妨碍两科结合。因此，他倡导多召开像海德堡会议和罗马会议那样的综合性的会议，让不同学科的科学家彼此接触，向他们打开邻近领域的视野，促使他们把邻近领域和自己的领域加以比较，以便探寻自己小群落之外的东西。这一来，就可以弥补过分专门化的缺陷。

§9.3 科学向统一性和简单性进展

彭加勒认为，在物理学的发展中，我们可以区分出两种相反的趋势。一方面，在有些似乎是注定毫无联系的对象之间，可以不断发现新的结合物，散乱的事实就不再各不相干了，它们倾向于排列成庄严的综合，科学向统一性和简单性进展。另一方面，观察向我们揭示出许多新现象，不过它们必须长久等待它们的位置，有时为了给它谋求一个位置，人们必须把整个建筑物拆去一角。在那些已知的现象中，我们粗陋的感觉向我们表明的是均匀性，我们日复一日地觉察到更多的变化的细节,我们原以为简单的东西又变复杂了,而科学似乎向多样性与复杂性进展。($S.H.$, pp.202-203)

彭加勒看到,这两种相反的趋势,似乎轮番取胜,究竟结果是谁胜呢?他认为,倘若是第一种胜利了,则科学是可能的,然而却不能先验地证实。而且,人们可能有理由担心,在徒劳地做出了企图把自然界本身强行纳入我们的统一模型的努力之后,我们却被不断高涨的新发现的洪流淹没。于是,我们岂不要放弃分类,抛弃我们的统一理想,把科学变成无数处方的记录?

彭加勒通过考察当时的科学,比较历史上的科学,对这个问题做出了问答。他指出,能量守恒和转化原理的发现揭示出力的统一,这表明热现象可以用分子运动来解释,人们虽然没有确切地了解这些运动的本性是什么,但是没有人怀疑不久就可以知道它。从前分开的光、电、磁的统一似乎已成定局。尤其是电刚刚兼并了磁,这是迈向统一的引人注目的一步,是决定性的一步;电和光的关系现在已知了。光、电、磁这三个原来分开的领域现在形成一个领域,而这种兼并似乎是最终的。可是,阴极射线、X射线、铀射线和镭射线的发现是谁也没有料想到的,虽然迄今没有一个人能够预见它们将要占据的位置,但是彭加勒并不认为它们将消灭这普遍的统一,他相信它们反而将完成这种统一。后来,原子结构的实验结果和理论研究证明,彭加勒的关于科学统一性的信念是正确的。

彭加勒得出结论说:"总而言之,我们已经趋近于统一了。我们并未如五十年前所希望的那般迅速,我们也没有总是采取预定的道路,然而人们最终却获得了如此之多的地盘。"($S.H.$, p.212)他进而表示:

科学越来越向我们表明宇宙各部分的相依关系,向我们揭示出宇宙的和谐。这是因为这种和谐是真实的呢,还是因为它是我们精神的需要,因而是科学的公设呢?这是一个我不想试图去解决的问题。事实依然是,科学趋向于统一。正如科学使一些特殊规律协调起来,把它们联合成一个更普遍的规律一样,科学难道不是也把我们心灵的表面看来如此背道而驰、如此反复无常、如此迥然不同的个人抱负归于统一吗?

科学之所以走向统一和简单的道路,是因为科学家以坚定的信念积极追求自然界的统一性和简单性,而且这种追求并非科学家的一厢情愿,而是有其客观根据的。关于自然界的统一性,彭加勒认为不会有什么困难。至于自然界的简单性问题,彭加勒觉得这不是一个容易解答的问题。自然界不一定是简单的,但是他认为我们却可以相信它是简单的而去行动。这是因为:第一,人们不能完全摆脱这一需要,即使那些不相信自然规律是简单的人仍旧不得不作为相信似地干下去。由于这里正是我们的唯一地盘,在这上面可以建设我们的一切推广,否则全部推广,最终乃至整个科学都不能成立。第二,任何事实都可以通过无穷的途径来推广,这里就有选择的问题,而选择只能以简单性作为指导。第三,在科学史上有两种相反的情况:有时是简单性隐匿在复杂的外表下,有时简单是表面的,它隐蔽着复杂的实在。尽管如此,通常认为定律总是简单的,直到相反的东西被证明为止。第四,不管简单性是真实的还是它隐藏着复杂的实在,这并没有什么关系。是消除个体差异的大数影响也好,是我们可以忽略一些项的或大或小的数量的影响也好,无论在哪种情况下,简单性也不是偶然的。这种简单性或是真实的,或是表观的,总有一个原因。于是我们总是能够遵循相同的推理过程,如果一个简单的规律在几个特例中被观察到,它必将在类似的情况下也是真实的。总而言之,彭加勒的思想很明确:统一性是根本的,而简单性则不过是期望得到的。

基于上述考虑,彭加勒认为,尽管我们的研究方法变得越来越深刻,使我们可以在复杂的东西之下发现简单的东西,然后在简单的东西之下发现复杂的东西,接着又在复杂的东西之下发现简单的东西,如此循环不已,我们不能预见最后的期限是什么。但是,

> 我们必须停止在某个地方,要使科学是可能的,当我们找到简单性时,我们就必须停下来。这是唯一的基础,我们能够在这个基础上建立我们的推广的大厦。($S.H.$, p.176)

他以天体力学为例来说明这个问题:"……只有耐心地分析感觉向我们提供的错综复杂的材料,人们才能达到事物的终极要素;……当人们达到这些终极要素时,他们在那里将再次发现天体力学惊人的简单性。"($V.S.$, pp.173-174)由此看来,尽管科学发展存在着两种趋势,但第二种趋势必然给出通向第一种趋势的途径。

彭加勒关于科学向统一性和简单性进展的思想是颇有见地、十分深刻的,这种思想通过爱因斯坦的科学研究实践和在理论上的进一步阐发而更加发扬光大,直接影响了20世纪科学家的科学思想,在现代科学发展的历程上留下了不可磨灭的印记。例如,美国物理学家惠勒根据物理学发展的历史和对大爆炸宇宙学的思考,得出这样一个结论:"在过去几个世纪里,物理学已从很少的原理导出了如此之多的结论,要从几乎一无所有导出几乎每件事情。物理学曾是

科学中最质朴者,它应当更加质朴。"[8]

当前,所谓"知识爆炸"一说在国内颇为流行。这种说法是错误的。持这种观点的人只看到知识的量的积累,而无视知识的质的变革。也就是说,他们仅着眼于科学向多样性和复杂性的进展,而忽略了科学向统一性和简单性的迈进。正是后一种趋向,促成了科学的质的变化,也是一个历史时期科学发展的必然归宿。要知道,一个新概念的使用,一个新法则的提出,一种新原理的发明,即可使已有的知识大为经济。

§9.4 科学理论的结构和本性

在彭加勒看来,科学理论具有层次性。他以物理学理论为例,说明完整的科学理论体系是由事实、定律和原理三个层次构成的。

科学理论的最低层次是事实。彭加勒并未对"事实"下一个明确的定义,但他却把事实分为未加工的事实和科学的事实,即通过观察或实验所得到的赤裸裸的事实和用科学语言陈述出来的未加工的事实。事实是科学理论的基础,定律和原理都直接或间接地由此而来。

科学理论的中间层次是定律。"定律是前提和结果之间的关系,定律能使我们同样好地从前提推出结果,即能预见未来,也能使我们同样好地从结果推出前提,即能由现在得知过去。"($V.S.$, p. 254)物理学的方法是建立在归纳的基础上,定律是从事实中归纳得到的。但是,事实是个别的,定律是普遍的,所以必须加以推广。但是,推广

---

[8] 《惠勒讲演集:物理学和质朴性》,安徽科技出版社(合肥),1986年第1版,第28页。

有无穷多的路线,通过对简单性的要求和利用数学物理学,可以借助约定选择出推广的最方便的路线,这就是我们在有关实验结果的图示中用一条平滑的曲线把数据点连结起来的原因。定律比具有约定特征的原理更接近于物理实在,也正因为如此,定律都是近似的、不完善的和暂时的,它要经常受事实的修正。但是,

> 从来也没有一个定律降到昙花一现的地位,它只是被另一个更为普遍、更为全面综合的定律所取代。($L.E.$, p.13)

科学理论的最高层次是原理。"原理具有极高的价值;它们是在许多物理定律的陈述中寻求共同点时得到的;因此,它们仿佛代表着无数观察的精髓。"($S.H.$, p.195)除从许多物理定律经过综合而"提升"外,原理也可以通过"大胆推广实验"而得到($V.S.$, p.177)。在这两个过程中,人们的精神的自由创造即大胆推广或约定都起着举足轻重的作用,从而原理也带有明显的自由约定的特征。因此,彭加勒说:"原理都是约定或隐蔽的定义。可是,它们是从实验定律引出的;可以说,这些定律被提升为原理,我们的精神把绝对的价值归于它们。"($S.H.$, p.165)不过,他也抱怨有些哲学家推广得太过分了,认为原理就是整个科学,从而以为全部科学都是约定。

在由大胆推广实验而得到原理的过程中,彭加勒认为我们的精神在这个领域内自认是无障碍的。我们的精神能够做出裁决,因为它能颁布法令;这些法令强加于我们的科学,但它们并没有强加于自然界。但是,我们的精神也不能为所欲为,"实验虽然给我们以选择的自由,但同时又指导我们辨明最方便的路径。"($S.H.$, p.3)至于定律如何变成原理,彭加勒如下说明了它的机制:定律表示两个真实

项 A 和 B 之间的关系,但它并非严格为真,它仅仅是近似的。我们任意引入一个或多或少是虚构的中间项 C,按照定义,C 恰好与 A 有该定律所表示的关系。于是,我们的定律被分为两部分:其一是绝对而严格的原理,它表示 A 和 C 的关系;其二是实验的定律,它是近似的,可修正的,表示 C 和 B 的关系。很清楚,不管这种分解推进得多么远,总有一些定律保留下来。($S.H.$,p.166)

原理具有普遍性、可靠性、客观性、灵活性和持久性。原理由于是大胆推广实验的结果和在许多定律中寻求共同点时得到的,因而具有更大的统一功能,或者说具有普遍性。原理的"高度的可靠性"来自它们的"真正的普遍性",这是由于它们受检验的机会、次数、形式愈频繁、愈增加、愈多样的缘故,结果就不会留下使人怀疑的余地。($V.S.$,pp.177-178)不过,"原理在普遍性和可靠性方面有所得,它们在客观性方面就有所失。"($S.H.$,p.165)这是因为,与定律相比,原理毕竟远离物理实在。原理也具有足够灵活的形式,足以使我们把所希望的几乎任何东西都放入其中,而且"这种灵活性也是人们相信它们的持久性的理由"。($S.H.$,p.161)其原因在于,即使原理"不能原封不动地存在,它们也能够经过修正而继续有效。"($V.S.$,p.8)因此,原理通常幸免于理论的更替,它们对科学成长的连续性负有责任。

在彭加勒看来,作为约定的原理既不能为实验证实,又不能被实验证伪,但是他在论述物理学危机时却说当时的实验成果使几个基本原理处于危险之中,这岂不是自相矛盾吗?彭加勒认为,他的说法并没有错误。例如在居里关于镭的量热实验中,人们完全可以做出一种解释,使它与能量守恒原理一致,这个原理并没有被实验攻破。但是,"如果原理不再多产,经验即便不与它矛盾,仍将直接宣布它无

用。"(V.S.,p.209)

彭加勒也看到,原理在不同学科中的地位和作用是有差别的。几何学是由作为约定的原理(公理或公设)出发导出的命题体系,原理起着根本性的作用,因而几何学本身即是约定。在力学中,还可以看到数量极大的原理,但它们却起源于经验,尽管它们具有约定的特征。但力学主要还是归纳的,而不是演绎的。在物理学中,原理的作用更为削弱。事实上,只有当原理所起的作用是有利的时候,我们才引入它们。它们每一个都能代替大量的定律,因此增加它们的数量是毫无意义的。造成这种差别的原因在于,几何学不是实验科学(虽然它起源于经验),而力学和物理学却是实验科学。(V.S.,pp.242-243)

关于科学理论的本性,彭加勒下述四个观点应该引起我们注意。

第一,科学理论似乎是脆弱的,但它们也不会完全消灭。彭加勒认为,在从旧理论向新理论的过渡中,一种隐喻可以改变整个经验定律,而理论的抽象部分即微分方程所描述的关系可能依然是真的。在这种意义上,科学的成长是累积性的,而不是破坏性的,不管理论的短暂的本性如何。在旧有的科学理论有真关系,尽管其中还有不正确的关系,但是后者的参与并不改变前者的真实。在科学理论的更迭中,这种真关系是会保留下来的,它们只不过以伪装的形式出现在新理论中,而不正确的关系则像被修剪的枯枝一样被扔掉了。也有这样的情况:某些原以为被抛弃了的、最终被实验宣告不适用的理论也会死灰复燃、重获新生,这恰恰在于"它们表达了真实的关系",从而"保持了一种潜在的生命"。(V.S.,pp.193-194)因此,彭加勒要求:"就一种理论而言,它不肯定一种错误的关系还是不够的,它还必须不隐瞒真实的关系。"(S.H.,p.199)

第二,科学理论可以融入更高级的和谐中。彭加勒以菲涅耳的光学为例说明了这个问题。他指出,麦克斯韦用密切的结合物把直到当时还完全不相干的物理学的两部分——光学和电学——联系起来了。"由于菲涅耳的光学这样融合到更宽广的整体中、融入更高级的和谐中,因而它依然是充满活力的。它的各部分继续有效,各部分的相互关系还是相同的。唯有我们用来描述这些关系的语言变化了;另一方面,在光学的不同部分和电学领域之间,麦克斯韦向我们揭示出以前未曾料到的其他关系。"($S.H.$, p. 247)同样,彭加勒在1904年预言,普通力学也可以融入到新力学中,它是新力学的一级近似,对不太大的速度还是正确的。彭加勒的这种思想被发展成一种卓有成效的方法论原则——对应原理。

第三,科学理论的固有价值是永恒的。在世纪之交,物理学处于危机之中。面对这种大变革的形势,机械论者依然坚信经典力学是整个物理学的基础,宣称经典理论是不可改变的;实证论者贬低以致否定理论和理论思维的意义,扬言要把一切"形而上学"的东西从科学中排除出去;怀疑论者怀疑科学理论的固有价值,鼓吹"科学破产"。与这三者不同,彭加勒并未被占统治地位的旧观念束缚,也未被时髦的新潮流裹挟。他指出,旧理论虽然与实验事实发生了尖锐的冲突,有重新加以改造或代替的必要,但是旧理论也并非一无是处,并非应该统统抛弃。他认为科学理论的固有价值是永恒的,即旧理论不仅有其历史价值,而且在其有效适用范围内还有实用价值。彭加勒以能量均分定理为例,说明了人们对科学理论应持的正确态度。他说:能量均分定理解释了许多事实,它必然包含着某些真理;另一方面,由于它不能解释所有的事实,所以它并不全部为真。我们既不能抛弃它,也不能不加修正地保留它。($L.E.$, p. 101)事实上,彭加勒已经认识到,真正的科学理论都是包含真理的颗粒的,但它又不是所谓的绝对真理。

第四,科学理论是真实对象的影像,因而科学理论是多元的。在彭加勒看来,由于自然界永远将真实对象向我们隐藏着,所以作为描述和揭示真实对象的真正关系的科学理论就只能是代替真实对象的影像。他这样写道:

> 这些真实对象之间的真正关系是我们能够得到的唯一的实在,而唯一的条件是,在这些对象之间与我们被迫用来代替它们的影像之间存在着相同的关系。如果我们知道这些关系,那么我们若认为用一种影像代替另一种影像是方便的,又有什么要紧的呢。(S.H.,p.190)

在这里,彭加勒觉察到科学理论和真实对象是同构的,这种同构群并非只有一种,因而科学理论当然是多元的。物理实在只是在观察上作为可供选择的理论的等价物时,只是它们对理论公设具有同构性质时,才是可知的。他以色散理论为例,指出它起初是不完善的,只包含一小部分真理。后来,亥姆霍兹理论出现了;接着人们用各种方法修正它,连亥姆霍兹本人也在麦克斯韦原理的基础上设想出另一种理论。但是,值得注意的是,亥姆霍兹之后的所有科学家,从表面上大相径庭的出发点开始,都达到同一方程。彭加勒断言,这些理论同时是真实的,因为它们不仅使我们预见了不同的现象,而且也因为它们预先表述了真实的关系,即吸收关系和反常色散关系。

使我们感兴趣的是,彭加勒还提出了这样一种可贵的思想:当物理学家在两种对他们来说同样好的理论之间发现矛盾时,他们不必为此而烦恼。虽然他们暂时看不到链条的中间环节,但是他们却牢牢地把握住它的两端。没有必要认为一种理论是假的,"也许它们二者都表达了真实的关系,也许矛盾仅仅处在我们用来覆盖实在的影像之中。"(S.H.,p.192)他强调指出:"因此,人们不要以为他能够避免一切矛盾;人们必须顺从它。事实上,只要人们不把两种矛盾的理论混在一起,只要人们不在它们之中寻求事物的基础,那么这两种理论都可以成为有用的研究工具;……"(S.H.,p.251)彭加勒的这一思想被人认为是工具主义,其实它是有启发性的,他看到两种矛盾的理论都有其合理的因素和存在的根据。试问,光的波动说和微粒说,分子运动论和能量学,以以太为基础的电子论和认为以太是多余的狭义相对论,不就是既矛盾而又有用的研究工具吗?

§9.5 科学具有促进社会进步和人类文明的强大力量

在彭加勒所处的时代,有一些人对科学发展的后果表示悲观,出现了一小股反科学潮流。这些科学悲观主义者把每一种可能的邪恶与科学联系起来;他们认为科学不能给人类带来幸福,而只会带来祸害;他们担心科学无论从哪里经过,社会将不能幸存下去;他们对于工业发展、技术应用、电或汽车的奇迹不仅不关心,而且甚至视其为道德进步的障碍和伤风败俗的学校。作为一个在国际上有影响的科学家,彭加勒站出来旗帜鲜明地反对上述错误思潮。他充分肯定了科学对社会进步和人类文明的重大作用。他认为:"科学能够治愈或预防不计其数的疾病","对科学感兴趣是神圣的"(L.E.,p.107)。

彭加勒看到科学具有巨大的物质力量。人们通过科学活动,不断发现自然的秘密,了解自然规律,还逐渐制服了强大的、盲目的自然力,于是人们不再乞求自然,人们在服从自然规律的前提下也可以命令自然。彭加勒不同意"科学不能给我们幸福"的观点,他驳斥道,果真如此,难道不知科学的禽兽比人类少受痛苦?当我们品尝了苹果,难道痛苦能使我们忘记它的美味?他断定:"假使没有科学,人类今天便会更加不幸。"($V.S.$,p.4)

特别值得指出的是,彭加勒尤为明确地认识到,科学具有巨大的精神力量,科学作为真、善、美三位一体的统一体,能在促进人类的精神文明中发挥卓有成效的作用。

彭加勒认为,科学能够消除愚昧、破除迷信。他说,宗教虽然具有摆布信仰者的巨大威力,但是并非所有的人都是它的信徒,"信仰只能强加于少数人,而理性却会给一切人留下烙印。""科学将揭露出造物主的舞台效果,从而使造物主失去他的某些威严。"($L.E.$,p.102)

彭加勒也认为,科学能够增强人们的自信心。他以天文学为例加以说明。天文学能使我们超然自立于我们自身之上,因为它研究的对象大不可容、美不胜收。天文学能使我们意识到人类理性的威力何其伟大,这种意识使我们更加坚强有力。他意味深长地说:"繁星不仅发出可见光,射入我们的肉眼,而且它们也发出一种十分微妙的光,照亮我们的精神。"($V.S.$,p.158)

彭加勒还认为,科学能够使人们得到巨大的精神享受和无穷的乐趣。他说:"一个名副其实的科学家,尤其是数学家,他在他的工作中体验到和艺术家一样的印象。他的乐趣和艺术家的乐趣具有相同的性质,是同样伟大的东西。"⑨彭加勒以数学家为例,说明他们能从

---

⑨ 同⑦,第139-140页。

数学中获得类似于绘画和音乐所给予的欢乐。他们赞美数与形的微妙的和谐；当一个新发现向他们打开了未曾料到的视野时，他们惊叹不已；他们感受到美的特征，尽管感官没有参与其中，他们怎能不为之高兴呢？正由于科学家的研究成果不断激发他们的热情，给他们带来欢娱，使他们摆脱了悲哀，所以科学家都是"乐天派"。

针对科学发展会引起道德沦丧的观点，彭加勒在"伦理和科学"等文中进行了批驳。他在谈到伦理和科学的关系时说：

> 伦理和科学各有它们自己的领域，其领域虽相接而不相犯。伦理向我们表明我们应该追求的目标，在指出目标之后，科学教导我们如何达到它。由于它们从来也不能相撞，因而它们永远不会发生冲突。不可能有道德的科学，正如不可能有科学的道德一样。($V.S.$, pp.4-5)

他强调指出，"科学将给伦理学家以宝贵的帮助"，"我们依靠科学使道德真理达到不容置辩的境地"，"科学能在道德教育中起十分有益的和十分重要的作用"（$L.E.$, pp.102、108），因为科学的规范有助于陶冶人们的情操，使人们具备高尚的道德素养，树立远大的目标和理想。

在彭加勒看来，尽管科学不能自行创造道德，也不能自行而直接地削弱或消灭传统道德，但是，它却能对道德施加间接的影响。这是由于科学能够通过某种机制起作用，这些作用在不同程度上被人们内在化了，从而使人们产生新的情感，使人们的灵魂得以更新。($L.E.$, p.104)彭加勒详尽地论述了这个问题，他的主要观点如下：

科学能使我们达到无私忘我的境界。这是因为，科学使我们与伟大的事物保持着恒定的联系,科学向我们展示出日新月异的和浩瀚深邃的景象。在科学向我们提供的庞大视野背后,它引导我们猜测更伟大的东西,这一切对我们来说是一种乐趣,正是在这种乐趣中,我们达到了忘我的境界。尝到这种滋味的人,即便是瞭望到自然规律先定和谐的人,他会比其他人善于自处,而不去理会他渺小的、个人的利益。他将具有自认为比他自己更有价值的理想,为了这一理想,他将不遗余力地忘我工作,而不期望任何庸俗的报偿。当他养成了无私的习惯时,他的整个一生将始终散发出无私的芳香。对这种人来说,鼓舞他的主要力量是对真理的热爱,其次是激情。(L.E., p.105)

科学教导我们以特殊利益服从普遍利益。科学的规范之一是普遍性,它将以追求普遍性作为自己的目标。乍看起来,这似乎只是一种智力习惯,但是智力习惯也有其道德影响。科学使我们习惯于不大去注意特殊的、偶然的东西,不把这些东西看作值得追求的目标,甚至不屑一顾。作为始终高瞻远瞩的结果,我们变得有远见了,我们不再盯着微不足道的琐事了。于是,我们自然而然地发现我们自己倾向于使自己的特殊利益服从普遍利益。(L.E., p.106)

科学能使人性变得可爱。科学是一项集体事业,正像一座不朽的丰碑一样,建成它需要人们数世纪的努力。为此,每个人必须携带一块石料,在某些情况下,这块石料要耗费人的毕生精力。这使我们感到,科学需要必要的合作,需要我们和我们同代人齐心协力,甚至需要我们的祖先和我们的后继者共同奋斗。这也使我们理解到,每一个人只不过是一名战士,仅仅是整体的一小部分。正是我们共同体会到的这种纪律,造就了军人的精神,把农民的粗俗灵魂和冒险家的无耻灵魂改造成使他们能够具有英雄主义行为和献身精神。在十分不同的条件下,科学能够以类似的方式唤起仁慈的情感,导致慈善行为。我们感到,我们正在为人类的利益而工作,结果在我们看来,人性变得可爱了。($L.E.$, p.106)

科学能把不同的个人抱负归于统一。科学不断地向我们表明宇宙各部分的相依关系,向我们揭示出宇宙的和谐,即科学不断地趋向于统一。在这个过程中,科学也引导我们趋向统一,正如科学使一些特殊规律协调起来,把它们联合成一个更普遍的规律一样,科学也把我们心灵表面上看来如此背道而驰、如此反复无常、如此迥然不同的个人抱负归于统一。这样一来,我们的努力将是协调一致的,乌合之众将变成纪律森严的军队。($L.E.$, pp.108、109)

此外,科学还能促使人们诚实、公正,鉴于这些刚才已经述及,我们就不赘述了。彭加勒还指出,有人说科学是破坏性的,并为科学将要引起的毁灭而惊恐不安。他依据以上理由认为,这种指责和担心是没有必要的。他说:"我们必须担心的仅仅是那种不完备的科学、错误的科学,这种科学以其空洞的外观诱惑我们,煽动我们破坏那些不应该破坏的东西。当我们懂得更多时,才知道这些被破坏的东西以后仍需重建,可是此时已为时过晚。"($L.E.$, p.110)但是,被真正的实验精神所推动的科学总是在正确的方向上一步一步地前进的,"反对伪科学的最好办法是更加科学"($L.E.$, p.110)。最后,他强调指出:

对科学畏惧和希望过高,在我看来同样是不切实际的;伦理和科学只要它们二者在前进中,肯定将会相互适应。($L.E.$, p.113)

第九章 揭开科学自身的面纱

第二次世界大战之后,科学成果所导致的技术发展的确产生了一些令人不安的副作用:核技术的进展制成了足以毁灭人类文明的现代化武器;医学的进步使人口的增长速度如脱缰的野马;化学工业和内燃机正污染我们赖以生存的水和空气;对原材料和能源的需求正在耗空地球的宝藏;为了维持温饱,人们正在毁坏地球的容貌;经济的增长正在改变着人们传统的生活方式和道德观念……。因此,自1960年代以来,彭加勒时代的反科学倾向已经汇成一股强大的洪流,科学和科学家成为反科学者责难和敌视的对象。然而,上述副作用并非是科学进步的必然结果。不用说,科学知识所导致的技术手段有两面性(例如核电技术和核弹技术),但就科学知识本身(如质能相当性公式)而言,并不具有非人道性。把技术固有的观念上和事实上的矛盾解释为客观知识的矛盾,这是对科学的误解。何况技术手段的运用也主要取决于当权者的实际利益和指导思想。因此,要消除技术所引起的副作用,只能依靠知识而不是依靠无知,只能依靠更高级的科学而不是依靠反科学,只能凭靠全人类的真诚谅解与密切合作。用取消科学的办法消除那些副作用,实无异于因噎废食。在这里,回顾一下彭加勒的上述观点和下面一段论述也许是有好处的:

在人生的斗争中,有两种东西是必不可少的。这就是武器和勇气。科学给我们规定了武器。说起来是因为我们没有勇气运用武器,怪不得科学没有破产,破产的是我们自己。在我们周围经常反复出现的绝望的哀叹声是极其靠不住的,……[⑩]

---

⑩ 同⑦,第165页。

§9.6 为科学而科学

彭加勒多次公开申明："我希望捍卫为科学而科学[11]的准则"($V.S.$, p.274)。针对某一门具体学科，他也讲过类似的话，例如他说："为数学而数学是值得的，为不能应用于物理学以及其他科学而研究数学是值得的。"($V.S.$, p.139)

在彭加勒看来，"为科学而科学"是有其存在的根据的。这是因为，科学是以事实为基础的，而科学家的头脑只能顾及宇宙之一隅，而不能把宇宙中千变万化的杂多事物一览无余，这就要从中做出选择。科学家认为，某些事实比另外一些事实更有趣、更有价值，因为它们使未完成的和谐圆满起来，或者因为它们能使人们预见到大量的其他事实。而且，科学家在做出选择时，既不取决于纯粹的任性，也不全受实用的指导。"要是科学家错了，要是他们无保留要求的事实的这种等级制度只不过是痴心妄想，那就不会有为科学而科学，因此也就不会有科学。"($V.S.$, p.275)"如果我们的选择仅仅取决于任性或直接的应用，那么就不会有'为科学而科学'，其结果甚至无科学可言。"($S.M.$, p.8)

彭加勒认为，在事实的选择中，在科学发明中，美学标准起着举足轻重的作用。"为科学而科学"深深地根植于科学家对于科学美的追求之中。他说：

> 我们所做的工作，与其说像庸人认为的那样，我们埋头于此

---

[11] "为科学而科学"的英译文是 Science for own sake。也可译为"科学至上主义"。

是为了得到物质的结果,倒不如说我们感受到审美情绪,并把这种情绪传达给能体验到这种情绪的人。[12]

除了追求高尚的精神境界外,彭加勒指出"为科学而科学"还有另外的更重要的理由。他举出数学家的工作来说明这个问题。毫无疑义,有时会发生这种情况,数学家接受一个问题是为了满足物理学上的需要,物理学家和工程师请求他计算某些应用数值。难道我们能说,数学家仅限于俯首听命,不以我们的兴趣经营科学,而仅仅力图使我们自己适应于我们庇护人的需要吗?如果数学家除了帮助那些研究自然的人外而没有其他目的,那么我们就只好等待他们的调遣了。这种看问题的方式是合理的吗?这绝不合理。彭加勒说,如果我们不为科学而经营精密的科学,我们就不会创造出数学工具,我们在某一天对物理学家的请求将不会有所帮助。即使对物理学家而言,情况也是这样。物理学家研究一种现象,也绝不是要等到物质生活的急迫需要对它产生了必要性时才开始着手。假使18世纪的科学家因为电只是好奇的玩意儿、没有实际利益而忽视对它的研究,那么到20世纪就既无电报,亦无电化学、电技术。"不得不进行选择的物理学家并没有以实用指导他们的选择。"($S.M.$, p.21)

作为一位热情的理性主义者和理想主义者。彭加勒曾屡屡抨击实用主义的观点。他说:

人们甚至不应该说行动是科学的目的;我们也许从未对天狼星施加任何影响,我们难道能够以此为借口而责怪对于天狼

---

[12] 同[7],第139-140页。

星的研究吗？相反地，依我之见，认识才是目的，而行动则是手段。(V.S., p.220)

他认为，仅仅着眼于直接应用的人，他们不会给后世留下任何东西，当面临新的需要时，一切都必须重新开始。他还认为，文明的目标不在于提高物质生活水平，唯有科学和艺术，才能使文明增光。物质福利之所以有价值，恰恰在于它能使我们得到自由，全神贯注地致力于理想事业。

"为科学而科学"作为一种科学观，把追求真理视为科学活动的崇高目标，不用说有其合理的因素。但是，它把追求真理的目的同科学用于实际的目的割裂开来，绝对对立起来，推崇前者，排斥后者，这无疑具有片面性。彭加勒之所以完全赞同并积极倡导这种科学观，看问题的片面性不用说是一个原因；作为一个理论科学家，职业习惯恐怕也是造成观点偏激的又一个原因。但是，纵观彭加勒的整个一生，他大声疾呼"为科学而科学"，既不是为了"散布悲观主义毒菌，瓦解人们的斗志"；也不是为了"自欺欺人，自我慰解，猎取个人名利。"[13]因为彭加勒是一位诚实的科学家，是一位有社会责任感的正直的人。

彭加勒在20世纪初提出"为科学而科学"，并不是无缘无故、毫无道理的。

"为科学而科学"的思潮由来已久。早在古希腊，唯心主义哲学家柏拉图(Platon)就明确提出科学的目的不在实用，而在"由此而见

---

[13] 有人在批判彭加勒"为科学而科学"的观点时用的就是这种语言，真使人感到莫名其妙。

真理,由此而明善的理念"。17世纪,随着欧洲资本主义的兴起,英国唯物主义和整个现代实验科学的真正始祖弗兰西斯·培根(Francis Bacon)提出"科学为人类生活提供新的发明和力量"的口号,以反对思辨玄想和教条。这对于促进近代科学技术的发展起了巨大的作用,但是培根的经验归纳方法后来却助长了狭隘经验论。到19世纪末期,马赫的实证主义广为流行,皮尔士(C. S. Peirce)、詹姆士(W. James)、杜威(J. Dewey)等人的实用主义也甚嚣尘上,加之反科学的逆流有增无已。在这种形势下,彭加勒提出"为科学而科学"的准则,显然是有其积极意义的。他的反潮流精神是值得称道的。

彭加勒在20世纪初提出"为科学而科学",也有其比较坚实的科学基础。这时,科学已发展到一个较高的水平,具有相当大的自主性和独立性,科学家完全有可能在纯理论研究中获得成果。在19世纪末,经典力学和经典物理学已经构成了完美的理论体系,数学深入到物理学,使理论物理学几乎变成了数学物理学。物理学家通过理论思维和数学推理能够把握看不见的电子和接近光速的运动,能够发现自然界的意想不到的奥秘。尤其是非欧几何学等新的数学分支的建立给彭加勒以深刻的印象,他从中看到了理性的巨大威力,看到"思想也可以产生思想"。[14] 彭加勒能在数学、理论物理学和理论天文学的众多领域中做出开创性的贡献,与他的"为科学而科学"的思想并不是没有关系的。

的确,"为科学而科学"可以作为科学家进行科学探索的强大动力之一,促使他们为追求科学真理而忘我地工作。不仅彭加勒是如此,其他一些著名的理论科学家也是这样。爱因斯坦为科学的统一

---

[14] 同⑦,第37页。

性奋斗了一生,普朗克渴望看到先定的和谐而专心致志地研究科学中的最普遍问题,追求数学美是狄拉克(P. Dirac)科学思想中的一个核心概念。爱因斯坦说得好:"人们总想以最适当的方式来画出一幅简化的和易领悟的世界图像;于是他就试图用他的这种世界体系来代替经验的世界,并来征服它。这就是画家、诗人、思辨哲学家和自然科学家所做的,他们都按自己的方式去做。各人都把世界体系及其构成作为他的感情生活的支撑点,以便由此找到他在个人经验的狭小范围里所不能得到的宁静和安定。"他认为,与把科学看做是在特殊娱乐中"寻求生动活泼的经验和雄心壮志的满足"以及为了"纯粹功利的目的"而进行科学研究的动机相比,为构造世界图像(即追求科学真理)而进行科学探索毕竟是以一种"积极的动机"。[15]

在当时的社会历史条件下,为了逃避日常生活中令人厌恶的粗俗和使人绝望的沉闷,为了摆脱人们自己反复无常的欲望的桎梏,修养有素的科学家总是渴望逃避个人生活而进入客观知觉和思维的世界,潜心从事科学研究。这种想法是很自然的(就像城里人渴望逃避喧嚣拥挤的环境,而到高山上去享受幽静的生活一样),也是可以理解的,而且这种做法确实起到一定的积极作用。但是,"为科学而科学"毕竟是以一种片面性来反对另一种片面性(实用主义、功利主义),终究不宜作为科学家进行科学研究的唯一指导思想。最好是在这样的两极之间保持必要的张力,既看到长远目标(追求真理),又顾及眼前利益(实际应用)。

---

[15] 《爱因斯坦文集》第一卷,许良英等编译,商务印书馆(北京),1976年第1版,第100—101页。

§9.7 科学家的信仰、秉性和美德

科学家的性格、志趣、喜好当然是因人而异的。例如,有人信赖直觉或洞察力,他们得到一个结果后,就想立即把它推广,想站到更高的金字塔上,瞭望远方。有人则不喜欢扩展视野的做法,因为一望无垠的风景无论多么美,遥远的地平线也只是隐约可见。为了观察细节,他们便把视野限制在狭小的范围内。他们像雕刻家一样工作着,他们更多地是艺术家。但是,科学家的信仰、秉性和德行,也有许多共同的地方,而且这些共性或多或少地有别于其他行业人群的共性。彭加勒在《科学家和诗人》[16]一书中,比较集中地论述了科学家或学者的信仰、秉性和美德。

谈到科学家的信仰,彭加勒说:科学家的信仰不是基督徒的信仰。宗教信仰未必都相同。宗教的要求有两种,即安身立命的要求和神秘的爱的要求。两者很少在同一个人的心中并存,前者形成正教徒,后者形成异教徒。科学家的信仰和由正教徒安身立命的要求汲取的信仰不相似。不能认为对真理的爱和希望安身立命的爱是相同的。不仅如此,就我们的相对的世界而言,一切安心立命都是一种虚伪。科学家的信仰宁可说是类似于异教徒的不安的信仰,经常追求某种东西绝不满足的信仰。科学家的信仰比异教徒的信仰更平静,而且在某种意义上更健全。可是,和异教徒的信仰一样,科学家的信仰让我们洞察一种理想。关于这种理想,我们只有模糊不清的观念,而且这种理想永远不容许我们达到它,但是它却给我们一种信

---

[16] 参见该书的第 9-14、29 页。

念:我们企图接近它的努力不是徒劳的。回想一下彭加勒对自然界的统一性和简单性的坚定信念,难道不正是科学家的这种信仰吗?

作为一位国际知名的学者和长期生活、工作在众多的科学共同体的人,彭加勒对自身和科学界的同行可以说是了如指掌的,其中当然也包括科学家的秉性和美德。在彭加勒看来,科学家或学者都是十分严谨、勤奋、热情、谦逊、温和、富于青春活力、恬淡无欲的。他指出,真正的学者的学风和工作作风都是十分严谨的。这表现在:学者一般都是逐渐征服真理的。对于学者来说,充分的正确性的取得依赖于长时间的踌躇、不断的反复的探索。学者对于过分易于表现出来的真理持怀疑态度,如果不附加许多各种各样的试验,那就不容许接受它。实际家不会这样采取慎重的态度。对于需要这么长时间才能明白的真理,实际家几乎不介意。原因何在呢?这是因为来不及弄明白这样的真理,实行的机会已经过去了。正由于这个缘故,对于实际家来说,迅速地征服是必要的。加之实际家必然害怕我们不知道的暗礁。彭加勒在《科学与方法》中也指出:法国大地测量学的发展教导我们,"为了完成严肃的科学工作,必须多么谨慎,为了获得一位新的小数,要花费多少时间和精力啊。"($S.M.$,p.5)

学者都是勤奋的人。不管什么人,假如不勤勤恳恳地工作,就不会成大器。即使生来就蒙受天赋才能的人也不例外,相反地,他们的天分不过给他们带来祸患。一些学者孜孜不倦地工作,一步一步地前进;另一些学者则奋发高度的热情,排除障碍,勇往直前;尽管表现形式不同,但是学者把工作视为自己的最大欲望、最大快乐,则是完全同一的,这样的人像热爱自己创作的艺术品一样地热爱自己的工作。

所有的学者都是热情的人。他们的热情是对真理的热爱、对科学的热爱，虽说基本上是默默地爱，但是热心的程度未必很少。因而，这样的学者在某种意义上可以说是信仰家。所有热情都以信仰为前提，引起行动的动力是信仰，给予百折不挠的忍耐，给予勇气的是信仰。学者生来就具有批判精神。人们往往认为批判精神和信仰不相容，而把科学家误解为多疑的人。其实，在学者身上，信仰和批判精神是和谐的、相反相承的。信仰尽管是把我们不断推向前进的刺激剂，但是当我们走到十字路口时，它并不禁止我们选择哪一条道路为好。

真正的科学家都是谦逊的，实际上只不过有程度上的差别而已。即使是学士会会员中最傲慢的人，也往往比许多二流的政治家和新选举的众议院议员们谦虚。当然，这种谦逊并不是不相信自己，在工作中不相信自己也会成为障碍。幸好，即使无论怎么不相信自己力量的学者都信赖他们的研究方法。

许多科学家也是温和的，这种态度也是出于谦逊。他们不以自己的优越而骄傲自大，所以他们能够很快地容纳他人。与此同时，由于他们隐约地意识到自己的优越，他们的心总是十分和蔼的。他们的热情不断地给他们以欢乐，使他们摆脱悲哀，所以他们是乐天派。他们从未因为未发现真理而失望。而且，因为他们没有丧失探究真理的乐趣，所以他们自己容易由没有发现真理而产生的失意中得到宽慰。

富于青春活力，也是大部分学者的一个特点。也许学者从年龄上讲并不比一些人年轻，可是他们却能在更长的时期内保持青春的活力。正是无论谁的眼睛都能明显看到的单纯，是他们富于青春活力的标志。

恬淡无欲是学者的普遍美德。他们常常不理解对于金钱的贪欲。除了对金钱的淡泊之外，学者对权势、荣誉等也很淡泊，这正是学者不同于其他人的伟大之处。如果在学者中也有想得到权力的人，那么厌恶权力的人也大有人在。前者也有其理由：他们并非是为自己的私利而欲求权力，而是为了使他们的思想付诸实施。科学家对荣誉也不介意，他们把他们的研究成果并非当作一个人的胜利而沾沾自喜，他们把这些成果当作加入其中而共同战斗的部队的共同胜利而欢欣鼓舞。在这支部队中，许多勇敢的战士都为共同的胜利做出了有益的贡献，可是连名字也没留下就战死了。这种崇高的意识正是科学家对荣誉淡泊的原因。

第十章 学派相同而"主义"迥异

——马赫、彭加勒哲学思想异同论

独怜幽草涧边生,
上有黄鹂深树鸣。
春潮带雨晚来急,
野渡无人舟自横。

——滁州西涧
唐·韦应物

恩斯特·马赫1838年生于奥地利帝国边境上的一个小镇。他22岁时毕业于维也纳大学并获得博士学位。1864年,马赫受命任格拉茨大学数学讲座教授职位,后又任物理讲座教授。1867-1895年,他在布拉格大学任实验物理学教授,并两次担任校长职务。1895年,马赫应聘到母校担任专为他设立的"归纳科学的历史和理论"讲座教授,成为世界上第一位科学哲学教授。1898年马赫不幸中风,右半身瘫痪。1901年退休,继续从事著述工作。1916年因患心脏病去世。马赫在哲学方面的主要代表作是《力学史评》(也译《力学及其发展的批判历史概论》,1883年初版,主要是一部科学思想史著作)、《感觉的分析》(1886年初版,也是一部心理学著作)、《认识和谬误》(1905年初版)等。

彭加勒比马赫小16岁,而马赫却比彭加勒晚去世(1916年)4年。从现有的资料来看,他们二人之间似乎没有见过面,好像也没什么直接交往。他们的联系恐怕主要是学术上和思想上的:彭加勒在他的著作中多次公开表示赞同马赫的某些观点,并在一些论述中使用了马赫的术语;马赫在《感觉的分析》俄文版序言中以及在其他地方也表示他同彭加勒在某些方面是一致的。由于这种表白,加上马赫和彭加勒都是批判学派的领袖人物,这就给那些未深究马赫和彭加勒哲学思想的人造成一种错觉:彭加勒是马赫主义者。有人甚至用很不文明的语言指责马赫、彭加勒等人"一鼻孔出气","是一丘之貉"[1]。

其实,情况并非如此。马赫和彭加勒的主要相同之点在于他们同属一个学派;在哲学上,二人即使在有关见解接近时也同中有异,更不必说主导哲学思想大相径庭了。一言以蔽之,马赫和彭加勒是在学派上相同而在"主义"上迥异。

§10.1 批判学派的两位首领:马赫和彭加勒

19世纪后期,当动摇经典理论的新实验和新发现还未大量涌现时,当物理学家还沉浸在盲目乐观的情绪之中时,马赫就洞察到经典力学理论框架的局限性。他在其具有强烈"反形而上学"色彩的名著《力学史评》中,立足于经验论哲学和逻辑,批判了牛顿力学的基本概念和基本原理。马赫对牛顿绝对时空观的批判尤为精粹。他指出:

---

[1] 陈元晖:〈彭加勒和他的著作《科学的价值》〉,《自然辩证法研究通讯》(北京),1960年第1期,第54-58页。

"绝对时间无法根据比较运动来量度,无法与经验观测相联系",因此"它既无实践价值,也无科学价值","是一种无用的形而上学概念"。绝对空间和绝对运动概念不能演绎出可观察的事物,它们是"纯粹的思维产物,纯粹的理智构造,不能产生于经验之中",只不过是一种"干巴巴的概念"而已。马赫的批判矛头也指向当时居统治地位的力学自然观。他断言:力学并不具有凌驾于其他学科之上的特权,力学自然观是毫无道理的。"把力学当作物理学其余分支的基础,以及所有物理现象都要用力学观念来解释的看法是一种偏见。"

马赫的批判像一股清凉的风,对一代物理理学家产生了巨大的影响。甚至那些自命为马赫反对派的人,也像吮吸母亲的乳汁一样汲取了马赫的思考方式。马赫的著作起到了振聋发聩的启蒙作用,马赫的怀疑批判精神激励了后来人,马赫的科学和哲学思想启发了爱因斯坦等年轻的物理学家,从而为日后物理学的大变革扫清了思想障碍。正是在这种意义上,马赫对经典力学的批判成为物理学革命行将到来的先声②。

继马赫之后,在法国,卡利努(A. Calinon)在他的《力学研究批判》(1885)中也对经典力学进行了批判。卡利努在法国科学和哲学团体的外围工作,名气不是很大,但住得离彭加勒的故乡南锡很近。1886年8月8日,他们在南锡地区会过面,第二天卡利努便向彭加勒寄去了他一年前出版的书。卡利努是法国物理学界第一个对力学进行批判性研究的人,他把运动学和动力学分开,认为把力定义为运动变化的原因是不充分的,并对时间和同时性概念做了区分。卡利

---

② 李醒民:〈物理学革命行将到来的先声——马赫在《力学及其发展的批判历史概论》中对经典力学的批判〉,《自然辩证法通讯》(北京),第4卷(1982),第6期,第15-23页。

努认为,时间的定义是一个定量问题,而同时性却是一个定性问题,因为同时性与观察者的位置和坐标的选择无关。彭加勒把这些结果写进他的〈时间的测量〉一文中,并在《科学与假设》介绍了卡利努和昂德拉德(J. Andrade)的著作《力学物理学教程》。昂德拉德是著名的法国科学家,他致力于分析和批判科学的基础[③]。另外,在德国,赫兹这位代表新潮流的哲人科学家也于1894年出版了他的批判性著作《力学原理》。正是这部著作,促使彭加勒思考并发表他对于经典力学基础的观点。

正是在马赫等人的著作和思想的影响下,彭加勒也在世纪之交对经典力学进行了批判,并逐渐形成了以马赫、彭加勒、迪昂、奥斯特瓦尔德、皮尔逊等为代表的批判学派[④]。与马赫相同的是:他也肯定了经典理论的固有价值,但又否认物理学是经典力学的简单继续;他们都希望摆脱传统的枷锁,认为这种传统过于狭隘、过于专横了。与马赫不同的是,他的批判性的分析不仅依据哲学(约定论等)和逻辑,而且还依据了当时大量的实验事实;他还揭示出经典力学与经典物理学基本概念之间的一些矛盾。

早在1898年,彭加勒在〈时间的测量〉一文中就对牛顿的绝对时空观表示不满。他明确表示:

(1)没有绝对空间,我们能够设想的只是相对运动;可是通常阐明力学事实时,就好像绝对空间存在一样,而把力学事实归诸于绝对空间。

(2)没有绝对时间,说两个持续时间相等本身是一种毫无意义的

---

③ A. I. Miller, *Albert Einstein's Special Theory of Relativity, Emergence* (1905) *and Early Interpretation* (1905 – 1911), Reading: Addison-Wesley, 1981, pp. 26 – 27.

④ 李醒民:〈论批判学派〉,《社会科学战线》(长春),1991年第1期,第99 – 107页。

主张,只有通过约定才能得到这一主张。

(3)不仅我们对两个持续时间相等没有直接的直觉,而且我们甚至对发生在不同地点的两个事件的同时性也没有直接的直觉($S.H.$, p.111)。在彭加勒看来,绝对空间、绝对时间、绝对同时性这些概念本身并不是强加在力学上的条件,它们也不先于力学。正是为了节略和简化力学定律的阐述,人们才特意发明了这些约定。按照彭加勒的约定论观点,当已有的约定在处理面临的新问题不再方便、不再有效时,人们完全可以抛弃旧约定而另做新约定。

在分析惯性定律时($S.H.$, pp.112-119),彭加勒指出,当牛顿写《自然哲学的数学原理》时,他完全以为这个真理是通过实验获得和证明的真理。在他看来之所以如此,不仅是由于拟人说的影响,而且也受到伽利略工作的影响,甚至从开普勒定律本身起就是这样了。实际上,情况并非如此,惯性定律并未受到决定性的检验。人们完全可以用其他假定代替它,而且同样与充足理由律相容。至于拟人说,彭加勒承认它曾起过显著的历史作用,也许它有时还将提供一种符号,这对某些精神来说是方便的。不过,"它不能作为真正的科学创造者和哲学创造者工作的基础。"($S.H.$, p.130)

关于加速度定律($S.H.$, pp.119-129),即一个物体的加速度等于作用在它上面的力除以它的质量,彭加勒认为,要用实验检验它,就必须测量在这个陈述中要计算的三个量:加速度、力和质量。即使我们把测量时间的困难抛开,假定能够测量加速度,那么还有力或质量的测量问题。可是,什么是质量呢?它是牛顿所说的质量是体积与密度之积呢,还是威廉·汤姆逊和泰特所说的密度是质量除以体积之商呢?什么是力?它是拉格朗日所说的力是使物体运动或企图使物体运动的东西呢,还是基尔霍夫(G. R. Kirchhoff, 1824-

1887)所说的力是质量与加速度之积呢？不过,为什么不说质量是力除以加速度之商呢？这些困难是无法解决的。

要测量力,首先必须定义两力相等,这似乎只有当它们施加于相同的质量并使之产生相同的加速度时,或当它们彼此相反而出现平衡时。可是,这种定义不过是赝品而已。我们不能使施加到一个物体上的力脱离而使它依附于另一个物体。而且,在定义两力相等时,我们又不得不引入作用与反作用相等的原理。由于这一原因,这个原理不能再被看作是经验定律了,而是一个定义。

要辨认两力相等,仅有上述两个法则(相互平衡的二力相等,作用与反作用相等)还是不充分的,我们还得求助于第三个法则,即假定某些力,例如物体的重量,在大小和方向上均为常数。但是,这第三个法则是经验定律,它仅仅是近似真实的,它是一个拙劣的定义。这样一来,我们又被迫回到基尔霍夫的定义(力等于质量乘以加速度)。于是,牛顿定律本身便不能认为是经验定律,它现在仅仅是定义而已。不过,这个定义也不充分,因为我们不知道质量是什么。我们固然可以根据牛顿第三定律定义二质量之比,但是我们无法排除和辨认宇宙中其他质量所施加的力的影响,而且这还会把天体的引力质量牵扯进来。因此,我们被迫退到这样一个无能为力的声明:质量是为计算方便而引入的系数。

彭加勒揭示出,之所以造成这些困难和混乱,主要在于下述事实:"有关力学的专著没有明确区分什么是实验,什么是数学推理,什么是约定,什么是假设。"($S.H.$,p.111)

彭加勒也对力学自然观提出质疑。他看到,大多数理论家对于从力学或动力学中借用的解释都有一种经常的偏爱,只要能对现象做出力学解释,他们就会心满意足。这实际上是想把自然界弯曲成

某种形式,但是自然界并不是那么柔顺的。彭加勒通过分析得出结论说:

> 如果不能满足最小作用原理,就不可能有力学解释;如果能够满足,就不仅有一种力学解释,而且有无数的力学解释;由此可得,只要有一种力学解释,就会有无数其他的力学解释。(S. H., p.256)

而且,这还不够,

> 要使力学解释是有效的,它必须是简单的;要在所有可能的解释中选取有效的解释,除了做出选择的必要性外,还应当有其他理由。可是,我们迄今还没有一种满足这个条件从而有某种效用的理论。

也许正是由于力学解释的非普遍性、非唯一性和选择的困难性,所以彭加勒才明确表示:我们追求的目标"不是机械论;真正的、唯一的目标是统一性。"(S. H., p.207)

彭加勒在《科学与假设》中还对力能学、热力学、电学、光学、电动力学中的有关理论进行了批判性的审查和分析。例如,在批判电动力学时,他比较了安培(A. M. Ampère, 1775 – 1836)理论、亥姆霍兹理论、麦克斯韦理论和洛伦兹理论的优劣。针对洛伦兹的电子论,彭加勒尽管赞赏它,也指出它与实验事实的某些不协调以及理论结构本身的缺陷(堆积假设)。他在《科学的价值》中也详细审视了物理学的五大基本原理。

作为批判学派首领的马赫和彭加勒虽说属于同一学派,但在一些重大的科学问题上却既有接近之点,也有分歧之处,这明显地表现在对原子论和相对论的态度上。

从19世纪后期起,科学界争论的一个重大问题是:原子、分子是否存在?许多科学家都卷入了这场争论,并发表了自己的看法,马赫、彭加勒也不例外。马赫对原子论的态度经历了一个曲折的变化过程⑤。从1860年作为维也纳大学的无公薪讲师起,马赫与大多数物理学家一样,对自然现象采取彻底的机械论解释,并且毫无保留地接受了原子论,承认建立在分子假设基础上的气体动力学理论,至少是把原子论当作有用的工作模型或工作假设。但是逐渐地,他对机械论和原子论失去兴趣,并产生了某种疑虑。1872年《功守恒定律的历史和根源》的出版标志着批判时期的开始,他认为不能被感官感知的原子只不过是思维的东西,原子论不能适应统一科学的需要。在他一生的最后20年,马赫试图使他的观点系统化,并且与新实验证据一致,他再也没有讲过否定原子论的话,并多次提到原子论的经济性,但是没有充分理由表明,他爽快地承认了原子和分子的实在性。马赫一度反对原子论并否认原子实在性的理由主要在于他的反机械论的立场、他的现象论的科学观以及感觉论和实证论的哲学。

彭加勒从未反对过原子论,他的态度是有保留的,并在"中性假设"的前提下肯定了原子论的方法论功能。在佩兰实验后,他坦率地承认了原子和分子的实在性。这是因为,彭加勒的哲学是实在论的而非实证论的,他不赞成否认不可直接观察物的实在性的感觉论(极端经验论的一种形式);他虽是一位关系实在论者,但他并不否认实

---

⑤ 李醒民:〈恩斯特·马赫与原子论〉,《求索》(长沙),1989年第3期,第54-59页。

体(分子、原子等)的实在性。

马赫和彭加勒都是相对论的先驱。在创立狭义相对论的过程中,爱因斯坦从马赫那里获得了批判性的思想,一举把时间和同时性的绝对性从潜意识中排除出去,从而取得了决定性的进展。据霍耳顿(G. Holton)研究,在爱因斯坦1905年的相对论论文中,马赫的思维方式显著地表现在两个相互关联的方面。第一,爱因斯坦在论文一开始就坚持,只有对各种概念,尤其是对时间和空间的概念的意义进行认识论上的分析,才能理解物理学的基本问题。第二,爱因斯坦认为各种感觉,也就是各种"事件"所提供的东西等同于实在,而不是把实在放在感觉经验之外或之后的位置上⑥。在创立广义相对论的过程中,马赫对惯性本质的理解也使爱因斯坦深受启发,爱因斯坦特意把它命名为"马赫原理"予以强调。起初,马赫对相对论是公开采纳的,并表示满意。他在《功守恒定律的历史和根源》第二版(1909年)中写道:"我赞同相对性原理,在我的《力学》和《热学》这两本书中,我也坚决支持了这个原理。"可是马赫1913年7月在给他的《物理光学原理》(1921年出版)写序言时,断然否认他是相对论的先驱,明确表示反对相对论,并认为相对论变得越来越教条了。用马赫自己的话来说,他反对相对论的原因是根据关于感觉生理学的考察,认识论的怀疑,尤为重要的是他的实验的洞察。其实,马赫态度转变的一个重要原因在于,他渐渐嗅出相对论的思辨的、形而上学的气味(尤其是在闵可夫斯基的工作之后),而这与他的感觉论的、实证论的科学框架是格格不入的。

---

⑥ G.霍耳顿:《科学思想史论集》,许良英编,河北教育出版社,1990年第1版,第43页。

与马赫和洛伦兹相比,彭加勒可以说是首屈一指的相对论先驱和数学设计师,因为他最先提出了狭义相对论的两个公设和同时性的测量程序,最先给它披上了精致的数学外衣,并在物理解释方面比较接近爱因斯坦。但是,彭加勒从未对爱因斯坦的理论公开做出反应,他一直保持缄默。关于这个问题,我们将在下一章探讨。

§10.2 有关哲学见解同中有异

毋庸讳言,彭加勒与马赫在哲学观点上有一致或相近之处,但是人们往往忽略了二者同中有异。

为了达到统一科学的目标,马赫设想一个物理和心理共同的经验"要素",作为统一解释的基点。他说:

> 如果在最广泛的包括了物理的东西和心理的东西的研究范围里,人们坚持这种观点,就会将"感觉"看作一切可能的物理经验和心理经验的共同"要素",并把这种看法作为我们最基本的和最明白的步骤,而这两种经验不过是这些要素的不同形式的结合,是这些要素之间的相互依存关系。这样一来,一切妨害科学研究前进的假问题便会立即销声匿迹了。[7]

正是从这一前提出发,马赫提出了"物是感觉(或要素)的复合"的命题。而彭加勒在谈到外部对象或客体时说:

---

[7] E.马赫:《感觉的分析》,洪谦等译,商务印书馆(北京),1986年第2版,第 v 页。

第十章 学派相同而"主义"迥异

> 为了称呼外部对象,人们发明了客体这个词,外部对象是真实的对象,而不是稍纵即逝的现象,因为它们不仅是感觉群,而且是用不变的结合物粘接起来的群,正是这种结合物,而且只有这种结合物才是客体本身,这种结合物就是关系。(V.S.,p. 266)

由此出发,彭加勒认为科学能达到的就是这种关系,而不是客体本身。

在这里,彭加勒提出了客体是"感觉群"的命题。乍看起来,这与马赫的思想和用语完全相同。但是,彭加勒强调的却是,客体是"用不变的结合物粘接起来的群",客体是"关系",并进而认为事物之间的和谐关系是唯一的客观实在。(V.S.,pp.9-10)因此,如果把马赫的学说称之为"要素说"的话,那么彭加勒的观点则可以命名为"关系论"了。二者之间不仅在用语上和含义上有差别,更重要的差别在于:前者属于感觉论哲学的范畴,而后者属于实在论(关系实在论)哲学的范畴。

在科学观方面,马赫认为,科学主要由一大堆观察到的事实和现象组成,它们再由若干定律和法则约束在一起,自然定律实际上只是为了记忆事实的方便和经济起见而发展的人为的措施。马赫断言:"科学的对象就是现象之间的关系"[8],"科学的功能就是代替经验"[9],

---

[8] E.N. Hiebert, Ernst Mach, C. C. Gillispie, *Dictionary of Scientific Biography*, Vol. VIII, New York, 1970-1977, pp. 597-607.

[9] E. Mach, *The Science of Mechanics: A Critical and Historical Account of Its Development*, The Open Court Publishing Company, 6th ed., 1960, p. 586.

"科学的任务不是别的,就是对事实作概要的陈述"⑩。由此可见,马赫的科学观是描述主义的、知识静态积累的科学观。诚如爱因斯坦所中肯地批评的:"马赫的体系所研究的是经验材料之间存在着的关系;在马赫看来,科学就是这些关系的总和。这种观点是错误的,事实上,马赫所作的是在编目录,而不是建立体系。"⑪

彭加勒也具有相同或相近的看法:"科学首先是一种分类方法,是把表面孤立的事实汇集到一起的方法,尽管这些事实被某些自然的和隐秘的亲缘关系约束在一起。换言之,科学是一种关系的系统。"($V.S.$, pp.265－266)他进而强调指出:"科学仅仅是一种分类方法,而且分类方法不会为真,而只是方便的。"($V.S.$, p.271)彭加勒虽然承认数学物理学具有毋庸置疑的作用,但这种作用只在于"编辑书目",书目编得再好,也不能使图书馆的藏书丰富起来。而实验物理学却负买书之责,唯独它能使图书馆丰富。($S.H.$, p.172)显然,彭加勒的科学观也具有描述主义的倾向。

然而,彭加勒的科学观毕竟比马赫丰富得多、深刻得多。他虽然认为科学是对经验材料的分类和整理,但是并未仅仅停留在这一点上。他指出仅有观察和实验还不够,必须在事实的基础上做推广和预见。($S.H.$, pp.167－168)彭加勒的科学理论结构是多层次的,精神的自由活动在逐级上升中的作用越来越大。他强调假设在科学中必不可少的作用,强调直觉和审美感在数学发明中的特殊地位。彭加勒虽然认为科学进步是一种稳步的进化过程,但是也明确指出其间也有革命性的变革,描绘出科学发展的"危机－革命"图像,后来

---

⑩ 同前注⑦,第6页。
⑪ 《爱因斯坦文集》第一卷,许良英等编译,商务印书馆(北京),1976年第1版,第169页。

这种观点直接成为爱因斯坦和库恩科学革命观的前导。彭加勒还洞察到,科学正在向统一性和简单性进展,科学具有促进社会进步和人类文明的强大物质力量和精神力量,并针对当时时髦的实用主义和功利主义思潮,响亮地发出了"为科学而科学"的呐喊。

在科学概念问题上,马赫尽管认为概念根本不是现成事物的表象,而是一种抽象,但他对概念的理解仍带有唯象的、操作的特征,他在《力学史评》中对质量、力等概念所作的定义就是如此。在马赫看来,概念是一种确定的反映活动,这种活动使用新的感觉要素来充实事实的内容,并使经验得以简化。在这个过程中,人们的注意力远离了许多感性要素,同时又转向新的感性要素,任何抽象都是以突出一定的感性要素为根据的。彭加勒在批判经典力学时,也以马赫的操作论的概念观作为武器之一,认为任何不能告诉我们如何测量的概念的定义都是无用的。但是,他却看到在概念形成过程中人为因素的重大作用。他甚至认为,像数学量这样的基本概念,并不是我们在自然界中发现的,而是我们的精神在事实的引导下发明的,是我们把它们引入自然界的。未加工的事实和科学概念之间是有显著差别的,后者实际上是在经验引导下的约定。

马赫的思维经济原理是在1868年关于〈液体的形态〉的讲演和其后的《功守恒定律的历史和根源》(1872年)一书中首次明确提出的,马赫后来在〈论物理研究的经济本性〉(1882年)和《力学史评》(1883年)的一个专门章节中,重申并再次强调了思维经济原理及其与数学推理、因果性、目的论、进化论和心理现象的关系。马赫的思维经济原理包含着这样一些内容:思维的经济,精力的经济,功和时间的经济,方法论的经济,作为数学简单性的经济,作为简化的经济,作为抽象的经济,作为不完善的经济的逻辑,本体论的经济,自然界中没有经济,语言的经济。思维经济原理的精神实质在于,思维经济是科学的目的、方法论的原则、评价科学理论的标准和反形而上学的武器[12]。彭加勒对马赫的思维经济原理是赞同的,他说:"著名的维也纳哲学家马赫曾经说过,科学的作用在于产生思维经济,正像机器产生劳力经济一样。这是十分正确的。"他认为:"思维经济是我们应该追求的目标","是科学的永恒趋势,同时也是美的源泉和实际利益的源泉。"(S.M.,pp.23,28,16)不过,彭加勒主要是从简单性的角度理解和运用思维经济原理的,他还给它赋予了科学美的含义。

关于思维经济原理的本体论地位问题,彭加勒的回答也与马赫有所不同。彭加勒认为,自然界的简单性问题是一个不容易回答的问题。自然界不一定是简单的,但是我们却可以相信它是简单的而去行动。这是因为:第一,人们不能完全摆脱这一需要,即使那些不相信自然规律是简单的人仍旧不得不作为相信似地干下去。由于这里正是我们的唯一地盘,在这上面可以建设我们的一切推广,否则全部推广,最终乃至整个科学都不能成立。第二,任何事实都可以通过无穷的途径来推广,这里就有选择的问题,而选择只能以简单性作为指导。第三,在科学史中有两种相反的情况:有时是简单性隐匿在复杂的外表下,有时简单是表面的,它隐藏着复杂的实在。尽管如此,通常认为定律总是简单的,直到相反的东西被证明为止。第四,不管简单性是真实的还是它隐藏着复杂的实在,这并没有什么关系。是消除个体差异的大数影响也好,是我们可以忽略一些项的或大或小的数量的影响也好,无论在哪种情况下,简单性也不是偶然的。这种

---

[12] 李醒民:〈略论马赫的"思维经济"原理〉,《自然辩证法研究》(北京),第 4 卷 (1988),第 3 期,第 56-63 页。

简单性或是真实的,或是表观的,总有一个原因。于是我们总是能够遵循相同的推理过程,也就是说,如果一个简单的规律在几个特例中被观察到,它必将在类似的情况下也是真实的。总而言之,彭加勒的思想很明确:统一性是根本的,而简单性则不过是期望得到的。(S. H., pp.173-178)

基于上述考虑,彭加勒认为,尽管我们的研究方法变得越来越深刻,使我们可以在复杂的东西之下发现简单的东西,然后在简单的东西之下发现复杂的东西,接着又在复杂的东西之下发现简单的东西,如此循环不已,我们不能预见最后的期限是什么。但是,"我们必须停止在某个地方,要使科学是可能的,当我们找到简单性时,我们就必须停下来。这是唯一的基础,我们能够在这个基础上建立我们的推广的大厦。"(S.H., p.176)他以天体力学为例说明这个问题:

……只有耐心地分析感觉向我们提供的错综复杂的材料,人们才能达到事物的终极要素;……当人们达到这些终极要素时,他们在那里将再次发现天体力学惊人的简单性。(V.S., pp.173-174)

彭加勒从简单性的角度领略马赫的思维经济,以及他对简单性的阐释是颇有见地的。这种思想经过爱因斯坦的发扬光大,直接影响了20世纪的自然科学家,在科学思想史上留下了不可磨灭的印记。

§10.3 主导哲学思想大相径庭

无论从哪个方面看,马赫和彭加勒的主导哲学思想都是大相径庭的。马赫的主导哲学思想可以说是怀疑的经验论或实证论,而彭加勒的主导哲学思想则是经验约定论和综合实在论。怀疑的经验论与经验约定论相差甚远,而实证论与实在论也确实难以相容。

马赫为了达到统一科学的目标,他选择了一条彻底的经验论的路线。按照马赫的这条路线,只有感觉经验才是一切科学的基础,科学的任务就在于对经验要素作经济的描述,科学不关心不能由经验检验的形而上学命题。在科学理论中,只应使用那些从可以观察得到的现象的陈述中推断出来的命题。马赫觉得,不受经验约束的科学"论据",要么适用于用作掩饰伪造的严密性的一种手段,要么适用于求助所谓的纯粹本能认识的高度权威。

马赫的怀疑的经验论既表现为一种实证哲学,也以启蒙哲学的面目出现。马赫哲学的启蒙精神的核心就是反对对现存偶像的盲从和崇拜,提倡一种积极的怀疑精神和坚不可摧的独立性,这充分表现在他同误用概念进行毫不妥协的斗争上。弗兰克在谈到马赫的这种作用时说:

物理学的每一个时期都有它的辅助概念,而每一后继时期都误用了它们。因此,为了清除这种误用,每一时期都需要一种新的启蒙。

正是这种永不息止的启蒙精神使科学不至僵化成一种新的烦琐哲学。如果物理学要变成一种宗教,马赫会大声疾呼:我不愿被人称为物理学家![13]

在《力学史评》中,马赫正是基于这种怀疑的经验论或实证论哲学,对牛顿力学进行了批判。马赫认为,在力学中不存在先验的知识,所有科学知识的基础和源泉是感觉经验。因此,一种尝试的数学论证并不比观察得来的结论更精确;这种结论既不替观察增加任何内容,也不能告诉我们任何感觉经验所无法告诉我们的有关客观世界的内容。既然强调的是证实,看来只有证实而不是论证,才是建立科学结论或者确切地说建立任何有关自然界合理结论的恰当方法。正因为如此,全部力学的基本概念必须最终地从感觉经验中推导出来,并与感觉经验发生联系。

例如,马赫对牛顿绝对时空观之所以不满,就因为它不是源于感觉经验,而是出自理智构造,且无法与经验观察相联系。在马赫看来,即使表面看来最简单的力学定律,实际上也具有十分复杂的特征。这些定律停留在未完成的,甚至永远也不会终止的经验上。绝不应该把它们看作是数学上确定了的真理,而宁可看作不仅能够被经验永恒支配,而且也需要由经验来永恒支配的定理。依马赫之见,尽管力学原理从历史的观点来讲是明白易懂的,它的缺陷也是可以谅解的,并且在一个时期内具有重大的价值,但是总的说来,它却是一种人为的概念。即使它们现在在一些领域内被认为是有效的,但是它们不会,也从来没有不预先经过实践检验就被接受。没有一个人敢担保把这些原理推广到经验界限之外。事实上,这样的推广是

---

[13] P. Frank, *Modern Science and Its Philosophy*, Harvard University Press, Cambridge, 1949, pp. 95、100.

毫无意义的。

马赫的主导哲学思想以及以此为根据对经典力学的批判，在19世纪末这个特定的历史条件下，起了破除迷信、解放思想的作用。诚如爱因斯坦所说：马赫把那些从经验领域里排除出去而放到虚无缥缈的先验的顶峰上去的基本观念，一个一个地从柏拉图的奥林帕斯天堂拖下来，揭露出它们的世俗血统，从强加给它们的禁忌中解放出来。爱因斯坦承认，马赫的《力学史评》冲击了力学自然观和力学先验论的教条式的信念，这本书给了他深刻的影响。他认为，"马赫的真正伟大，就在于他的坚不可摧的怀疑主义和独立性。"[14]

但是，马赫的主导哲学思想毕竟带有强烈的狭隘经验论的色彩，他确实低估了科学，特别是现代科学的高度的人为特征。他没有正确阐明思想中，特别是科学思想中本质上是构造的和思辨的性质；因此，正是在理论的、构造的、思辨的特征赤裸裸地表现出来的那些地方，他却指责了理论，比如在原子运动论中就是这样。爱因斯坦在批评马赫的怀疑的经验论哲学时写道："它不可能产生出任何有生命的东西，它只能消灭有害的虫豸。"[15]爱因斯坦的话尽管说得有点绝对，但他毕竟道出了怀疑的经验论和实证论是一种破旧有余而立新不足的哲学。

与此不同的是，彭加勒的主导哲学思想之一的经验约定论尽管也具有经验论的因素，但毕竟摆脱了狭隘经验论的羁绊，顺应了科学发展的大趋势，从而成为一种具有建设性作用的哲学。

不错，彭加勒的经验约定论包含有经验论的成分（但却是合理的

---

[14] 同注⑪，第10页。
[15] 同注⑪，第106页。

内核),然而它在认识的起点和终点,对经验的作用却做了相当大程度的限制。在认识的起点,经验对基本概念和基本原理的形成仅起引导作用,而不是起决定作用;概念和原理是精神的自由创造,是自由选择的约定,而不是由感觉经验直接给予或强加于我们的。在认识的终点,原理已是约定的公设,它免遭经验的否证;而且,所谓的判决性实验也是不可能的。事实上,彭加勒的经验约定论不仅是对康德极端理性论(先验论)的反叛,而且也是对马赫狭隘经验论的反叛。

马赫的狭隘经验论以实证论或感觉论的形式出现。马赫的实证论否认不能直接感知的事物的实在性,也要从科学中排除一切"形而上学"。对此,爱因斯坦曾一针见血地进行过批评。他指出马赫没有辨认出概念形成中自由构造的元素,从而认为理论的思辨性是不能容许的。事实上,这种思辨性或形而上学在科学中是不可排除的,因为凡是能够思维的理论都具有。爱因斯坦在批评马赫时进而指出:

> 他甚至走到这样的地步:他不仅把"感觉"作为必须加以研究的唯一材料,而且把感觉本身当作建造实在世界的砖块,因此他相信能够克服心理学同物理学之间的差别。只要他把这种想法贯彻到底,他就必然不仅否定原子论,而且还会否定物理实在这个概念。[16]

由此可见,马赫的实证论是一种非实在论乃至反实在论的哲学,这显然与彭加勒的综合实在论格格不入。而且,实证论所患的对"形而上学"的恐惧症也与彭加勒的约定论和理性论(理性论在马赫那里

---

[16] 同注⑪,第 438-439 页。

是比较缺乏的)难以调和,因为科学中的基本概念和原理并不是经验材料的归纳,而是理性的创造和约定。在谈及科学解释时,彭加勒曾这样说过:

  也许到某一天,物理学家对那些不能用实证方法达到的问题毫无兴趣,而把它抛给形而上学家。可是,这一天尚未来到;人们不会如此轻易听命于对事物的根底永远无知的。(S. H., p.258)

  在19世纪末特定的科学背景中,马赫的怀疑的经验论或实证论是破除旧的教条主义的利剑,但是在20世纪初新的更为抽象的新理论的涌现中,它却不是开垦处女地的合适的铧犁。而彭加勒的约定论和理性论哲学,则比较富有建设性,从而成为爱因斯坦科学创造的哲学基础的主要来源之一。[17]

  综上所述,可以看出,马赫和彭加勒的主导哲学思想无论在实质内容上,还是在历史作用上,都是大相径庭的。这也能从爱因斯坦对二者的态度上略见一斑。爱因斯坦早期深受马赫哲学的影响,广义相对论的完成使他看清了马赫哲学是难以适应现代科学需要的过时的哲学,并与马赫断然决裂,从而走向科学理性论。[18]爱因斯坦在从怀疑的经验论向科学理性论转变的过程中,借鉴和汲取了彭加勒的约定论和理性论思想,他的哲学思想在某种程度上有些接近彭加勒,

---

  [17] 李醒民等主编:《思想领域中最高的音乐神韵》,湖南科技出版社(长沙),1988年第1版,第144—173页。
  [18] 李醒民:〈走向科学理性论——也论爱因斯坦的哲学历程〉,《自然辩证法通讯》(北京),第15卷(1993),第3期,第1—9页。

但不用说有所拓展、深化和创造。[19] 爱因斯坦深知彭加勒与马赫的哲学显著不同,他认为马赫是实证论者,而彭加勒则是"非实证论者"[20]。

§10.4 彭加勒是马赫主义者吗?

由于列宁在《唯批》一书中认为彭加勒是马赫主义者[21],在前苏联和中国大陆学术界,长期以来这成了不可动摇的公认的观点。

我以为,这一传统观点是值得商榷的。因为彭加勒的主导哲学思想是与马赫大相径庭的,仅仅根据几个观点的接近(况且还同中有异)就断言彭加勒是马赫主义者是不能令人信服的。如果非要给彭加勒冠一个什么"主义者"的头衔的话,那么称他是经验约定主义者或干脆叫作彭加勒主义者,倒是比较切合实际的。

作为科学家的哲学家(或哲人科学家),如马赫、彭加勒、爱因斯坦,他们与职业哲学家(或寻求一个明确体系的认识论者)是很不相同的。职业哲学家总是倾向于按照他的体系的意义来解释科学的思想内容,同时排斥那些不适合于他们体系的东西。但是,科学家的哲学家对认识论体系的追求却没有走得那么远,他们博采百家之长,尽一切可能吸收对自己有用的东西。一般说来,这不是用他们的立场不稳或思想混乱所能说明的,也不是他们着意要搞调和、折衷,而是

---

[19] 李醒民:〈论爱因斯坦的经验约定论思想〉,《自然辩证法通讯》(北京),第9卷(1987),第4期,第12-20页。李醒民:〈论爱因斯坦的综合科学实在论思想〉,《中国社会科学》(北京),1992年第6期,第73-90页。

[20] 同注[11],第474页。

[21] 《列宁选集》第二卷,人民出版社(北京),1972年第2版,第184、297页。

经验事实给他们规定的外部条件,不容许他们在构造他们的概念世界时过分拘泥于一种认识论体系。这也是具有哲学头脑的科学家之所以能取得重大科学成果的真正原因。如果仅仅抓住这些哲人科学家的片言只语,从自己所坚持的一个体系出发来揣度这些言论,并以此给他们冠以某某主义的话,那么他们的头衔、名目可就五花八门了。如果我们不在详尽掌握材料和细致分析的基础上把握他们的思想,那就难免以偏概全,从而得出不恰当的结论来。

认为彭加勒是马赫主义者的关键论据在于,马赫和彭加勒哲学思想的共同点是"唯心主义"或"精致的信仰主义"。例如,列宁在《唯批》的同一个段落中两次强调:马赫、彭加勒等"之间的共同点'只有'一个:哲学唯心主义。他们都毫无例外地、比较自觉地、比较坚决地倾向于它。"在列宁看来,他们的唯心主义即是"精致的信仰主义","不过是隐蔽起来的、修饰过的鬼神之说"[22]。

其实,对马赫的哲学,完全有可能做出并非唯心主义的理解。意大利学者奈格利在一篇论文[23]中比较详细地研究了马赫与唯物主义的关系。他说:马赫虽然轻率地断言,"世界仅仅是我们的感觉构成的",因而"我们只感觉到自己的感觉"。然而,不容忽视的是,在马赫术语的背后有一个前提,即不能把任何同感觉有关的东西假设为认识行动的一部分或认识的对象;因此,感觉到的东西就不再被提高到"第一性"的地位上。根据这样的认识,被感觉的东西确实是某种实际上构成客体的东西。马赫的作为感觉复合的自我,自身中就包含着物的世界,它并不希望通过感知来触及作为实在的真实,它本身就

---

[22] 同注[21],第 310、312、184 页。
[23] A.奈格利:〈马赫与唯物主义〉,《哲学译丛》(北京),1982 年第 1 期。

是真实。这种自我概念实际上破坏了构成任何唯心主义理论结论的,尤其是最终堕落为唯灵论唯心主义的自我。而且,马赫认识论的大目标是要把认识论提高到新的科学实践的高度,因此他必须克服"自我与世界、感觉与物体"的对立。的确,当事物分解为一系列本能的感觉时,物的世界实际上就会丧失其坚实性;而当人们使这个物的世界处于一种绝对独立于(唯一能够使之变得富有生气的)感觉的状态时,这个世界就会变成某种死气沉沉的东西,这是因为,只有感觉才能把物的世界改变成为人的世界,因而也就是活生生的世界。奈格利得出结论说,马赫的唯心主义只包含着很少的唯心主义,甚至同唯心主义相矛盾。

实际上,还在马赫活着的时候,他的观点就被人指责为唯心论或唯我论。对此,马赫本人的态度是鲜明的:"造成这种误解的部分原因,无疑在于我的观点过去是从一个唯心主义阶段发展出来的,这个阶段现在还在我的表达方式方面有痕迹,这些痕迹在将来也不会完全磨灭。因为在我看来,由唯心主义达到我的观点的途径是最短的和最自然的。"尽管如此,马赫还是对这种误解"再三抗议",反对人们把他的观点与贝克莱(B. Berkeley,1685—1753)的观点"等同起来"。他对"唯我论是唯一的彻底的观点"的说法感到"惊奇",认为唯我论只适于"沉思默想、梦中度日的行乞僧",而不适于"严肃思维、积极活动的人"。[24]

马赫的态度获得了一些科学家的理解。奥斯特瓦尔德说:

> 像恩斯特·马赫这样一位明晰的、深谋远虑的思想家,竟被

---

[24] 同注⑦,第278—279、276页。

看作是空想家，这是无法使人信服的，一个了解如何做出如此完善的实验工作的人怎么会在哲学上讲一些令人生疑的昏话呢。[25]

爱因斯坦在谈到这个问题时也说：

马赫把一切科学都理解为一种把作为元素的单个经验排列起来的事业，这种作为元素的单个经验他称之为"感觉"。这个词使得那些并未仔细研究过他的著作的人，常常把这位有素养的、慎重的思想家，看作是一个哲学上的唯心论者和唯我论者[26]。

两位科学家的辩护是有一定道理的。确实，马赫的哲学研究同世界究竟是由感觉还是物质组成的这类问题毫不相干。这只不过是传统哲学所惯用的提问题的典型方式，而马赫大力反对的正是这种提问题的方式。在马赫看来，唯心论和唯物论都是形而上学的命题体系，无法用经验证实或否证。想要用科学成就来支持任何一方的企图是注定要失败的。其实，马赫并不想排除日常生活中使用的粗糙的物质概念，也没有否认朴素实在论，他认为这二者都是自然地、本能地形成的。

把马赫归入唯心论是困难的，把彭加勒说成唯心论者，就更不容易了。从我们前些章的论证不难看出，彭加勒的主导哲学思想——

---

[25] P. Frank, Ernst Mach and Union of Science, R. S. Cohen and R. J. Seeger ed., *Ernst Mach: Physist and Philosopher*, Humanities Press, New York, 1970.

[26] 同注⑪，第89页。

经验约定论和综合实在论——都与唯心论没有径直的联系;情况也并不像列宁所说的那样,彭加勒"纯粹主观主义地抹杀了客观真理","彭加勒的'独创的'理论的本质就是否认(虽然他还很不彻底)自然界的客观实在性和客观规律性。"[27]只要稍为仔细地回顾一下彭加勒的实在论的实在观、真理观、科学观以及经验约定论的内涵,就可以明白列宁的指控是没有充分根据的。

传统的关于唯心论和唯物论"两大阵营"的划分是依据恩格斯(F. Engels, 1820-1895)的一段经典论述。

恩格斯在〈路德维希·费尔巴哈和德国古典哲学的终结〉一文中说过:

全部哲学,特别是近代哲学的重大的基本问题,是思维和存在的关系问题。……哲学家依照他们如何回答这个问题而分成了两大阵营。凡是断定精神对自然界说来是本原的,从而归根结底以某种方式承认创世说的人(在哲学家那里,例如在黑格尔那里,创世说往往采取了比在基督教那里还要混乱而荒唐的形式),组成唯心主义阵营。凡是认为自然界是本原的,则属于唯物主义的各种学派。

恩格斯接着强调指出:

除此之外,唯心主义和唯物主义这两个用语本来没有任何别的意思,它们在这里也不能在别的意义上被使用。……如果

---

[27] 同注㉑,第166页。

给它们加上别的意义,就会造成怎样的混乱。㉘

把彭加勒归入唯心论的人往往陷入了两个误区。一方面,他们按自己的理解,仅记住了恩格斯的"划界标准"的前一段话,而忽视乃至忘却了紧接着的强调。另一方面,他们对彭加勒的某些论断不求甚解,望文生义,仅凭字面便"对号入座",根本不把握彭加勒文本的意蕴,更无视彭加勒的主导哲学思想。乍看起来,彭加勒的某些言论确实像唯心论,但仔细深究一下,就可发现事情并非如此简单。现在,我们拟把彭加勒三段有代表性的言论(列宁等人认为它们是唯心论的)列举出来,并逐一加以分析和论述。

1. 物质客体的存在只是一种方便的假设而已。($S.H.$, p.246)

人类的理智在自然界中所发现的和谐存在于这种理智之外吗?不能!毫无疑问,一个完全独立于想象它、看见它或感觉到它的精神之外的实在是不可能的。($V.S.$, p.9)

这被认为是彭加勒的唯心主义的言论之一。

从第五章我们引用的彭加勒实在论的实在观的言论中,我们可以看出,彭加勒把客体等同于用不变的结合物粘接起来的感觉群,这种结合物即关系,也就是客观实在,也就是世界内部的和谐,而客观性只有在关系中才能找到。正是从这样的前提出发,彭加勒达到以

㉘ 《马克思恩格斯选集》第四卷,人民出版社(北京),1972年第1版,第219-220页。

下的认识。

第一,保证我们生活的世界的客观性就在于这个世界对于我们和其他思维者是共同的。由于我们与其他人相交流,我们从他们那儿接受了现成的推理;我们知道,这些推理并非来源于我们,同时我们也清楚地认识到,它们是像我们一样的有理性的人的成果。因为这些推理看来好像适合于我们感觉的世界,所以我们认为,我们可以推出这些有理性的人像我们一样看到了相同的事物;于是我们知道我们并没有做梦。这就是客观性的首要条件。客观的东西必定对于多数精神是共同的,换句话说,除了对所有人都是同一的东西而外,没有什么是客观的。要判定是否同一,就要进行比较,就要能由一人传达给其他人。要传达,就得"交谈",因此不交谈,就没有客观性。($V.S.$, pp. 262, 264 - 265)可见客观性即是"主体间性"。

第二,完全无序的集合没有客观的价值,由于它是不可理解的;即使是有序的集合,如果它不与实际经验过的感觉相对应,那么它也不再具有客观的价值。这是客观性的又一个条件($V.S.$, p. 265)。此处客观性即是可理解性和经验对应性。

第三,由于其他人的感觉对我们来说是一个永恒封闭的世界,我们无法验证,我称之为红色的感觉与我的邻人称之为红色的感觉是相同的;因此感觉是不可传达的,或者毋宁说,感觉的纯粹的质是不可传达的、永远无法说明的。可是,感觉之间的关系并非如此,从而感觉之间的关系具有客观价值。从这一观点看来,凡是客观的东西都缺乏一切质,仅仅是纯粹的关系,但却不是纯粹的量,更不能说世界只不过是微分方程式而已。显然客观性应具有可传达性和可说明性。

第四,科学并不能使我们认识到事物的真实本性,科学只能使我们认识到事物的真实关系。进一步讲,不仅科学不能使我们认识到事物的本性,而且无论什么东西也不能使我们认识到它,即使那一个神灵知道了它,也无法找到描述它的词汇。不仅我们不能揣摩出答案,而且即使有人把答案给予我们,我们也不可能理解它,甚至我们很难说我们真正地理解了这个问题。($V.S$, pp.266 - 267)这里讲的是科学的界限。

把握了上述含义,可以明白,我们引用的彭加勒的言论并没有"断定精神对自然界说来是本原的"(从下面将要引用的一段话可以看出,他明确表示自然界先于人类而存在),更没有"以某种方式承认创世说"。事实上,在彭加勒的关系实在论中,并没有否认实体的实在性。况且,他在世纪之交也没有不假思索地附和"物质消失了"的思想。他在《科学与假设》的增补章〈物质的终极〉中指出,"物质消失"之说是把物质和物质的主要特性(质量、惯性)混为一谈的结果。他这样写道:

近年来,物理学家宣布的最惊人的发现之一就是物质不复存在。我们要赶紧说这个发现还不是最终的。物质的主要特征,就是它的质量和惯性。质量处处永远不变,尽管化学变化改变了物质的一切可感知的特性,并且仿佛变成了另一种东西,但质量却始终不变。所以,如果有人证明物质的质量和惯性实际上不属于物质,而认为这只不过是它的一种装饰,甚至最永恒的质量也是可以改变的,那么人们将肯定说,物质是不存在的,而人们所宣称的,恰恰是这一点。($S.H.$, p.282)

彭加勒在评价了当时两种物质观——洛伦兹关于物质的原子由电子

构成的观点和朗之万(P. Langevin,1872-1946)关于物质也许是液化的以太的观点——以及注意到考夫曼关于电子质量随速度变化的实验后指出:"一切都要覆灭了,而物质将会获得存在的权力."但是由于要做验证这些理论的实验是不容易的,因此他认为:"在今日想要做出最后的结论,还为时尚早."(S.H.,p.289)由此可见,彭加勒并没有一般地否认唯物论的基石——物质,不过他所谓的物质主要指的是物理学中的"有重物质"(ponderable matter)。

彭加勒并不是否认不可直接感知的事物的存在的感觉论者。作为获得必要的客观性的手段,他认为许多感觉都有外部原因。客体是"感觉群",但并非仅此而已。感觉是"用不变的结合物粘接起来的",而且科学就是研究这种结合物或关系的。我们的感觉无论反映什么,它都存在于包含关系的外部世界之中。科学虽则不是告诉我们事物的真实本性,但却可以揭示事物的真实关系。科学的结论于是可以符合于这个世界,因为科学能够向我们提供它的结构的图像,尽管不是它容纳的事物本身的图像。显然,彭加勒的这种关系实在论思想并非唯心主义。

彭加勒的上述引文尽管有使人困惑之处,但确实说明他的思想早已涉及当代科学哲学所关心的一些问题。普里高津不是说过,我们今天的兴趣正从实体转变到关系,正从物质转变到联系吗?如果提及一下现代科学向传统认识论和主客体关系提出的一些问题,也许有助于加深我们对彭加勒思想的了解。在面对量子力学的解释问题时,玻恩(M. Born,1882-1970)认为,量子力学的认识论特征只存在于描述那些度量表现的概念(符号)上,而那些由符号构成的结构,则是与自然界本身的规律同构的。玻恩指出,单一的符号无疑具有主观性,但是在符号的关系中,则可形成种种可决定的、可检验的客观结构。他大胆地说:我不怕把这种明确定义的结构同康德的"自在之物"等同起来,因为这些结构是纯粹的形式,没有任何感觉的质地[29]。彭加勒在构造科学理论时,也"恒定地用简单符号的系统来代替世界"。他说:"这不仅仅是一个数学家的职业习惯,我的课题的本性使这种研究方法成为必要的。"(L.E.,p.14)其实,彭加勒早在玻恩之前就持有科学理论是与自然规律本身同构的观点。

惠勒认为:

在量子世界中,它不像一部秩序井然的机器。所得的答案依赖于所提出的问题、所安排的实验以及所选择的仪器。我们自身不可回避地要介入"什么将发生"这一问题。被我们称之为过去的那个时空,过去的那种事件,实际上是由前不久的过去以及现在所实现的选择测量来决定的,由这些决定所实现的现象,可以影响到过去,直至宇宙之始。此时此地所用的观察仪器,对于我们认为是过去已经发生了的事情来说,确实有一个无可回避的作用。说世界独立于我们之外而孤立存在着这一观点,已不再真实了。在某种奇特的意义上,宇宙本是一个观测者参与的宇宙。[30]

人择原理也启示我们,人所认识的宇宙在成为认识对象时,也受到作为认识主体的人的制约。正由于在这个世界上我们既是观众又是演

---

[29] M.玻恩:《我的一生和我的观点》,李宝恒译,商务印书馆(北京),1979年第1版,第98页。
[30] 方励之编:《惠勒讲演集:物理学和质朴性》,安徽科学出版社(合肥),1986年第1版,第6,16页。

员,正由于我们是嵌入在我们所描述的自然之中的,因此诚如彭加勒所说,事物之间的关系及和谐"不能认为存在于构想出它们的精神之外"(V.S.,p.271)。

进而言之,作为揭示事物之间的关系和宇宙的和谐的自然科学,必然具有主观性。也就是说,自然科学不是自然界本身,它是人和自然关系的一部分,因而它也取决于人,受人的信念、目的、需要、选择、心理状态等等的制约。也许在这样的意义上可以说,一切关于自然的知识,不论其多么完善,都不可能把对象的真实本性给予我们。恩格斯的下述言论大概说的就是这个意思:

> 人的思维的最本质和最切近的基础,正是人所引起的自然界的变化,而不单独是作为自然界的自然界……。[31]

在这里,需要进一步说明的是,"拯救"或捍卫科学的客观性是必要的(因为客观性毕竟是科学的鲜明特征),但是不应由此走向客观主义(objectivism)。如果我们真要把客观主义贯彻到底,那就会导致一系列荒诞不经的结果。首先,客观主义导致科学变得毫无意义。假如我们仅仅追求客观主义,仅仅希望得到纯客观的真理,那么我们(作为一个种族)事实上应该把我们的全部理智致力于研究星际尘埃,仅用若干分之一微秒研究我们自己和我们感兴趣的事物(这里包含着选择,选择必然有价值导向),因为客观地讲,人类本身在事物的客观序列中没有宇宙学的意义!显然,没有一个人接受这种要求。

---

[31] 恩格斯:《自然辩证法》,于光远等译,人民出版社(北京),1984年第1版,第99页。

其次,客观主义导致神目观(view of God's eyes)。人由于种族的感觉器官的局限以及知识背景和主观意向的介入,总是戴着有色眼镜看世界的,因而获得的观察资料不可能是纯客观的,更何况他在这个世界上既是观众又是演员。其结果,只有站在世界之外的、全智全能的上帝这位观察者,才有资格"客观地"看世界。这种客观性的概念是神学的,不是科学的。再次,客观主义导致体视镜世界观(stereoscopic view of world)。它要求科学家是冷血的、无感情的、无个性的、被动的,要求科学家用钢做边缘的、高度抛光的体视镜看原原本本的、一点也不走样的世界。谁都知道,这是不切实际的幻想。

总之,我们需要的是科学的客观性,而不是在人类之外的所谓客观性(这样的客观性根本不存在,因为客观性是相对于主观性而言的)或客观主义。客观性使科学真正成为科学,而客观主义则使科学非人化和非人性化,从而实际上取消了科学。要知道,没有人就没有客观性,即使以客观性为主要特征的科学也是人为的和为人的。作为哲人科学家的彭加勒从科学实际出发而讲的"客体"、"客观实在"、"客观性",与我们上述议论是相通的。

2. 凡不是思想的东西,都是纯粹的无。($V.S.$, p.276)

这被认为是彭加勒的又一唯心主义言论。

在彭加勒的原著中,他接着对他的命题做了辩护并进而下了断语:

因为我们只能够思考思想,因为我们用来谈论事物的全部词语只能够表达思想,因此断言存在思想以外的某些事物是一种毫无意义的主张。

紧接着,他又对他的观点做了解释:

> 然而——对于相信时间的人却存在着一个不可思议的矛盾——地质史向我们表明,生命仅仅是两个永恒死亡之间的短暂的插曲,即使在这一插曲中,有意识的思想持续了并且将只能持续一瞬间。思想只不过是漫漫长夜中的一线闪光而已。但是,正是这种闪光即是一切事物。(V.S.,p.276)

从彭加勒这一完整的论述中,我们可以达到以下认识:

第一,作为一位科学家,彭加勒是了解自然史的,他当然知道地球是先于生命、先于有意识的思想而存在的,也就是说,他没有断定精神对自然界来说是本原的。这体现了彭加勒的朴素实在论或朴素唯物论思想。但是作为一位思考思想和表达思想的大思想家,他不能停留在常识上朴素地看问题,他尤为重视思想的意义、功能和重要性——也许他把思想的地位强调到过分的程度,尤为重视对思想的思想即反思。在这里,彭加勒明显地受到亚里士多德(Aristoteles,前384-323)的《形而上学》一书的影响。在亚里士多德看来,理智是神圣的,思想是至高无上的;最好的思想那就是思想它自己,思想就是对思想的思想;以自身为对象的思想是万古不没的[②]。在这里,彭加勒和亚里士多德的主旨一样,都是强调思想的伟大和永恒。

第二,莱伊在谈到彭加勒的思想的含义时说:

[②] 苗力田主编:《古希腊哲学》,人民大学出版社(北京),1989年第1版,第562页。

在实用主义者看来,纯粹直观的大公无私的思想是不存在的,纯粹的理性是不存在的。存在的只是这样一种思想,它想掌握事物,为了这个目的并为了最大的方便而歪曲关于事物的观念;科学和理性是实践的奴仆。相反地,彭加勒所谓的思想在某种程度上具有亚里士多德所理解的意义。思想思维着,理性为了满足自己而思考着,后来就超出了这个范围:理性的无穷创造力的某些成果,除了纯粹在精神上满足我们外,还能对我们的其他目的有用。③

显然,彭加勒强调思想的重要性,在当时有反对实用主义和功利主义思潮的用意。彭加勒的这一用意也集中体现在下面的论述之中:

如果我赞美工业的成就,那尤其是因为,当工业的成就使我们摆脱物质的牵累时,便会有一天给大家以思考自然的余暇。我不说,科学是有用的,因为它教导我们制造机器。我要说,机器是有用的,因为它为我们做工,将在某一天给我们留下更充裕的时间从事科学。($V.S.$, p.166)

第三,彭加勒的"凡不是思想的东西,都是纯粹的无"的命题,也许与马克思和列宁的下述思想有相通之处。马克思说:"被抽象地理解的、孤立的、被认为与人分离的**自然界**,对人说来也是无。""**作为自然界的自然界**,……就是无,即证明自己是虚无的无。它是无意义

---

③ A.莱伊:《现代哲学》。转引自列宁:《哲学笔记》,中共中央党校出版社(北京),1990年第1版,第594页。

的，或者只具有应被扬弃的外在性的意义。"㉞列宁针对黑格尔（G. W. F. Hegel,1770－1831）"自在之物是摆脱了一切规定的抽象，是摆脱了一切对于他物关系的抽象，即无"的言论批注道："好极了!!""这是非常深刻的。"㉟在这里，几位作者对"无"一词的使用和理解也有相似或相近之处。

第四，科学是科学家思想的产物，是一种思想的体系。科学如实地反映、再现自然固然重要，但它对人的价值，与人的关系更重要。我们置身于自己世界观预设的世界内，创立科学的自然图景，创立意识形态的文化，将自己对象化于这种科学文化之中，把自己的精神赋予世界，并在创造新世界中体现自己的本质。作为社会的一个子系统的科学，也"是人同自然界的完成了的本质的统一，是自然界的真正复活，是人的实现了的自然主义和自然界的实现了的人道主义。"㊱

3. 其次，有必要审查一下在我们看来好像是封闭自然界的框架，我们称这些框架为时间和空间。在《科学与假设》中，我已经指出，它们的价值如何是相对的；不是自然界把它们强加于我们，而是我们把它们强加于自然界，因为我们发觉它们是方便的。（V.S.,p.6）

㉞ 马克思：《1844年经济学哲学手稿》，人民出版社（北京），1985年第1版，第135,136页。黑体字是原有的。
㉟ 同注㉝，第115－116页。
㊱ 同注㉞，第79页。

彭加勒的这段话被列宁视为"唯心主义的结论"[37]。

列宁在《唯批》中两次引用了彭加勒的这段话的一部分。列宁的引文是这样的：

> 不是自然界把空间和时间的概念给予〔或强加于〕我们，而是我们把这些概念给予自然界。[38]

列宁的引文是直接译自彭加勒的法文原著的，可是译文有明显的错误：把彭加勒所说的时间和空间的"框架"错译为空间和时间的"概念"了。

在法文原著中，彭加勒使用的是 cadre（框架）一词（$V.S.$, p.6）。英译本正确地译为 frame（框架）[39]，而没有译为 concept（概念）或 notion（概念）。1927年出版的田边元的日译本译为"框（形式）"[40]。1928年出版的中译本译为"套框"[41]。可是列宁却把它译成 понятие（概念）[42]，这显然是不对的，因为在俄语中，框架一词是 рама 或 рамка。事实上，列宁在《唯批》中引用弗兰克（P. Frank, 1884 - 1966）的"经验不过是填满人生来就有的框架而已"[43]时，其中"框架"

---

[37] 同注[21]，第259页。

[38] 同注[21]，第259,184页。

[39] H. Poincaré, *The Foundations of Science*, The Science Press, New York and Garrison, N.Y., 1913, p.207.

[40] ポアンカレ (H. Poincaré):《科学の價值》，田邊元訳，岩波書店（東京），1927年，18頁。

[41] 彭加勒:《科学之价值》，文元模译，商务印书馆（北京），1928年，第5页。

[42] В. И. Ленин, *Материализм. Эмпириокритицизм*, Москва, Издательство Политической Литературы, 1979, сс. 179, 248.

[43] 同注[21]，第166页。

一词用的就是 рамка。

在 1981 年作硕士论文时,我通过查阅原始文献,就已发现了这一错译。后来我在两篇短文中公开申明了自己的观点[44]。我提出,"概念"和"框架"二者在词义上截然不同,按彭加勒的原意,恐怕不能断言他的结论是唯心论的。因为如果把时间和空间的框架作为容纳或封闭自然界的容器来理解,彭加勒的原话并未否认时空的客观实在性。

我的看法招致中央编译局负责人的反对,他们著文说:

> 列宁在引用彭加勒的话时确实把"空间和时间的框架"译成了"空间和时间的概念"。从翻译原则说,不必这样译,建议在出版《唯物主义和经验批判主义》新版时在这里作个注,说明原文是"框架"。但列宁是否歪曲了彭加勒的时空观呢?我们认为没有。列宁这样译,是根据他对彭加勒的所谓"空间和时间的框架"的理解,在翻译上作了灵活处理。……〔二者〕在意思上是相通的。至于列宁批评彭加勒在时空问题上作出唯心主义的结论,我们认为,批评是正确的。因为,彭加勒认为时间和空间的框架"不是自然界强加给我们的,而是我们强加给自然界的",这就否定了时间和空间的客观实在性,颠倒了主客体的关系。[45]

---

[44] 李醒民:〈对《唯物主义和经验批判主义》两处译文的商榷〉,《教学与研究》(北京),1983 年第 4 期,第 72 页;该杂志发表此短文(原稿仅 2000 字)时有顾虑,故砍去一半(主要是说理和议论部分)。两年后,我发表了原稿,即李醒民:〈关于《唯批》的两处译文〉,《光明日报》(北京),1985 年 5 月 27 日哲学版。

[45] 顾锦屏、李其庆:〈也谈《唯物主义和经验批判主义》的译文——与李醒民同志商榷〉,《光明日报》(北京),1985 年 10 月 14 日哲学版。

对于这种说法,我当然不敢苟同。我在答辩文章中指出,上述解释是难以令人信服的,所谓的"灵活处理"是不妥当的,彭加勒的本意与列宁的译意在意思上并不相通,因为"框架"与"概念"二词其意相差甚远。"框架"恐怕科学意义重一些,"概念"恐怕哲学意义重一些。如果译成"框架",人们大概很难从彭加勒的那段引文中得出它是唯心主义的结论,而译成"概念",假如不作深究的话(人们往往就是这样做的),也许能够"自然而然"地按照传统习惯断言它是唯心主义的。这是不是列宁在翻译时的旨意,读者可以仔细推敲[46]。

退一步讲,即使是"概念"(按列宁的译文),就彭加勒那段话而言,似乎也不能断言它是唯心主义的结论。因为按照彭加勒的约定论哲学,像时间和空间这样的基本的科学概念,都具有约定的特征,它们是科学家在经验事实引导(而不是强加!)下所做出的约定,是我们精神的自由(并非任意!)活动的产物。在彭加勒看来,科学中的概念并不是我们在自然界中发现的,而是我们自己把它们引入自然界的。只要把我们感觉到的未加工的事实和粗糙的材料与科学中极其复杂、极其微妙的概念比较一下,我们便不得不承认一种差别。"我们希望把每一事物强行纳入的框架原来是我们自己所构造;但是我们不是随意创造它的。可以说,我们是按尺寸制造的,因此我们能够使事实适应它,而不改变事实的基本东西。"(S.H., pp.4—5)

关于时间和空间概念的形成,彭加勒同样肯定了经验所起的"指示"和"提供机会"的作用,但是他尤为强调认识主体的自主性和主观能动性。这种体现了现代科学精神气质和方法论倾向的思想,

---

[46] 李醒民:〈关于彭加勒的时空观及其哲学思想——兼答顾锦屏、李其庆同志〉,《光明日报》(北京),1986年3月3日哲学版。

现在已渗透到科学家的研究活动中，日益显示出其固有的魅力和威力。的确，概念不仅不能由经验（更不必说赤裸裸的自然界了！）给予我们，甚至也不能从经验中推导出来。爱因斯坦正是在这种意义上说："世界并不是由我们的感觉给予我们的"，"我们的感觉所给予我们的东西，只有通过一种概念的构造，才能变成一种世界观。"他称赞彭加勒说："现在我们来看一下我们关于空间的概念和判断。这里也必须注意经验对于我们概念的关系。我以为，彭加勒在他的《科学与假设》这本书里所做的阐述，已清楚地认识到这个真理。"[47]

按照注[45]中作者的逻辑（学术界以往都是这样认为的），似乎只要把彭加勒的结论"颠倒"一下，主客体关系就摆正了，就是唯物论的结论了。其实，很难设想，自然界会把空间和时间的概念给予（或强加于）我们。果真如此，原始人岂不早就该有古代文明人的时空概念？古代文明人岂不早就该有近代人或现代人的科学时空观？情况根本不是如此。试问，同一个自然界，为什么给予牛顿的是绝对时空概念，给予马赫的是相对时空概念，给予彭加勒和闵可夫斯基的是四维时空连续区，而给予爱因斯坦的却是弯曲时空概念呢？即使是同时代的牛顿和莱布尼兹（G. W. F. von Leibniz, 1644 - 1716），他们的时空概念为什么也有很大的差异呢？显然，面对同一个自然界和同样的经验材料的复合，人们完全可以用不同的概念来描述同一对象，认识主体在这里起着举足轻重的作用。这充分地说明，在某种意义上，正是我们把时间和空间的概念给予自然界（当然概念的约定要

---

[47] 《爱因斯坦文集》第三卷，许良英等编译，商务印书馆（北京），1979年第1版，第384页；以及注⑪，第157页。

有经验事实的引导），而不是自然界把它们强加于我们（不过彭加勒也让人们时时注意约定的实验根源）。

彭加勒的时空理论是相当丰富的，而且具有启发意义，他就时间及其测量、几何空间与知觉空间、空间的相对性、空间的三维性、空间和经验等论题都发表了有趣的见解[48]。彭加勒的时空观并不是建立在唯心论的基础上，因为他不认为时空概念是我们心灵固有的先验形式（在这方面他显然不赞同康德的先验观点）；当然也不是建立在经验论的基础上，因为时空概念也不是自然界或经验材料强加给我们的真理，尽管感觉和经验在它们形成中起了必不可少的作用。彭加勒的时空观的哲学基础是经验约定论，并带有明显的进化认识论的色彩。

至于说马赫和彭加勒的共同点是精致的信仰主义或隐蔽起来的、修饰过的鬼神之说，就更没有事实根据了。马赫不仅不相信宗教，而且是宗教的激烈反对者。他在《力学史评》第四章第四节的一个长脚注中讥讽唯灵论者和神学家时说：

对于唯灵论者和由于不知道把地狱安放在什么地方而感到为难的许多神学家说来，第四维空间是非常合时宜的发现，唯灵论者就是这样利用第四维空间的。

但是，我希望没有人会利用我在这个问题上所说的和所写的东西替任何鬼神之说辩护。

马赫的《力学史评》的主旨，就是戳穿力学神话的，破除对力学教条的

---

[48] 李醒民：《理性的沉思》，辽宁教育出版社（沈阳），1992年第1版，第134-155页。

信仰的。彭加勒也是坚决反对信仰主义的,他说:

> 宗教能对信仰者有巨大的威力,但是并非所有的人都是它的信徒。信仰仅能够强加于少数人,而理性却会给一切人留下烙印。我们必须致力于理性,……(L.E.,p.102)

由此可见,认为马赫和彭加勒的共同点是唯心主义(或精致的信仰主义),这种结论是难以立足的;以此为根据而把彭加勒看作是马赫主义者,也是不能成立的。退一步讲,即使认为马赫和彭加勒的共同点是唯心主义,那也不能构成"彭加勒是马赫主义者"的充分必要条件,因为唯心主义也是形形色色的,各个人物和流派的差别也是相当大的,不见得能扯到一起。否则,马赫同时代的及后来的所谓唯心主义者,岂不都是马赫主义者了?

§10.5 最后的评论

马赫、彭加勒是世纪之交颇负盛名的科学大师和哲学大师。他们的科学思想是 20 世纪新科学的先导,他们的哲学思想是 20 世纪新科学哲学的先声。马赫的怀疑的经验论(实证论)为现代科学的发展扫清了思想障碍,彭加勒的经验约定论和综合实在论则在某种程度上为现代科学的发展铺设了道路,而且它们都成为从经典科学哲学通向现代科学哲学的桥梁。如果说马赫的科学哲学还未根本脱离经典科学窠臼的话,那么彭加勒的约定论和较强的理性论则具有现代科学的哲学意向。

马赫是一位启蒙哲学家和自由思想家,是具有人文主义的科学家,马赫的一些精辟的见解和睿智的预见至今仍然具有发人深省的力量⑭。彭加勒也是一位有思想、有见地的哲人科学家。他们的一些思想精髓都是人类精神的宝贵遗产,是人类文化发展的一个有机组成部分,理应置入人类的思想宝库,并使之发扬光大。但是,遗憾的是,以往大陆的学人只知墨守"经典",不敢越雷池一步,武断地批判马赫、彭加勒的言论都是唯心主义的胡说,任何一句话都不可相信。他们自以为这样就大功告成、胜利凯旋了,实际上却践踏了人类的宝贵思想遗产,失去了借鉴的机会。这种唐吉诃德和阿Q式的愚蠢行为难道还应该继续下去吗?

马赫和彭加勒确有共同点。他们最大的共同点在于:他们属于同一科学学派——批判学派(与之对立的是力学学派或机械学派),他们在肯定经典力学固有价值的前提下,坚定地批判了它的基本概念和基本原理,旗帜鲜明地反对力学自然观(机械自然观),他们是批判学派的代表人物和领袖。这个学派的代表人物在批判经典力学上是一致的,但在科学观点和哲学观点上彼此都有较大的差异⑮,像马赫和彭加勒,甚至在主导哲学思想上大相径庭。彭加勒并不是马赫主义者,马赫和彭加勒的共同点也不是哲学唯心主义,列宁的断言是没有足够的事实根据的。关于列宁多次给马赫、彭加勒及其学派罗织"反动"的罪名——"反动的哲学教授","反动现象","在反动市侩

---

⑭ 李醒民:〈恩斯特·马赫:启蒙哲学家和自由思想家〉,《大自然探索》(成都),第9卷(1990),第2期,第118-124页。董光璧:〈马赫:一位人文主义的科学家〉,《自然辩证法通讯》(北京),第10卷(1988),第4期,第1-8页。

⑮ 同注④。

中享有盛名","是反动透顶的"[51]——其论据就显得更为苍白了(甚至毫无根据),因为马赫和彭加勒在政治和社会问题上是相当开明和进步的。至于骂德国科学家、思想家、实践家奥斯特瓦尔德为"糊涂虫",骂德国大生理学家、心理学家冯特(W. Wundt, 1832 - 1920)为"老麻雀"[52],就更不足为训了。把科学学派与哲学派别混同起来,给科学家和科学理论乱扣唯心论的"大帽子",在科学学派之间人为地制造"两条哲学路线的斗争",并进而"上纲上线"为政治上的革命与反动(请注意:哲学的社会关系史的比较研究并未表明唯心论是为反动的社会目的服务的,而唯物论是为进步的社会目的服务的)的斗争,这种做法所酿成的悲剧和闹剧,再也不能重演了!

---

[51] 同注㉑,第349、356、364页。要知道,"反动"一词在过去长期作为一个很可怕的政治术语使用。

[52] 同注㉑,第45,87页。

第十一章　心有灵犀一点通

——彭加勒对爱因斯坦思想的影响

> 梅雪争春未肯降，
> 骚人阁笔费评章。
> 梅须逊雪三分白，
> 雪却输梅一段香。
> ——雪梅二首（其一）
> 宋·卢梅坡

爱因斯坦(1879－1955)生于德国乌耳姆市，先后在德国的慕尼黑和瑞士的阿劳上中学。他于1896年考入苏黎世联邦工业大学师范系学习，1900年毕业后即失业。1901年，爱因斯坦取得瑞士国籍。后经人介绍，于1902年受聘为伯尔尼瑞士专利局的三级技术员，在这里一直工作到1909年。在其间的1905年，他一举在物理学的三个领域(狭义相对论、光量子论和布朗运动理论)做出了惊人的发现，全面地打开了物理学革命的新局面[①]。1909年10月，他离开专利局，担任苏黎世大学理论物理学副教授，1911年3月任布拉格德国

[①] 李醒民：《激动人心的年代——世纪之交物理学革命的历史考察和哲学探讨》，四川人民出版社(成都)，1983年第1版，第133－185页。

大学理论物理学教授,同年10月底出席了第一届索尔维物理学会议。1912年10月他回母校任理论物理学教授,彭加勒在这一年去世。当时,爱因斯坦才33岁,他比彭加勒整整小25岁。

如果说彭加勒是现代科学和现代科学哲学的先驱的话,那么爱因斯坦则是一位现代科学的创造者和现代科学哲学的奠基者乃至集大成者。他们二人都以第一流的科学家和哲学家的眼光,对科学及其基础进行全方位的、深层次的探讨,发表了一系列真知灼见,对日后的科学和哲学进展产生了不可低估的影响。

剖析一下爱因斯坦的科学和哲学思想[②],我们不难发现,爱因斯坦在认识论、方法论、科学观乃至主导哲学思想诸方面,都明显受到彭加勒的影响。他们在思想上的一些相承、相通、相近,以及爱因斯坦对彭加勒某些观点的拓展、深化和发扬光大,常使人有"身无彩凤双飞翼,心有灵犀一点通"的惊叹!由于爱因斯坦善于博采众家之长,又善于在前人的基础上进行新的思考和创造,所以从总体上看,他的思想在广度和深度上超越了他的先辈彭加勒。但是彭加勒在某些方面的论述仍具有独特的优越地位。

§11.1　爱因斯坦与彭加勒的思想交往

爱因斯坦不仅和彭加勒有过直接交往,而且还在索尔维会议上会过面,这大概是他们二人唯一的会面机会。

索尔维物理学会议是由比利时知名的工业化学家和社会改革家

[②]　李醒民:《人类精神的又一峰巅——爱因斯坦科学和哲学思想探微》,辽宁大学出版社(沈阳),1994年第一版。

索尔维出资赞助召开的国际会议,他委托柏林大学教授、著名物理化学家能斯特(W. Nernst, 1864-1941)筹备这次会议。经过能斯特等人的努力,会议终于在1911年10月30日如期于布鲁塞尔的大都会宾馆召开了。会议为期五天(11月3日结束),其中心议题是"辐射和量子论"。来自欧洲大陆和英国的18位第一流的物理学家出席了会议,会议主席是荷兰的大物理学家洛伦兹[3]。

索尔维会议取得了成功,会议本身的直接影响和会后迅速出版的会议录(会后几个月之内就出版了法文本,1913年底出版了德译本),使量子概念从四面八方突破了德语世界的界限,成为使物理学家共同感兴趣的问题。大家都认识到,辐射定律、比热等问题所造成的理论状况是不能让人容忍的;原先相信量子的人,对量子重要性的认识更深刻了;原先袖手旁观的人,也卷入到争论和研究的行列里来了;至于年青一代的物理学家,一开始就被吸引到量子问题上。正如能斯特所预见的,第一届索尔维物理学会议的确"在科学史上成为一个里程碑",大会的会议录对于现代思想史而言也具有非同寻常的意义。

当时,在布拉格当教授的爱因斯坦也应邀出席了会议,他以"比热问题目前的状况"为题做了报告,论证了辐射量子结构的绝对不可避免性。爱因斯坦在会上的表现给人们留下了深刻的印象,会议秘书林德曼(F. Lindemann, 1852-1939)后来回忆道:"我和爱因斯坦相处得也不错,也许除洛伦兹外,他给我留下的印象最深了。……他

---

[3] 关于索尔维会议的始末,读者可参阅 J. Mehra, *The Solvay Conferences on Physics: Aspect of the Development of Physics Since* 1981, Boston, Reidel, 1975.

说他不大懂数学,也许正是由于这样他才取得了巨大的成功。"④ 这次会议之后一年半,来自柏林的与会者普朗克、能斯特、鲁本斯(H. Rubens,1865-1922)、瓦尔堡(E. Warburg,1846-1931)合力建议普鲁士科学院采取一个非同寻常的步骤,把爱因斯坦选为科学院正式成员,并授予他教授职位。1913年7月,普朗克和能斯特访问了爱因斯坦,聘任他为柏林威廉皇帝物理研究所所长兼柏林大学教授,爱因斯坦于12月正式受聘,当时他年仅34岁。

在索尔维会议上,彭加勒也表现得相当活跃和明智。会议的报告和讨论大大激励了彭加勒的敏锐思想。从会议的活动记录来看,他积极地参与讨论,而且严肃地、公开地进行争论。他不仅把解释的脚注自始至终地附在自己的评论中,而且还把它们添加到其他陈述中。事后,会议的科学秘书莫里斯·德布罗意(Maurice de Brogile, 1875-1960)⑤提到,在所有的与会者当中,唯独彭加勒和爱因斯坦与众不同。的确,彭加勒在讨论中充分表现出他的思想的全部活力和洞察力,即使针对全新的物理学问题,他照样侃侃而谈。对量子论这一崭新课题的热情一直持续到他生命的最后一刻。

索尔维会议录没有记载关于相对论的讨论,但幕后对这个主题却展开了热烈的辩论。爱因斯坦1911年11月16日在给仓格尔(H. Zangger)的信中谈到,在索尔维会议的讨论中,"总的来说,彭加勒只是进行对抗(反对相对论),他对这一切的尖锐态度表明他对形

---

④ M. J. Klein, Einstein, Specific Heats and the Early Quantum Theory, *Science*, 148 (1965), 173-180.

⑤ 他是理论物理学家、物质波提出者路易·德布罗意(Louis de Brogile, 1892-1990)的哥哥,曾在X射线研究中多有贡献。

势没有什么了解。"⑥另外，普朗克也在会上对爱因斯坦的光量子论表示反对。会议对爱因斯坦工作的评价也比较客观地反映在会议录中。会议录在简短地叙述了爱因斯坦的狭义相对论后，继续以这样的笔调写道：

> 尽管爱因斯坦的这一思想(狭义相对论)表明是物理学原理发展的基础，可是它现在的应用还与测量的限制密切相关。他对于现在处于热门的其他问题的研究已证明对实际的物理学具有重大的意义。这样一来，正是他第一个表明了，对于原子和分子运动能量所做的量子假设的重要意义，从这一假设出发，便可推导出比热公式。虽然这个公式还没有充分详细地予以证实，但无论如何它为新原子运动论的进一步发展提供了一个基础。他通过建立能够用实验检验的新的有趣的关系，也把量子假设和光电的以及光化学的效应联系起来。他也是第一个指出晶体的弹性常数和光性质之间联系的人。一言以蔽之，人们可以说，在丰富了现代物理学的许多重大问题中，几乎没有一项爱因斯坦没有做出某种显著的贡献。在他的科学生涯中，他有时也打错了目标，比如他的光量子假设就是如此，可是这实在不能过多地责怪他，因为即使在最严谨的科学中，要引入一种真正的新思想不冒一点风险也是不可能的。⑦

会议录的记载肯定了爱因斯坦的创造性的工作，尽管它对相对

---

⑥ A. I. Miller, *Albert Einstein's Special Theory of Relativity*, Reading: Addison-Wesley, 1981, p. 255.

⑦ 同注④。

论的意义估计不足,对光量子论的看法是错误的。考虑到当时这两种学说还未广泛传播,尤其是直到那时还没有确凿的实验证据支持,应该说这样的评价还是比较讲究实际的。但是,爱因斯坦在 1911 年 12 月 26 日致贝索(M. Besso,1873 – 1955)的信中,却囿于自身的偏见,对索尔维会议基本持全盘否定的态度:

> 在电子论方面,我没有进展。在布鲁塞尔,人们怀着悲伤的情绪看到这个理论的失败,找不到补救方法。那里的大会简直像耶路撒冷废墟上的悲号。没有出现任何积极的东西。我那些不成熟的见解引起很大的兴趣,却没有认真的反对意见。我得益不多,所听到的,都是已经知道了的东西。⑧

不过,爱因斯坦最后一句话倒是合乎事实的,这大概也是他对会议没有好感的原因。

关于彭加勒与爱因斯坦在索尔维会议上交往的细节,由于没有确凿的材料,我们不得而知。但是,爱因斯坦给彭加勒留下了较好的印象,这一点却是查之有据的。在索尔维会议结束后不久,居里夫人和彭加勒给爱因斯坦分别写了推荐信,推荐他担任苏黎世联邦工业大学教授。居里夫人的信写于 1911 年 11 月 17 日,即索尔维会议结束不到半个月,彭加勒的推荐信估计大约也是写在这个时候(有可能在居里夫人之前)⑨。

彭加勒的推荐信是这样写的:

---

⑧ 《爱因斯坦文集》第三卷,许良英等编译,商务印书馆(北京),1979 年第 1 版,第 404 页。在本章,我们要经常引用此书,现约定在正文中简写为 E3,例如(E3,p.404)。

⑨ J. Giedymin, *Science and Convention*, Pergamon Press, Oxford ed., 1982, p.190.

爱因斯坦先生是我曾经认识的最富创见的思想家之一。他虽然年轻,却已经在当代第一流科学家中间居有崇高的地位。我们应当特别赞赏他的是,他善于灵巧地适应新的概念并知道如何从这些概念引出结论。他不受古典原理的束缚,而且每当物理学中出现了问题,他很快就想象出它的各种可能性。这一点使得他在思想中立即能预言一些日后可由实验证实的新现象。我的意思并不是说,所有这些预言都会满足实验的检验,如果有可能做这些检验的话。相反地,既然他是在各方面进行探索,我们就应当想到他所走的道路之中大多数是死胡同。不过,我们同时也应当希望他指出的方向中,有一个方向是正确的,那也就足够了。这才是我们应当采取的做法。数学物理学的作用是提出问题,只有实验才能回答问题。[10]

考虑到彭加勒主要是一位经典物理学家,考虑到这是一位 57 岁的长辈给一位 32 岁的年轻人所写的推荐信,我们不难看出,彭加勒对爱因斯坦的评价是够高的了。当然,关于爱因斯坦"所走的道路之中大多数是死胡同"的估价,如果指的是探索的结果而言,无疑是言过其实的。但是,如果它所指的是探索的过程,那么这一估价对任何人都是成立的。何况彭加勒认为只要有一个方向正确就足够了;何况彭加勒认为方向正确与否的问题最终要由实验做出回答;更何况爱因斯坦本人在 1934 年的一封信中也承认:"至于探索真理,我从自己不时撞入死胡同的痛苦的探索中认识到,在朝着真正有意义的事情方

---

[10] 赵中立、许良英编:《纪念爱因斯坦译文集》,上海科学出版社(上海),1979 年第 1 版,第 238 页。

面每迈出一步,不管是多么渺小的一步,都是难乎其难的[11]。"

关于彭加勒在索尔维会议上是否反对以及如何反对爱因斯坦的狭义相对论,我们手里没有可信的材料以资说明。据戈德堡研究[12],彭加勒对爱因斯坦的狭义相对论从未做出公开的反应,这种缄默态度使人感到很神秘。戈德堡认为,彭加勒并不是不了解爱因斯坦1905年《论动体的电动力学》的论文以及关于这个课题的后继的文章,因为彭加勒对德语十分娴熟,而且他经常向科学院成员做德国当前电动力学发展状况的报告,爱因斯坦的文章不用说与他对理论物理学的兴趣直接有关。彭加勒也不是出于嫉妒,因为彭加勒是一个诚实正直、宽于待人的学者,他不大关心优先权问题,从来也不愿意把不属于自己的荣誉强行拉到自己的头上,他反倒把自己的发明用其他人的名字命名(如富克斯函数、克莱因函数、洛伦兹群、洛伦兹不变量等)。戈德堡认为,彭加勒恐怕不认为爱因斯坦的理论符合他所要求的简单性、适应性和自然性的理论;也许在彭加勒看来,爱因斯坦的相对论是平凡的、不完善的,只是他和洛伦兹所完成的庞大理论中的微不足道的一部分。

戈德堡的最后一点看法是有道理的。的确,按照彭加勒的约定论的理论多元论思想,观察上不可区分、数学形式相同的理论是等价的,这可称之为约定论的理论等价原则或结构主义实在论的命题。因此,我们可以进一步这样猜想:既然彭加勒认为爱因斯坦1905年的论文只是他和洛伦兹工作的一小部分,而爱因斯坦在论文中一句

---

[11] H.杜卡斯等编:《爱因斯坦论人生》,高志凯译,世界知识出版社(北京),1984年第1版,第23页。

[12] S. Goldberg, Poincaré's Silence and Einstein's Relativity, *Bri. Jour. Hist. Sci.*, 5 (1970), 73-84.

也没有提及他们二人的工作,这也许使他多少感到有点怏怏不乐。作为一个有素养的大科学家,他没有站出来公开争夺优先权,而代之以缄默不语。[13] 这一点也表现在他对闵可夫斯基1907年的四维时空理论的态度上。据玻恩回忆,1909年4月22日到28日,彭加勒应格丁根学会的邀请举行了"彭加勒宴余讲演会"。开头五次讲的是纯数学问题,第六次讲演的题目是"新力学"[14]。最后这一次讲演是关于相对论的通俗报告,没有任何公式,只有极少的引证。报告中始终没有提到爱因斯坦和闵可夫斯基,只提到了迈克耳孙、亚伯拉罕和洛伦兹,但他所用的推理方法正是爱因斯坦在1905年的论文中所引入的。这是不是意味着彭加勒比爱因斯坦先知道这一切呢?这是可能的,但奇怪的是,这次讲演明确地给你一个印象,他在报告洛伦兹的工作。[15]

玻恩对自己提出的问题的回答是符合事实的。彭加勒不仅先于爱因斯坦提出了相对论的两个公设,而且也先于爱因斯坦和闵可夫斯基完成了相对论的数学表达式。可是,闵可夫斯基在他1907年所发表的成果中也一句没有提到彭加勒的工作,彭加勒对此也只好保持缄默。

玻恩觉得彭加勒是在报告洛伦兹的工作,这是有一定道理的,但讲的并不完全正确。彭加勒是欣赏洛伦兹的工作的,把洛伦兹的"电子论"发展成"电子动力学"。但他也接近于爱因斯坦的思想:他在

---

[13] 值得注意的是,彭加勒在给爱因斯坦写的推荐信中说,爱因斯坦"善于灵巧地适应新的概念",而没有使用"创造新的概念"的说法。这是否包含有言外之意和弦外之音呢?

[14] 这是以《科学与方法》中的第三编为基础而做的讲演。

[15] M.玻恩:《我的一生和我的观点》,李宝恒译,商务印书馆(北京),1979年第1版,第230—231页。

1897年(《赫兹关于力学的观念》)、1898年(《时间的测量》)、1902年和1904年就勾画出具有相对论特征的新力学纲领的大致轮廓,并预言它必将实现。彭加勒的新力学的特征是:抛弃绝对空间和绝对时间,把相对性原理作为最高公设之一,把光速作为速度极限,质量随速度而变化,可以自由选定方便的几何学。由于爱因斯坦读过彭加勒1902年出版的《科学与假设》,他很可能会受到彭加勒思想的启发。

吉戴明认为,洛伦兹虽在1910年的格丁根讲演中,以及在《电子论》(1909,1915)中说过爱因斯坦是相对论的唯一发现者,但在其他著作中并没有毫不含糊地支持这一点。例如,洛伦兹曾经讲过,他没有证明相对性原理严格、普遍为真,但却认为正确的变换是由彭加勒,继而由爱因斯坦和闵可夫斯基给出。他指出彭加勒得到了电动力学方程的不变性并详细阐述了相对性公设,首次使用了这个术语,还导出正确的速度和电荷变换公式[16]。

无论如何,洛伦兹理论和爱因斯坦的相对论在数学形式上是等价的,在观察结果上也是等价的,不同之处仅在于二者的物理解释不同(要注意,彭加勒理论的物理解释是比较接近爱因斯坦的)。我们没有理由要求一个科学创造者在做出理论发明时局限于唯一的物理解释,而排斥其他的物理解释,也没有理由要求科学家只能采取径直的途径,而否定迂回方法的必要性。在这里需要指出的是,两种理论等价的概念是一个模糊的概念,两种理论等价的标准是属于认识论范畴的,它要随科学家和科学哲学家的认识论标准而变化。只有理论内容的认识论标准和两个理论等价的标准选定之后,才能决定优

---

[16] 同注⑨,p.157。

先权问题。

撇开洛伦兹和彭加勒的理论与爱因斯坦的相对论是否等价的问题不谈,从历史上看,爱因斯坦虽然部分地受益于洛伦兹和彭加勒,但他的狭义相对论基本上还是独立完成的。爱因斯坦的传记作家泽利希(C. Seelig)曾问爱因斯坦,他在伯尔尼时期哪篇科学论文对他创立狭义相对论最有帮助?泽利希1955年2月19日收到爱因斯坦的回信,信中这样写道:

> 毫无疑问,要是我们回顾狭义相对论的发展的话,那么它在1905年已到了发现的成熟阶段。洛伦兹已经注意到,为了分析麦克斯韦方程,那些后来以他的名字而闻名的变换是重要的;彭加勒在有关方面甚至更深入钻研了一步。至于我自己,我只知道洛伦兹在1895年的重要工作[17]——〈麦克斯韦的电磁理论〉和〈关于动体电现象和光现象的理论尝试〉——但不知道洛伦兹后来的工作,也不知道彭加勒继续下去的研究。在这个意义上说,我在1905年的工作是独立的。它的新特点在于理会到这一事实:洛伦兹变换的意义不仅在于它和麦克斯韦方程有联系,而且它还一般地论述到空间和时间的本性。进一步的新结果是:"洛伦兹不变性"是任何物理理论的普遍条件。这对我有特别重要的意义,因为我以前已经发觉,麦克斯韦的理论不能说明辐射的微观结构,因而不可能是普遍有效的。[18]

---

[17] 洛伦兹1895年的长篇论文题为〈关于动体电现象和光现象的理论尝试〉,它标志着一阶理论的完成,其中引入了地方时概念和对应态定理。而〈麦克斯韦的电磁理论〉一文发表于1892年,爱因斯坦误认为它是1895年发表的。

[18] 转引自注[15],第232-233页。并根据注[6]中的文献做了修订和增补。

爱因斯坦的这一表白是可信的,他所得到的进一步的新结果是洛伦兹根本没有意识到的,也是彭加勒没有明确觉察到的。这是爱因斯坦思想和洛伦兹、彭加勒思想的本质差别之处。

彭加勒虽然与爱因斯坦有过直接的交往,但是这些交往对爱因斯坦似乎没有产生决定性的影响。彭加勒对爱因斯坦的影响主要是间接的,即通过他的著作影响了爱因斯坦的科学思想、科学认识论和科学方法论。这种间接影响有时是十分显著的,爱因斯坦在1952年3月6日致贝索的信中也承认彭加勒的著作对他的思想发展的影响。

在"奥林比亚科学院"时期(1902年3月至1905年11月),爱因斯坦和他的挚友索洛文(M. Solovine)、哈比希特(C. Habicht)曾利用晚上的业余时间,一起研读彭加勒的《科学与假设》,并进行了热烈的讨论。据索洛文回忆,彭加勒的书对他们的印象极深,他们用了好几个星期紧张地读它。有时念一页或半页,有时只念一句话,立即就会引起强烈的争论,当问题比较重要时,争论可以延续数日之久。[19]这部著作对爱因斯坦科学和哲学思想的成形起了举足轻重的作用。

有理由认为,爱因斯坦也读过或了解彭加勒的《科学的价值》和《科学与方法》。爱因斯坦所描绘的关于科学发展的"危机-革命"图像,以及他关于"科学是为科学而存在的"($E1$, p.285)表白,也许是他读过或了解《科学的价值》的佐证。爱因斯坦读过或了解《科学的价值》以及《科学与方法》这一事实,可以从他的下述言论得到印证:

---

[19] 《爱因斯坦文集》第一卷,许良英等编译,商务印书馆(北京),1976年第1版,第570页。在本章,我们要经常引用此书,现约定在正文中简写为 $E1$,例如($E1$, p.570)。

> 我同意昂利·彭加勒,相信科学是值得追求的,因为它揭示了自然界的美。这里我要说的是,科学家所得到的报酬是在于昂利·彭加勒所说的理解的乐趣,而不是在于他的任何发现可以导致应用的可能性。($E1$, p.304)

爱因斯坦读过《科学与方法》,也在他1919年5月3日写给《康德研究》杂志创始人和出版人的信中透露出来。[20] 这些证据虽然不够充分,但是我们很难设想,曾经得益于《科学与假设》的爱因斯坦,不了解或不去设法阅读彭加勒后来的两本科学哲学名著。要知道,这两本名著被翻译成多种文字出版(不用说有德文版和英文版),它们的名声也许比彭加勒本人的名气还要大,而爱因斯坦对科学哲学又一直兴味盎然!

彭加勒的科学哲学思想集中体现在他的《科学与假设》等三本著作中。下面,我们拟在爱因斯坦知晓彭加勒有关思想的基础上,分析一下彭加勒对爱因斯坦思想的影响。

§11.2 彭加勒在认识论上对爱因斯坦的影响

彭加勒对爱因斯坦的认识论的影响,主要表现在爱因斯坦明确地接受了彭加勒的经验约定论的观点,并对它做了进一步的阐释与发展[21]。

爱因斯坦是通过两种途径接受彭加勒的经验约定论的。其一是

---

[20] 参见《自然科学哲学问题》(北京),1980年第3期,第49页。
[21] 李醒民:〈论爱因斯坦的经验约定论思想〉,《自然辩证法通讯》(北京),第9卷(1987),第4期,第12—20页。

直接途径,即通过阅读彭加勒的科学哲学著作。其二是通过阅读石里克的为理论和实在关系的观点进行辩护的著作,但更重要的是他们从 1915 年到 1933 年进行了长达近 20 年的通信,石里克早期的实在论的约定论对爱因斯坦有重大影响(由于石里克后来坚持实证论,爱因斯坦与之分道扬镳)[22]。把石里克和爱因斯坦吸引到约定论的是,约定论提供了把彻底的经验论(所有科学陈述都向借助于经验进行修正敞开着大门)和康德的洞察(科学的某些原理必然强加于我们经验形成和理论形成的过程中)结合起来的途径。

爱因斯坦曾多次坦率地表示,科学中的基本概念和基本原理既不是先验的,也不是经验的,而是约定的。他这样说过:"概念体系连同那些构成概念体系的句法规则都是人的创造物。"($E1$, p.5)"我们正在寻求的这个体系中,没有一个特点、没有一个细节能够由于我们思想的本性,而先验地知道它必定是属于这个体系的。关于逻辑和因果性的形式也同样如此。我们没有权利问科学体系必须怎样来构造,而只能问:在它已经完成的各个发展阶段上,它实际上曾经是怎样建造起来的?所以,从逻辑观点看来,这个体系的逻辑基础以及它的内部结构都是'约定的'。"($E3$, p.368)它同时也这样说过:"理论物理学的公理基础真的不能从经验中抽取出来,而必须自由地发明出来。""一切概念,甚至那些最接近经验的概念,从逻辑观点看来,完全像因果性概念一样,都是一些自由选择的约定。"($E1$, pp.315、316)

对于康德的先验论和彭加勒的约定论,爱因斯坦看中后者而摒

---

[22] Don Howard, Realism and Conventionalism in Einstein's Philosophy of Science: The Einstein-Schilick Correspondence, *Philosophia Naturalis*, 21 (1984), 616-629.

弃前者。他在评温特尼茨(J. Winternitz)的《相对论和认识论》一书时写道：

> 温特尼茨和康德一起断言，科学是由思维依据某些先验的原则建立起来的某种体系。我们的科学大厦是而且应当是建筑在某些原则基础上的，而这些原则本身却不是来自经验，对此当然要毫不怀疑地加以接受。但是，当提出这些原则的意义问题，或者提出这些原则不能替代的问题时，我就发生怀疑了。是否可以认为，这些原则至少有一部分是被安排得使科学同这些原则的随便改变不能并存呢？还是应当认为这些原则是纯粹的约定，就像词典里词的排列原则那样呢？温特尼茨倾向于认为，第一种观点是正确的，而我认为，第二种观点是正确的。($E1$, p.192)

他在康德《导论》读后感中指出：必须把康德所谓的"先验的"(即概念是预先存在于我们的意识中的)冲淡成为"约定的"。($E1$, p.104)

爱因斯坦不仅赞成彭加勒的经验约定论，而且根据他的科学创造的实践，对此做了更为深入、更为明确、更为严格的阐释与发展。这主要表现在以下几个方面。

第一，明确阐述了科学理论体系的结构，严格规定了约定仅在构筑科学理论体系基础中起重大作用。在爱因斯坦看来，完整的科学理论体系是由基本概念、被认为对这些概念有效的基本假设以及由逻辑推理得到的结论(导出命题)这三者构成的。其中在逻辑上不能进一步简化的基本概念和基本假设是理论体系的根本部分，它们是整个理论体系的公理基础或逻辑前提(因此科学理论也可以看作是由两部分构成的)。它们"都是自由选择出来的","(在逻辑意义上)是自由的约定"($E1$, pp. 22, 471)。很显然,爱因斯坦仅肯定了从直接经验上升到公理基础时约定的作用,具体结论则是从公理基础出发逻辑地导出的;而彭加勒则把科学理论分为事实、定律和原理三个层次,认为约定在逐级上升中都起作用,甚至在从未加工的事实过渡到科学事实时也起作用。因此,爱因斯坦的理论体系是通过探索性的演绎法自下而上(由直接经验到公理基础)、自上而下(从公理基础到导出命题)构筑的,彭加勒的理论体系实质上是立足于归纳法,通过约定式的推广,逐级自下而上(由事实到定律,再由定律到原理)得到的。当然,彭加勒也认为可以大胆地从事实直接提升到原理。

第二,响亮地提出了基本概念和基本原理是"思维的自由创造"、"理智的自由发明"($E1$, pp. 409、314)的命题,阐述了从感性经验到基本概念、基本假设的非逻辑途径和二者的微妙关系。爱因斯坦认为,要从经验得到基本概念和基本假设,只有通过那种以对经验的共鸣的理解为依据的直觉,也可以通过"猜测"、"大胆思辨"、"创造性的想象"、"幻想"等思维跳跃的途径达到。因此,基本概念、基本原理在逻辑上是独立于直接经验的,二者的关系不像肉汤同肉的关系,而倒有点像衣帽间牌子上的号码同大衣的关系。但是,彭加勒在直接经验与基本原理中间还加上了实验定律这个中介层次,因此他的某些原理(由定律推广以及在许多定律中寻求共同点而得到的原理)与经验之间的关系似乎不是充分独立的。

第三,形象地阐述了对基本概念和基本原理的选择的自由是一种特殊的自由,并明确指出了选择的双重标准。爱因斯坦认为,"这种选择的自由完全不同于作家写小说时的自由。它倒多少有点像一个人在猜一个设计得很巧妙的字谜时的那种自由。他固然可以猜想以无论什么字做谜底;但是只有一个字才真正完全解决了这个字谜。相信为我们的五官所能知觉的自然界具有这样一种巧妙隽永的字谜的特征,那是一个信念的问题。迄今科学所取得的成就,确实给这种信念以一定的鼓舞。"($E1$, p.346)显然,这种特殊的自由是在科学创造过程中的思维方式的自由,而作为思维最终成果的东西则应是客观的。爱因斯坦提出的选择公理基础的外部标准即"外部的确认"(由公理基础推导出的理论不应当同经验事实相矛盾)和内部标准即"内部的完美"(基本概念、基本原理的"自然性"和"逻辑简单性")也是考虑到上述情况而提出的。爱因斯坦指出,尽管科学理论体系的逻辑基础是约定的,但是"它们之所以能站得住脚,在于这个体系在事实面前的有效性,在于它的思想的统一性,也在于它所要求的前提为数很少。"($E3$, pp.368、369)总之,爱因斯坦在认识的起点和终点——是经验总和的对应(co-ordination)、确认(confirmation),而不是单个实验的证实(verification)——削弱了经验论的成分,而加强了约定论和理性论的色彩。

第四,明确区分了作为命题集的非解释系统和与感觉经验相联系的解释系统,指出真理概念仅适用于后一系统。他说:"'真'这一概念不适合于纯粹几何学的断言,因为'真'这个词,习惯上我们归根结底总是指那种同'实在'客体的对应关系;可是几何学并不研究它所涉及的观念同经验客体之间的关系,而只研究这些观念本身之间的逻辑联系。"($E1$, p.95)他还就此发表了原则性的评论:"命题如果是在某一逻辑体系里按照公认的逻辑规则推导出来的,它就是正确的。体系所具有的真理内容取决于它同经验总和的对应可能性的可靠性和完备性。正确的命题是从它所属的体系的真理内容中取得其'真理性'的。"($E1$, p.6)

爱因斯坦主导的、颇有新意和特色的哲学思想是科学理性论（scientific rationalism），这种哲学思想的形成也受到彭加勒理性论思想（坚信自然界的统一性和和谐性，相信理性把握它的威力等）的影响。[23] 爱因斯坦的科学理性论集中体现在下述见解中：

> 迄今为止，我们的经验已使我们有理由相信，自然界是可以想象到的最简单的数学观念的实际体现。我坚信，我们能够用纯粹的数学构造来发现概念以及把这些概念联系起来的定律，这些概念和定律是理解自然现象的钥匙。经验可以提示合适的数学概念，但是数学概念无论如何却不能从经验中推导出来。当然，经验始终是数学构造的物理效用的唯一判据。但是这种创造的原理却存在于数学之中。因此，在某种意义上，我认为，像古代人所梦想的，纯粹思维可以把握实在，这种看法是正确的。（$E1$, p.316）

爱因斯坦的这段表白展示了他的科学理性论的本体论、认识论和方法论的各个方面。而且，爱因斯坦的科学理性论具有以下特色：它是在现代科学的沃土上萌发的、成长的；它建立在科学实在论的根基上；它与经验论保持了必要的张力，支点显著地偏向理性论一极；它剔除了极端理性论中的先验论因素和绝对论成分；它逃避了常识的"显然性"；它把探索性的演绎法作为自己的方法论。爱因斯坦的科学理性论比彭加勒的理性论更为深广、更为丰富，从而真正成为现

---

[23] 李醒民：〈走向科学理性论——也论爱因斯坦的哲学历程〉，《自然辩证法通讯》（北京），第 15 卷（1903），第 3 期，第 1–9 页。

代科学自身的哲学。

爱因斯坦也具有与彭加勒相似的综合实在论哲学,但是二者之间也有诸多差异。[24] 相似之点在于:爱因斯坦的综合实在论也是集实在论的实在观、真理观和科学观于一体,熔实在论与理性论、约定论和经验论于一炉的综合物。差异之处在于:爱因斯坦的实在观有明确的关于独立于人而存在的外部世界的本体论承诺,其实在概念由物理实体、物理事件、物理性质、物理实体与事件之间的空时关系、物理事件之间的因果关系诸范畴构成,并提出了物理实在的判据;他的真理观明确断言真理具有超乎人类的客观性,进一步认识到真理判断的复杂性,提出了科学理论评价的"双标尺"标准(外部的确认和内部的完美),具有内在论的和整体论的精神;爱因斯坦的科学观也有深化之处;爱因斯坦的综合实在论是以理性论的实在论为主线,以约定论的实在论和经验论的实在论为辅线而"编织"的,其理性论和实在论色彩比彭加勒的强,经验论的色彩较弱,而彭加勒的综合实在论的主线是实在论的约定论;爱因斯坦的综合实在论包含了形而上学实在论、实体实在论、因果实在论、理论实在论、近似实在论、内在实在论、意图实在论、辩证实在论、方法论的实在论、动机实在论的成分和因素,这些在彭加勒的综合实在论中大都不具备。

总而言之,彭加勒的主导哲学经验约定论和综合实在论确实对爱因斯坦有较大的影响,但是爱因斯坦的主导哲学思想总的来说是自己形成的、是具有独创性的,这就是"以科学理性论为特色的综合实在论"。

---

[24] 李醒民:〈论爱因斯坦的综合科学实在论思想〉,《中国社会科学》(北京),1992年第6期,第73—90页。

§11.3 彭加勒在方法论上对爱因斯坦的影响

爱因斯坦在自己一生的科学实践活动中,灵活地、创造性地运用了多种多样的科学方法,但是他的主要的科学方法无非是这样四种:探索性的演绎法、逻辑简单性原则、准美学原则和形象思维。在这四种科学方法中,我们或多或少都能窥见彭加勒的影响。

爱因斯坦的最主要的科学方法是探索性的演绎法,这是他创立相对论所运用的最重要的方法。这种科学方法与传统的演绎法不同,也许正因为如此,爱因斯坦在"演绎法"前加上了一个限制性的和修饰性的定语——"探索性的",这个定语也恰当地表达了这一方法的基本特征。在爱因斯坦看来,理论家的方法,在于应用那些作为基础的普遍假设或原理,从而导出结论。而发现原理则是探索性的演绎法最关键的一步,但是,作为科学理论体系公理基础或逻辑前提的基本概念和原理却是一些自由选择的约定,它们不能从经验逻辑地推导出来,只能通过直觉去探索、领悟、发明。在谈到公理基础和直接经验的关系时,爱因斯坦形象地图示说:直接经验 ε 是已知的,A 是假设或公理,由 A 通过逻辑道路可推导出各个个别结论 S, S', S'' 等等,S 然后可以同 ε 联系起来(用实验验证)。从心理状态方面来说,A 是以 ε 为基础的,但是在 A 和 ε 之间不存在任何必然的逻辑联系,而只有一个不是必然的直觉的(心理的)联系,它不是必然的,是可以改变的($E1$, pp.541-542)。也就是说,从 ε 到 A 只能借助思维的自由创造和自由约定来达到。爱因斯坦指出:

> 物理学构成一种处在不断进化过程中的思想的逻辑体系,

它的基础可以说是不能用归纳法从经验中提取出来的,而只能靠自由发明来得到。这种体系的根据(真理内容)在于导出的命题可由感觉经验来证实,而感觉经验对这基础的关系,只能直觉地去领悟。($E1$, p.372)

爱因斯坦的探索性的演绎法,不用说主要归功于他在科学探索中的创造,但也不能忽略赫兹、玻耳兹曼、彭加勒等人的影响。尤其是彭加勒,他的经验约定论,他给几何学公理和物理学基本原理赋予的至高无上的地位,都有助于爱因斯坦的探索性的演绎法的形成。相对论大厦的建立,使爱因斯坦进一步清楚地看到,相对论是说明理论科学在现代发展的基本特征的一个良好的例子。他充满自信地断言:"适用于科学幼年时代的以归纳为主的方法,正在让位给探索性的演绎法。"($E1$, p.262)

爱因斯坦的逻辑简单性原则与彭加勒关于科学向简单性迈进的观点,以及力戒特设假设、仅用少数基本假设的思想有相通之处。爱因斯坦所追求的简单性,是科学理论体系的基础的逻辑简单性,他说:

我们在寻求一个能把观察到的事实联结在一起的思想体系,它将具有最大可能的简单性。我们所谓的简单性,并不是指学生在精通这种体系时产生的困难最小,而是指这种体系所包含的彼此独立的假设或公理最少;因为这些逻辑上彼此独立的公理的内容,正是那种尚未理解的东西的残余。($E1$, pp.298-299)

他甚至把追求理论基础的逻辑简单性视为"理论物理学的目的"(要以数量上尽可能少的、逻辑上互不相关的假设为基础)和"一切理论的崇高目标"(使不能简化的元素尽可能简单,并且在数目上尽可能少,同时又不放弃对任何经验内容的适当表示)($E1$, pp.170、314)。爱因斯坦的逻辑简单性原则在彭加勒的关于简单性的思想上前进了一步。

尽管彭加勒的简单性思想和爱因斯坦的逻辑简单性原则这个不可思议的信条在当时已由科学的发展给以惊人的支持,但是对于它的客观基础则看法不同。彭加勒认为,自然界不一定是简单的,但我们可以像它是简单的那样去行动。爱因斯坦则认为:"我们的经验已经使我们有理由相信,自然界是可以想象到的最简单的数学观念的实际体现。"($E1$, p.316)他还提出了一个原则性的意见:"逻辑简单的东西,当然不一定就是物理上真实的东西。但是,物理上真实的东西一定是逻辑上简单的东西,也就是说,它在基础上具有统一性。"($E1$, p.380)爱因斯坦的这一答案显然比彭加勒的答案更巧妙、更深刻,且更富有启发性。

彭加勒关于科学美及其更深层次的数学美的论述,无疑对爱因斯坦有所启示。爱因斯坦十分赞同彭加勒关于科学美的论述,他也赋予科学美以"统一"、"和谐"、"对称"、"简单性"等含义。也许可以认为,爱因斯坦所谓的"统一"、"和谐"是从理论的内容美而言的,"对称"是从理论的形式美而言的,而"简单性"则是针对理论的逻辑基础的质朴美而言的。

平心而论,爱因斯坦关于科学美的论述没有彭加勒的论述那么集中、那么生动,但是他也有自己的独创。这就是,他在科学活动中运用了定性概念形式的抽象对称法和定量数学形式的协变对称法,从而形成了他的准美学原则。

准美学原则是爱因斯坦行之有效的方法论原则之一。在创立狭义相对论时,他发现麦克斯韦电动力学应用到运动物体上时,就要引起似乎不是现象所固有的一些不对称。为了消除导体和磁体相对运动时理论解释的不对称,他把力学中的相对性原理提升为公设,推广到电动力学。为了消除力学和电动力学在各自的实体(粒子和场)方面存在的不对称,他大胆提出了光量子假设。爱因斯坦还洞察到力学理论有一种内在的不对称性,即在运动定律中出现的惯性质量也在引力定律里出现,但不在其他各种力的表示式里出现,消除这种不对称是他创立广义相对论的一个直接动因。爱因斯坦在这里运用的就是定性概念形式的抽象对称法,他对此有强烈的审美意识:"对于没有任何经验体系的不对称性与之对应的这样一种理论结构的不对称性,理论家是无法容忍的。"($E1$, p.124)关于定量数学形式的协变对称法,是爱因斯坦在闵可夫斯基的工作之后意识到的。这就是狭义相对论的启发性方法:"只有这样的一些方程才有资格表示自然规律,那就是,在坐标用洛伦兹变换做了改变以后,这些方程的形式仍不改变(方程对于洛伦兹变换的协变性)。"($E1$, p.264)在处理引力问题时,这一原则又被发展成广义协变原理,即普遍的自然定律无论对于那种变换都是协变的。

爱因斯坦在科学探索活动中善于进行形象思维,尤其是擅长进行带有形象思维特征的思想实验。据米勒研究,彭加勒形象思维中的意象是感觉意象(sensual imagery),即一眼能够看穿论据整体的能力,而爱因斯坦的意象则是视觉意象(visual imagery),即用视觉图像进行形象思维[25]。而且,爱因斯坦为了对理论基础做批判性的

---

[25] A. I. Miller, *Imagery in Scientific Thought*, Birkhäuser Boston Inc., 1984, pp. 233-248.

思考,他也不得不涉及范围更广、困难更大的一些问题,如思维的定义、本性,语言同思维的关系,创造性思维的特征等等。他的有些论述与彭加勒的思想有相近之处。例如,他认为:"我们的一切思维都是概念的一种游戏;至于这种游戏的合理性,那就要看我们借助于它来概括感觉经验所能达到的程度。""我们的思维不用符号(词)绝大部分也都能进行,而且在很大程度上是无意识的。"($E1$, p.3)他在回答法国数学家阿达玛关于数学领域的创造心理的问题时写道:

> 写下来的词句或说出来的语言在我的思维机制里似乎不起任何作用。那些似乎可用来作为思维元素的心理实体,是一些能够"随意地"使之再现并且结合起来的符号和多少有点清晰的印象。当然,在那些元素和有关的逻辑概念之间有着某种联系。也很清楚,希望在最后得到逻辑上相联系的概念这一愿望,就是用上述元素进行这种相当模糊活动的情绪上的基础。但是从心理学的观点来看,在创造性思维同语词或其他可以与别人交往的符号的逻辑构造之间有任何联系之前,这种结合的活动似乎就是创造性思维的特征。($E1$, p.416)

在这里,爱因斯坦关于思维与语词或概念的关系的观点十分有趣,但是他对无意识的探讨和体验远不如彭加勒。

像彭加勒一样,爱因斯坦也表示他相信直觉和灵感。他认为:"从特殊到一般的道路是直觉性的,而从一般到特殊的道路则是逻辑性的。"($E3$, p.490)这很容易使我们想起彭加勒关于"逻辑用于证明,直觉用于发明"的命题。总的说来,爱因斯坦对直觉的论述要逊色于彭加勒。

§11.4 彭加勒对爱因斯坦科学观的影响

把彭加勒的科学观和爱因斯坦的科学观㉖对照一下,可以看到彭加勒对爱因斯坦的科学观的影响是多方面的。

彭加勒认为科学向统一性迈进,其原因在于自然界是统一的;他还把约定论引进科学,指出科学中的主观性色彩和人为成分。爱因斯坦对此做了更为明确的阐述。他认为,科学作为一种现存的和完成的东西,是客观的;而科学作为一种尚在制定中的东西和追求的目的,则是主观的。他说:

> 当一个人在讲科学问题时,"我"这个渺小的字眼在他的解释中应当没有地位。但是,当他是在讲科学的目的和目标时,他就应当允许讲到他自己。因为一个人所经验到的没有比他自己的目标和愿望更直接的了。($E1$, p.299)

因此,科学理论根本不可能是外部世界的"摄影"和"映像",而是以客观世界为题材构思描绘的图画。这样一来,科学理论就是一个极其艰辛的适应过程的产物:假设性的,永远不会是最后定论的,始终要遭到质问和怀疑。科学的主观性集中表现在科学家制定科学理论时所追求的目的之中。对于爱因斯坦来说,十分强有力地吸引他的特殊目标,是物理学的逻辑的统一。从爱因斯坦在《物理学年鉴》发表

㉖ 李醒民:〈评爱因斯坦的科学观〉,《自然辩证法研究》(北京),第 2 卷(1986),第 4 期,第 16-22 页。

第一篇科学论文〈毛细管现象所得的推论〉到晚年潜心于构筑统一场论,他的科学研究工作无一不体现了对逻辑统一性的追求。毛细管论文是为了追求分子引力同牛顿超距引力的统一;光量子论文是为了追求光的微粒说和波动说的统一;对于力学和电动力学关于运动相对性的统一的探求诞生了狭义相对论,它进而导致了电场和磁场、质量和能量、时间和空间的统一;后来,由于力求理解惯性和引力的性质而产生了广义相对论,像狭义相对论一样,它也避免了那些在表述基本定律的过程中由于使用了特殊坐标系而隐蔽着暗含的公理;至于统一场论,则是他追求更高一级的逻辑统一性的努力。对爱因斯坦来说,逻辑的统一实际上是逻辑的简单性,而简单性即是美,所以对逻辑的统一的追求也就是对科学美的追求。难怪爱因斯坦在完成毛细管论文后,在给格罗斯曼(M. Grossmann,1878-1936)的信(1901年4月)中深有体会地说:"从那些看来同直接可见的真理十分不同的各种复杂的现象中认识到它们的统一性,那是一种壮丽的感觉。"($E3$,pp.347-348)

彭加勒关于科学发展的动态图像无疑对爱因斯坦有所影响。爱因斯坦通过物理学的发展洞察到,科学的进步会引起它的基础的深刻变革。他说,这里的基础这个词,并不意味同建筑的基础在所有方面有什么雷同之处。从逻辑上看,各条物理定律当然都是建立在这种基础上面的。建筑物会被大风暴或者洪水严重毁坏,然而它的基础却仍安然无恙;但是在科学中,逻辑的基础受到的来自新经验或新知识的危险,总要比那些同实验有较密切接触的分科来得大。基础同所有各个部分相联系,这是它的巨大意义之所在,但是在面临任何新因素时,这也正是它的最大危险。

科学的基础之所以发生变革,其一是因为随着科学的发展,这个基础抵抗不住新的实验数据的冲击,实验事实与科学体系的不可调和的矛盾只能通过彻底变革科学的基础才能消除。另一方面,人们为了以逻辑上最完善的方式来正确地处理所知觉到的事实,即追求逻辑前提的统一性和简单性,以消除各种理论体系之间的内在矛盾。这两种矛盾的对立统一,正是科学自己运动和生命力的内在脉搏,正是科学的基础发生深刻变革的强大动力。

科学基础发生深刻变革的表现形式是科学的危机与革命。爱因斯坦向来反对归纳主义的科学发展观,他认为科学的最初的和最基本的步骤总是带有革命性的。科学上的重大进步几乎都是由于旧理论遇到危机,在实在与我们的理解之间发生剧烈冲突时诞生的。只是在这种冲突激化之前,当科学沿着已经开辟的思想路线继续发展的时候,它才具有进化性。在爱因斯坦看来,麦克斯韦的电磁场理论是革命性的,世纪之交的物理学面临的也是危机与革命的形势。爱因斯坦关于科学基础变革的"危机－革命"图像可能溯源于彭加勒,而他关于科学发展的"进化—革命"图像后来却在库恩的著作中得到了系统的发展。

彭加勒关于中心力物理学和原理物理学的论述可能导致爱因斯坦关于物理学中构造性理论和原理理论的划分。中心力物理学要求发现宇宙的终极组成要素和隐藏在现象后的机制;原理物理学能使大范围的经验事实系统化,并对于不同的理论解释是中性的,其目的在于形成数学原理。彭加勒在 1904 年正式提出了原理物理学的概念,以便与中心力物理学相区别。他在《科学的价值》中详尽地论证了它们。其实,关于这样两种类型的理论(和理论家)之间的差异,彭加勒早在 1888 年至 1889 年以电和光为题所做的讲演中就指出了。

爱因斯坦也把物理学理论分成两种不同的类型。他认为其中大多数是构造性的。这种理论"企图从比较简单的形式体系出发，并以此为材料，对比较复杂的现象构造出一幅图像。"(E1,p.109)例如，气体分子运动论就是这样力图把机械的、热的和扩散的过程都归结为分子运动，即用分子运动假设来构造这些过程。当人们说他们已经成功地了解了一群自然过程，其意是指概括这些过程的构造性的理论已经建立起来了。构造性理论的优点是完备、有适应性和明确。

但是，物理学还有第二类理论，这就是所谓"原理理论"。它们使用的是分析方法(在爱因斯坦那里具体化为探索性的演绎法)，而不是综合方法。形成这种理论的基础和出发点的元素，不是用假设构造出来的，而是在经验中发现到的[27]，它们是自然过程的普遍特征即原理，这些原理给出了各个过程或者它们的理论表述所必须满足的数学形式的判据(E1,p.110)。例如，热力学就是这样力图用分析方法，从永动机不可能这一经验到的事实出发，推导出一些为各个事件都必须满足的必然条件。原理理论的优点是逻辑上完整和基础巩固。相对论就属于原理理论，"这个理论主要吸引人的地方在于逻辑上的完整性。从它推出的许多结论中，只要有一个被证明是错误的，它就必须被抛弃；要对它进行修改而不摧毁其整个结构，那似乎是不可能的。"(E1,p.113)

爱因斯坦充分肯定了构造性理论的地位，但是他还是偏爱原理理论，因为这种理论代表了20世纪精密科学的理论发展的趋势。在世纪之交，物理学大师洛伦兹和彭加勒力图以以太假设为基础，用构造性的努力构筑电子论。他们的理论固然富丽堂皇，但毕竟只是经

---

[27] 当时，爱因斯坦的思想还不够彻底；后来他认为，作为理论的基础和出发点的元素不是从经验中推导出来的，而是"思维的自由创造"，"理智的自由发明"，"自由选择的约定"。

典物理学的最后建筑物,由于不适应科学发展的总趋势,还是被人们遗忘了,仅有历史的价值。当时,爱因斯坦通过艰苦的摸索,看到仅靠个别的经验事实进行归纳,是建立不了什么崭新的理论的,因为实验家的物理经验不能把他提高到最抽象的领域中去。因此,他在普朗克的首创性工作以后不久,渐渐地对那种根据已知事实用构造性的努力去发现真实定律的可能性感到绝望了。他确信,只有大胆地采用他后来称之为探索性的演绎法这一科学方法,才能得到可靠的结果。

关于原理理论的结构,爱因斯坦指出它是由概念、被认为对这些概念是有效的基本原理,以及用逻辑推理得到的结论这三者所构成的。爱因斯坦同时又把基本原理称之为基本公理、基本假设、基本公设、基本定律、基本关系等,他有时也把基本概念和基本原理统称为基本观念和科学观念,并把它们看作是科学理论的逻辑前提或基础。因此,原理理论的体系实际上是由两部分组成:作为其逻辑前提的基本概念和基本原理以及由此导出的具体结论(命题)。这与彭加勒把理论体系看作是由基本原理和实验定律构成(把经验事实不算在内)的设想大体是一致的。至于如何得到基本原理和实验定律,他们的看法可就不大相同了。

彭加勒看到科学具有强大的物质力量和精神力量,科学能够促进社会进步和人类文明。科学的这些社会功能也为爱因斯坦所注意。爱因斯坦认为,科学对人类事务和历史进程都能发挥巨大的影响,这表现在科学的物质作用和它对人们思想的作用。也就是说,科学的第一种影响方式是它直接地、并且在更大程度上间接地生产出完全改变了人类生活的工具;第二种方式是教育性质的——它作用于心灵,乍看起来这种方式好像不大明显,但至少同第一种方式一样

锐利。(E3,p.135)

第一种方式是众所周知的。科学最突出的实际效果在于它使丰富生活的东西的发明成为可能，从而把人们从极端繁重的体力劳动中解放出来，解放了社会生产力，改善并丰富了人们的生活。爱因斯坦指出，科学的不朽的荣誉，在于对人类心灵的作用，它克服了人们在自己面前和自然界面前的不安全感，而在科学出现之前，人们则十分害怕超自然的和专横的力量。科学研究能破除迷信，因为它鼓励人们根据因果关系来思考和观察事物。科学研究中创造性的或者是领悟性的脑力劳动可以提高人们的精神境界。科学能在逻辑联系方面为道德问题提供一定的规范，并在怎样实现道德所企求的目标这个问题上提供一些方法。

但是，爱因斯坦并没有陶醉于科学的胜利进军中，他在看到科学使我们有可能生活得比以前无论哪一代人都要自由和美好的同时，也清醒地意识到，高度发展的科学和技术这份最宝贵的礼物，也使人类面临着十分严重的问题和从未有过的巨大危险，人类的继续生存有赖于这些问题的妥善解决。爱因斯坦的这些看法并非杞人忧天，因为他毕竟生活在与彭加勒不完全相同的时代。

在科学探索的动机、科学家的信念等方面，爱因斯坦和彭加勒的看法还有一些相同及相近之处，我们就不在此一一赘述了。

§11.5 彭加勒的几何学思想对爱因斯坦的影响

彭加勒对经典力学的批判（尤其是对绝对时空观的批判），彭加勒关于时间的测量的论述，彭加勒关于相对性原理的陈述等等，无疑对爱因斯坦构筑狭义相对论有某种启示作用。由彭加勒到闵可夫斯基的关于四维时空连续区的概念,也是爱因斯坦登上广义相对论的一个阶梯。

在这里,我们着重要指出的是,彭加勒的几何学思想对爱因斯坦产生了明显的影响。

彭加勒的几何学思想的要点是:第一,几何学虽然起源于经验,但几何学本身却不是经验的科学,几何学公理是约定或隐定义。第二,几何学的公理(以及命题)无所谓真假,经验没有告诉我们哪一种几何学最真实,而只是告诉我们哪一个最方便。第三,欧几里得几何学研究的对象是绝对刚性的理想固体,即一种特殊的群,而不是天然固体,后者是物理学的研究对象,因此几何学的命题是绝对可靠的,而物理学的定律则是近似的,经常要受到实验事实的修正。

爱因斯坦基本上是赞同上述观点的,并且还提出了一些新见解,他在《狭义与广义相对论浅说》和〈几何学和经验〉($E1$, pp. 94-96、136-148)一文中阐述了他的思想。在爱因斯坦看来,自然界的客体无疑是产生几何学观念的源泉,但几何学公理本身却是在纯粹形式意义上来理解的,即丝毫没有任何直觉的或经验的内容。这些公理是人的思想的自由创造即约定。几何学所处理的对象是由公理来定义的,因此公理也是隐定义。

爱因斯坦认为,公理几何学并不研究它所涉及的观念同经验客体之间的关系,而只研究这些观念本身的逻辑联系。一个命题只要是按公认的逻辑程序从公理推导出来的,那么它就是正确的,但是真理这一概念并不适合于纯粹几何学的命题。为了对实在客体(如天然固体)的行为做出断言,几何学必须去掉它的单纯的逻辑形式的特征,应当把经验的实在客体同公理几何学的几何概念的空架子对应起来,这样一来,欧几里得的命题就包含了实际固体行为的断言,这些断言就是可供实验检验的了,从而就可以合法地问它们的真理性了。这样的几何学被爱因斯坦称为实际几何学,以区别于纯粹几何学或纯粹公理的几何学,它显然是一种自然科学,即物理学的一个分支;这实际上也就是几何学的物理化。

爱因斯坦是这样理解彭加勒的观点的特征的:几何(G)并不断言实在事物的性状,而只有几何加上全部物理定律(P)才能做到这点。用符号来表示,我们可以说:只有(G)+(P)的和才能得到实验的验证。因此,(G)可以任意选取,(P)的某些部分也可以任意选取;所有这些定律都是约定。为了避免矛盾,必须注意的只是怎样来选取(P)的其余部分,使得(G)和全部的(P)合起来能够同经验相符合。而彭加勒则把选择最简单的纯粹几何学放在优先地位,然后相应地调整物理假定。不过,爱因斯坦认为,从永恒的观点来看,彭加勒是正确的。公理几何学同已获得公认地位的那部分的自然规律,在认识论上看来是等效的。

在爱因斯坦看来,如果人们不承认实际固体同几何体之间的等效性(彭加勒就持这种态度,因为实际固体并不是刚性的),那么不管实在如何,要保留作为最简单的欧几里得几何,应当是可能的,而且也是合理的。但是,如果人们承认这种等效性,如果人们假定在既定的惯性系中,坐标就是用(静止的)刚性杆做一定量度的结果,那么在这种解释下,空间结构究竟是欧几里得的还是黎曼的,或者任何别的,就是一个必须由经验来回答的物理学本身的问题,而不是一个只根据方便与否来选择的约定的问题。爱因斯坦在这里包含着物理学几何化的思想,广义相对论就是几何化的物理学理论。

正因为数学命题所涉及的只是我们想象中的对象而不是实在的客体,所以它是绝对可靠的和无可争辩的,而其他一切科学的命题在某种程度上都是可争辩的,并且经常处于会被新发现的事实推翻的危险之中。因此,爱因斯坦得出了一个原则性的结论:只要数学的命题是涉及实在的,它们就不是可靠的;只要它们是可靠的,它们就不涉及实在。他认为公理学所取得的进步,就在于把逻辑-形式同它的客观的或直觉的内容截然划分开来(这正是我们前面所说的非解释系统和解释系统)。爱因斯坦的这些看法在彭加勒那里也可窥见一斑。

§11.6 一条值得注意的思想纽带

从马赫到彭加勒再到爱因斯坦,形成了一个值得注意的思想纽带。这个纽带既代表了现代科学发展的潮流,也代表了与之相伴的科学哲学发展的潮流。

这个潮流不仅极大的影响了本世纪20年代兴起的第一个真正的科学哲学运动(维也纳的逻辑经验论学派),而且也影响到当代科学哲学的某些方面。当代科学的发展也打上了他们的认识论和方法论的烙印。

马赫、彭加勒、爱因斯坦就是这个纽带上的纽结。但这并不意味着彭加勒是马赫主义者,正如爱因斯坦不是彭加勒主义者(如果可以这样称呼的话)一样。当然,可以肯定,后者对前者有所继承;更重要的是要看到,后者对前者有所突破、有所发展、有所创新。

尤其是彭加勒和爱因斯坦,他们二者都是以第一流的科学家和哲学家的眼光,对科学及其基础进行全方位的、根本性的研究的榜样。

他们怀有坚定的信念、充沛的激情、执着的追求,在科学前沿忘我地进行开拓性的探索,力图以最适当的方式勾画出一幅简化的和易于领悟的世界图像,力图谱写出思想领域中最高的音乐神韵。

他们以敏锐的头脑、明晰的思想、深刻的眼力,经常对科学理论的基础做批判性的思考,他们的思考已深入到一个相当困难的问题,即科学创造的心理机制和日常思维的本性问题。

彭加勒活跃于世纪之交,爱因斯坦在本世纪伊始崭露头角。他们一身二任,他们使科学与哲学密切结合、相互促进,这种传统对后来年青一代的科学家(如海森伯等人)和哲学家(如当时维也纳学派的青年人)产生了举足轻重的影响,这也是当代科学和哲学发展的一个值得注意的动向。

彭加勒和爱因斯坦的榜样也说明,伟大的科学家,特别是那些长期在科学前沿进行理论探索的科学家,最有条件成为有新见解的、有影响的哲学家。这主要是因为,作为哲人科学家,他们的哲学思想萌生于科学的沃土,深深扎根于科学的大地,又与人文文化相沟通。可以预期,随着时间的推移,那些对科学一窍不通或一知半解的所谓伟大哲学家将会销声匿迹,而伟大的科学家却会越来越多地成为伟大的哲学家。

1993年4月完稿于北京中关村

彭加勒年表

1854	4月29日,昂利·彭加勒(亦译"庞加莱")生于法国南锡。
1859	患白喉病,长期身体虚弱。
1860至1861	在安泽兰的帮助下读基础知识书籍,激发起强烈的求知欲。
1861至1862	对博物学发生浓厚兴趣,《大洪水前的地球》一书给他留下深刻印象。
1863	写了一篇小作文,被老师称为"小杰作"。
1869前后	奇妙的数学紧紧地扣住了他的心弦,迷上数学。
1870	普法战争爆发,与妹妹随母亲一起去阿瑟兰外婆家避难。其间自学德语。
1871	在专业训练前接受首次学位考试。由于平时成绩优秀而通过,年底进入巴黎综合工科学校深造。
1875	从巴黎综合工科学校毕业到矿业学校学习,打算做一名工程师,但是一有闲空就钻研数学。
1876	11月完成论文"关于微分方程所定义的函数的性质",在数学上取得首次成功。
1878	向巴黎大学提交"异乎寻常"的博士学位论文——"自变量为任意个数的偏导数方程的积分"。
1879	8月1日获得数学博士学位,12月1日应聘到卡昂大学担任数学分析教师。
1881	升迁到巴黎大学做教授,讲授力学、物理学等课程。
1884	在《数学学报》前五卷发表关于自守函数的五篇重要论文,这使他闻名于世。
1885	发表旋转流体的平衡形状的研究成果。
1887	当选巴黎科学院院士。

1889	完成太阳系的稳定性即三体问题的研究，获得瑞典国王奥斯卡颁发的奖金和奖章。
1892	出版《天体力学的新方法》第一卷。
1893	出版《天体力学的新方法》第二卷。
1896	在巴黎科学院讲解 X 射线的新发现，展示伦琴寄给他的照片，这对贝克勒尔以很大启示。
1898	发表"时间的测量"论文，提出光速不变原理，给出两个观察者通过交换光信号定义同时性的操作定义。
1899	出版《天体力学的新方法》第三卷。
1900	掌握了建筑狭义相对论的一切必要材料，是相对论首屈一指的先驱。
	提醒人们注意古伊关于布朗运动的独创性观念，预言由此可以检验分子的实在性。
1902	出版《科学与假设》。
1904	应邀到美国圣路易斯博览会发表讲演。
	是年底到翌年中期，给洛伦兹写了三封信，其中提及四维时空的不变量理论和虚时间坐标。
1905	出版《科学的价值》、《天体力学教程》(三卷本，到 1910 年出齐)。
	6 月 5 日，发表包含三封信基本思想的论文缩写本"论电子动力学"。
1906	"论电子动力学"全文发表，提出精确的"洛伦兹变换"，指出其群性质，命名了"洛伦兹不变量"等术语，推导出诸多物理量的正确变换式，涉及引力波。
	当选为巴黎科学院主席。
1908	5 月 23 日在巴黎普通心理学研究所就"数学发明"发表讲演。
	出版《科学与方法》。
	入选法兰西学院院士。
	因患前列腺肿大住院动手术。
	列宁的《唯物主义和经验批判主义》出版，对彭加勒进行了毁灭性的批判。

1910	出版《学者和作家》。
1911	发表太阳系起源的研究,出版《论宇宙假设》。
	出版《科学和人类》、《当代诸问题》。
	在布鲁塞尔参加第一届索尔维会议,对量子论发生兴趣,年底向巴黎科学院提交该课题的论文缩写本。
	向《数学杂志》提交最后一篇被称为"未完成的交响乐"的数学论文。
1912	全文发表论述量子论的长篇论文,称量子论是"自牛顿以来自然哲学所经历的最伟大、最深远的"革命,提出"时间原子"的概念。
	春患病,依然顽强工作,数次发表讲演,最后一次是6月26日在法国道德教育联盟。
	7月17日,因血管栓塞突然去世,终年58岁。
1913	勒邦集彭加勒的遗著,编辑、出版了《最后的沉思》。
	由美国数学家霍尔斯特德翻译的彭加勒的另外三本科学哲学著作的合集《科学的基础》在美国出版。

在彭加勒逝世后,他的11卷全集也陆续编辑、出版:第1卷《纯解析:微分方程》(1928);第2卷《纯解析:泛富克斯函数,富克斯和克莱因群》(1916);第3卷《纯解析:微分方程,函数理论简单积分和多重积分》(1934);第4卷《纯解析:第二部分即函数理论》(1950);第5-6卷《算术和代数》(1950,1952);第7卷《天体力学和天文学》(1952);第8卷《天体力学和天文学》(1952);第9-10卷《数学物理学》(1954);第11卷《各种论文、报告集》(1956)。

主要参考书目

专 著

[1] H. Poincaré, *La Science et l'Hypothèse*, Paris: Ernest Flammarion, 1902.
[2] H. Poincaré, *La Valeur de la Science*, Paris: Ernest Flammarion, 1905.
[3] H. Poincaré, *Science et Méthode*, Paris: Ernest Flammarion, 1908.
[4] H. Poincaré, *Dernières Pensées*, Paris: Ernest Flammarion, 1913.
[5] H. Poincaré, *The Foundations of Science*, translated by G. B. Halsted, The Science Press, New York and Garrison, N. Y., 1913.
[6] ポアンカレ (H. Poincaré):《科学者と詩人》, 平林初之輔訳, 岩波書店(东京), 1927年.
[7] H. Poincaré, *Oeuvres de Henri Poincaré*, 11 Vols., Paris: Gauthier-Villars, 1934-1953.
[8] E. T. Bell, *Men of Mathematics*, Dover Publications, New York, 1937.
[9] H. Poincaré, *Mathematics and Science: Last Essays*, translated by J. W. Bolduc, New York: Dover, 1963.
[10] G. Holton, *Thematic Origins of Scientific Thought*, Harvard University Press, 1973.
[11]《爱因斯坦文集》第一卷, 许良英等编译, 商务印书馆(北京), 1976年第1版.
[12] M. 克莱因:《古今数学思想》, 上海科学技术出版社(上海), 1980-1981年第1版.
[13] A. I. Miller, *Albert Einstein's Special Theory of Relativity, Emergence (1905) and Early Interpretation (1905-1911)*, Reading: Addison-Wesley,

1981.
〔14〕本多修郎:《現代物理学者の生と哲学》,未来社,1981 年。
〔15〕J. Giedymin, *Science and Convention*, Pergamon Press, Oxford ed.,1982.
〔16〕李醒民:《激动人心的年代——世纪之交物理学革命的历史考察和哲学探讨》,四川人民出版社(成都),1983 年第 1 版,1984 年第 2 版。
〔17〕A. I. Miller, *Imagery in Scientific Thought*, Birkhäuser Boston Inc.,1984.
〔18〕広重彻:《物理学史》,李醒民译,求实出版社(北京),1988 年第 1 版。
〔19〕H. 彭加勒:《科学的价值》,李醒民译,光明日报出版社(北京),1988 年第 1 版。
〔20〕李醒民:《理性的沉思》,辽宁教育出版社(沈阳),1992 年第 1 版。

论 文

〔21〕R. C. Archiband, Jules Henri Poincaré, *Bull. Am. Math. Soc.*,22 (1915), 125-136.
〔22〕Vito Volterra, Henri Poincaré, *Rice Institute Pamphlet*,1 (1915),133-162.
〔23〕R. McCormmach, Henri Poincaré and Quantum Theory, *ISIS*,58 (1967), 37-55.
〔24〕S. Goldberg, Henri Poincaré and Einstein's Theory of Relativity, *Am. Jour, Phys.*,35 (1967),934-944.
〔25〕C. Curaj, Henri Poincaré Mathematical Contributions to Relativity and the Poincaré Stresses, *Am, J. Phy.*,36 (1968),1102-1113.
〔26〕S. Goldberg, Poincaré's Silence and Einstein's Relativity, *Bri. Jour. His. Sci.*,5 (1970),73-84.
〔27〕J. Giedymin, Geometrical and Physical Conventionalism of Henri Poincaré in Epistemological Formulation, *Stud. Hist. Phil. Sci.*,22 (1991),1-22.
〔28〕J. Giedymin, Conventionalism, the Pluralist Conception of Theories and the Nature of Interpretation, *Stud. Hist. Phil. Sci.*,23 (1992),423-443.

关于参考文献的说明

〔1〕的英译本是 H. Poincaré, *Science and Hypothesis*, translator unknown, New

York:Dover,1952.
〔2〕的英译本是 H. Poincaré, *The Value of Science*, translator G. Halsted, New York:Dover,1958.
〔3〕的英译本是 H. Poincaré, *Science and Method*, translator Maitland, New York:Dover,n. d.
〔4〕的英译本是〔9〕,〔9〕的中译本取名《最后的沉思》由我译出,商务印书馆出版。
〔5〕是〔1〕,〔2〕,〔3〕的英译合集。
〔6〕在大陆没有见到有英译本,也查不到法文本,仅见到有日译本。
〔7〕是彭加勒的 11 卷全集,无英译本。
〔19〕是〔5〕的中译本,并依据〔1〕,〔2〕,〔3〕做了校对。

索 引

二 画

人文文化 v
人道主义 234
人择原理 229
力 118,202,204,211
《力学史评》 199,200,208,211,
 215,216,239,240
力学学派 76,241
力学先验论 216
力学自然观 34,42,74,201,205,
 216,241

四 画

方法论的实在论 262
元素嬗变理论 41,43,44
不变性 122,123,126,136,156
不变量 111,113,114,122,123,125
不可知论 57,73,76
不可通约(性) 113,155
不可翻译说 155
瓦尔堡 246

戈德堡 250,251
卡利努 201-202
卡尔纳普 136
中性假设 144,161,172,173,174,
 207
中心力物理学 52,113,141,270
内在论 262
内在实在论 148,262
内部的完美 259,262
分析方法 271
分析判断 94
分析哲学 136,137
分子实在性 参见"原子实在性"
牛顿 4,11,21,34,35,76,110,112,
 117,200,203,204,216,238,239,
 313
牛顿力学 24,25,31,34,35,42,43,
 69,200,201,202,211,215,242,
 274
反实在论 155,157,218
反形而上学 200
反理性主义 132
反理智主义 76,165

索 引

巴黎大学　7,195
巴黎科学院　6,9,21,28,29,195
巴黎综合工科学校　6,196
引力波　21
孔德　132

五　画

主观性　230,268
主体间性　146,226
主观主义　68,135,138,223
功利主义　211,233,312
可检验的假设　172,174
左拉　196
古伊　17,48
石里克　159,256
布特鲁　193
布朗运动　17,18,48,61,243
布劳威尔　78
布拉利-福蒂　80
卡诺　48
以太　19,26,36,37,44,100,112,123,161,162,163,227,272
以太漂移实验　18,36-38
目的性　参见"目的论"
目的论　110,212
四元数　109
史密斯　149-150,155
外展推理　159
外部的确认　259,260,262
皮亚杰　139
皮尔逊　46,202,309

尼采　103
弗兰克　215,236
弗洛伊德　193,194

六　画

安培　206
亥姆霍兹　112,123,206
米勒　182,183,196,197,266
吉布斯　37
吉戴明　99,104,105,107,111,119,252,315
考夫曼　48,49,227
西蒙　197
西尔威斯特　ii
有意识工作　188,189,191,192,197
有意识的自我　190,191
存在　96,100,162,174
列宁　iii,6,57,58,59,60,61,64,65,67,68,72,73,74,76,220,221,224,225,235,236,237,242,309
光速　20,53,121
光速不变　20,121
光量子论　243,247,269
光电效应　38
因果实在论　262
同构　228,229
同时性　20,121,202,203,207,208
先验论　133,163,166,216,217,257,261
先验综合判断　81,89,94,95,115
休谟　159

自守函数　9,23,79
自然主义　234
伊壁鸠鲁　191
多元理论　参见"理论多元论"
"危机-革命"图像　211,270

七　画

沃邦　83
沃尔泰拉　11,31
判决性实验　103,118,124,129,174,175,217
形式主义　78,80,82,83
形而上学　133,160,201,208,215,218
形而上学实在论　153,262
形象思维　140,262,266-267
批判学派　76,134,200,202,206,241,309
克莱因　9,84,109,250
克莱劳　12
克罗内克　9,79
李,S.　85,106,107,109
李亚普诺夫　13
否证　参见"证伪"
贝索　248
贝克莱　222
贝克勒尔　17,39,40,41
贝尔特朗德　84,85
似真性　149,150,151
伯克霍夫　30
伽利略　118,203

狄利克雷　92
希耳伯特　78,79,81,82,83

八　画

法拉第　112
法兰西学院　28,195
法国物理学会　30
泊松　113
波约　107
波动说　110,122,156,269
波普尔　150
泡利　193
定律　122,123,126,131,136,141,146,150,151,153,158,159,168,204,213,258,261,272
空间　24,25,26,31,59,127,133,207,234-239,254
放射性　17,40,41,42
杰文斯,S.　81
林德曼　245
两朵乌云　38
两极张力　v,17,69,133,163,170,261,309
拉瓦锡　48
拉姆塞　49
拉格朗日　7,11,110,113,204
拉普拉斯　7,11,12,15,113
事实　26,119,121,122,123,126,127,129,131,132,134,135,136,137,141,148,150,158,159,164,166,179,184,210,211,212,213,

238,239,258

直觉　3,25,77－92,140,167,185,187,190,193,197,203,211,259,263,267

直觉主义　15,77,78,79,82,84,85,99,197

奎因　124,136,137

亚伯拉罕　48,49,251

亚历山大　101,102

亚里士多德　232,233

非实在论　157

非实证论　219

非理性主义　135,165

昂德拉德　202

迪昂　102,103,124,202,309

帕斯卡　23

和谐　16,66,96,97,100,146,147,153,156,160,167,168,169,176,177,178,179,191,209,225,230,260,265

物质　26,39,45,46,147,162,163,223,225,227,228

物质消失　46,227

物理学危机　25,33,38,42－76,165,309

物理学革命　iv,34,46－76,135,201,243,309

物理学约定论　104,109

佩普　138

佩兰　18,144,207

金斯　13

近似实在论　151,169,262

居里　41

居里夫人　40,41,248,249

阿贝尔　9

阿达玛　180,267

阿杜基耶维兹　120,136,138

九　画

洛夫　8

洛伦兹　18,29,36,37,38,40,44,48,66,206,208,227,245,250,251－254,272

洛伦兹群　20,250

洛伦兹变换　20,21,109

洛伦兹不变量　20,250

客观性　ii,145,146,225,226,228,230,231

客观主义　230,231

玻恩　228,229,251

玻尔　138

玻耳兹曼　45,46,264

革命大批判　iii,iv,58

柯西　7,11,13

述谓问题　150

相对论　ii,135,207,208,246,247,250,251,252,253,257,263,264,271,313

相对主义　135

相对性原理　19,48,100,109,136,208,252,265,274

柏拉图　216

柏格森　132

拯救现象 42,134
指称问题 149
思想 166,231,232,233
思想实验 266
思维经济 177,212,213
哈雷 150
哈密顿 108,109,110,111,113,125
哈比希特 254
科瓦列夫斯基夫人 85
科学(观) ii,25,26,50,134,135,140,143,152-156,159,165,179,210,211,212,214,217,223,226,228,230,231,233,234,257,268-273
科学史 68,69,153
科学美 ii,26,98,100,134,153,171,175-180,212,213,265,269
科学文化 v,234
科学破产 ii,51,52,54,57,62,70,165
科学进步 50,52-53,134,136,151,153-155,211
科学精神 vi,311,312,313
科学共同体 121,124,125
《科学的价值》 22,25,47,58,59,60,64,66,68,120,206,255,270
科学革命观 211
科学理性论 216,260,261,262
科学实在论 143,148,152,155,157,159,163,261
《科学与方法》 22,26,171,180,251,255

《科学与假设》 18,19,22,24-25,54,64,115,120,172,202,206,227,234,238,252,254,255
科学的精神气质 66
第欧根尼 102
信念 148,162,259,273
信仰主义 221,239,240
约定 94,101-142,149,157-159,166,167,173,223,205,212,217,218,239,256,257,258,259,263,271,274,275,276
约定论 24,25,99-142,144,157-159,166,202,203,218,219,237,241,251,256,257,260,261,268
约定论的实在论 262
约利 35

十　画

海森伯 277
容格 193,312
高斯 8,11
库恩 10,211,270
库蒂拉特 80,81
马赫 18,24,76,100,102,133,182,199-242,276,309
马赫主义(者) 100,200,220,221,240,242,277
马克思 234
泰特 12,204
神目观 153,230
埃利斯 148

索引

埃尔米特 84,85,87
格吕鲍姆 104,105
格罗斯曼 269
哥德尔 83
哲人科学家 iv,v,vi,68,70-71,147,170,171,202,220,231,241,277
夏尔科 193,194
原子 18,43,100,102,144,145,147,162,173,191,192,206,207,227,247
原子论 160,206,207,218
原子光谱 38
原子实在性 17,18,70,144,160,207
原理 122,126,128,129,131,132,134,136,141,158,217,218,258,272
原理理论 270,271,272
原理物理学 52,53,113,123,134,141,270
索迪 41
索洛文 254
索尔维会议 21,29,244-250
财力社会 v
时间 20,22,25,26,27,59,119,120,121,133,147,202,204,207,234-239,254,274
时间原子 22,31
韦伯 111,112
恩格斯 224
气体比热 37,38

特设假设 18,175,264
伦琴 17,39
伦理学 26,165
仓格尔 246
留基伯 102
狭义相对论 17,18,207,208,243,247,250,253,265,266,269,274
狭隘经验论 132,133,217
能斯特 245,246
能量均分定理 37,38,150
真理 25,27,69,97,100,115,117,118,125,128,129,130,131,134,143,146,148-151,152,153,158,159,163,164,165,166,169,172,174,176,179,203,216,223,230,250,260,262,263,275,313
真关系 63,69,122,123,124,125,128,147,150,151,152,155,156,226

十一画

密立根 36,42
康德 24,94,102,105,108,117,133,166,217,228,239,257,258
康德主义 99
康托尔 26,79,83,99
粒子说 110,269
朗格 103
朗之万 227
现象论 100,111,207
理性 16,134,138,148,163,164,

165,166,167,169,177,218,233,240,260,313
理性论 69,100,133,134,135,138,139,144,157
理性论的实在论 163,169,262
理想主义 100,151,179
理论多元论 111,123,125,251
理论实在论 262
理智价值评价 125,262
培根,F.132,312
教条主义 68,144,219
基尔霍夫 204
勒邦 23,26,27
勒维烈 12
勒卢阿 122,131,132,165
莫雷 36
莫里哀 23
莫培尔蒂 108,110
梅雷 84
麦克斯韦 16,37,112,113,122,123,156,206,253,254,265,270
探索性的演绎法 135,258,261,262-264,271,272
《唯批》 iii,iv,33,35,57,58,59,64,72,74,220,221,235,236,309
唯心论 25,46,55,56,57,59,64,73,75,76,100,221,222,223,224,225,228,231,235,236,237,239,240,241,242
唯心主义 参见"唯心论"
唯名论 122,132,158
唯我论 222,223,224

唯物论 221,223,224,228,232,238,242
唯物主义 参见"唯物论"
《唯物主义和经验批判主义》 参见"《唯批》"
唯能论 41,46
毕达哥拉斯主义 100
笛卡儿 109,110
动机实在论 262
假设 24,25,100,103,113,121,122,129,133,135,144,151,158,160,171-175,205,211,225,271,313
启发性假设 174
阴极射线 40,54,167
几何学思想 274-276
几何学约定论 104,105,106,107,108

十二画

汤姆逊,J.J. 35,40
汤姆逊,W. 12,35,36,37,38,43,44,204
富克斯函数 9,185-187,197,250
词典 104,106,116,257
冯特 242
普特南 148
普朗克 17,30,35,44,45,46,76,246,247,272
普里高津 147,228
普吕克尔 106,107,109

索引

劳丹 155
视觉记忆 3
彭加勒,R. 2,32
彭加勒命题 129
彭色列 90,106
博纳帕特 193
斯托尼 40
斯宾塞 132
斯莫卢霍夫斯基 18
莱伊 72,73,74,128,233
莱桑 180
莱布尼兹 146,239
菲索 36
菲涅耳 36,38,100,122,156
惠勒 138,229
惠更斯 110
惠威尔 102,132
极其自然的假设 172,173
雅科毕 9,12,113
斐兹杰惹 36
悲观主义 155
虚时间坐标 21
黑格尔 234
黑体辐射 38,44
《最后的沉思》 22,26
量子 29,30,45,229,245,247,266
量子论 17,21,26,29,30,44,68,245,246
量子力学 135,228,313
为科学而科学 25,100,151,211
策默罗 80
无 231,233,234

无意识 192,194,195
无意识工作 187,188,189,190,191,192,193,197
无意识的自我 参见"阈下的自我"
智力社会 v,vi
进化论 99
进化认识论 100,166,239
集合论 78,79,80,82,99
傅立叶 7,113
创造心理学 参见"发明心理学"
发生经验论 99,136
发生认识论 139
发明心理学 26,171,180,185-197,277
发散式思维 10
闵可夫斯基 21,239,251,252,266,274
开普勒 118,203
开耳芬勋爵 参见"汤姆逊,W."
费马 108,110
费尔 180
统一(性) 25,153,167,168,169,177,206,211,213,260,265,268,269,270
结构主义 99,251
结构主义实在论 251
绝对论 161
绝对空间 20,46,201,203,252
绝对时间 20,46,151,201,203,207,252
绝对时空观 76,200,202,216,238,274

绝对运动　19,24,201

十 三 画

温特尼茨　257
准美学原则　262,265-266
塞曼　40
新力学　19-20,26,53,54,67,69,251,252
意象　197,266
意图实在论　262
瑞利勋爵　37,38,44,45
达布　10,14
达卢　196
达尔文,J.　iii,15
达朗贝尔　15
逼真性　149,151
想象　3,87,88,89,90,140,259
电子　30,40,48,49,61,227
电子论　48,66,206,248,252,272
电子动力学　20,21,252
感觉群　209,228
感觉论　160,207,208,210,217,228
顿悟　140,187,188,189
爱丁顿　138
爱因斯坦　17,18,25,27,34,46-47,49,74,76,130,135,138,140,182,201,207,208,210,211,214,216,217,218,219,220,223,238,239,243-278,309
奥斯卡二世　13
奥斯特瓦尔德　46,72,202,222,242,309
铀　39,40,41,54,167
微粒说　参见"粒子说"
詹姆斯　193,194
经验　24,78,94,97,99,100,104,105,107,108,114,117,118,119,120,121,122,125,128,129,130,131,132,133,136,137,138,139,140,148,149,159,163,164,166,167,201,207,208,210,211,212,216,217,218,238,239,256,257,258,259,260,261,263,271,272,274,275,276
经验论　24,69,82,99,105,128,131,132,133,134,135,138,144,157,159-163,167,200,207,217,239,256,260,261,262
经验论的实在论　163,169,262
经验约定论　ii,99-142,170,214,217,223,224,239,241,256,264
经典力学　参见"牛顿力学"
经济性　110,207

十 四 画

演绎(法)　135,142,263
实在(性)　18,63,66,96,106,120,124,125,128,143,144,145,146,147,150,159,161,163,168,169,178,207,209,213,217,218,221,223,225,227,231,236,260,261,262,276

实在论假设　174
实在论的约定论　159,169,256,262
实物　146
实验　18,25,49,50,54,61,64,67,69,100,104,105,115,117,118,121,122,125,126,127,128,129,130,131,133,136,141,147,148,149,154,156,157,159,160,163,164,165,166,169,173,174,175,203,205,239,249,250,260,312
实体　144,145,146,147,183,191,227,228,262,266
实体实在论　262
实证论　41,76,100,132,133,160,161,207,208,214,215,217,218,219,241
实用主义　26,135,138,151,179,211,233
说明性假设　174
语言　101,105,108,114,116,119,121,122,123,129,135,136,137,147,156,158,159,188,266-267
语言哲学　137
语义学　137
广义相对论　124,207,219,266,269,274,276
广义约定论　参见"物理学约定论"
惯性原理　111-118,203
赫兹　24,35,111,112,125,202,264
蒙日　7
蒙田　23
构造性理论　270,271

辅助假设　175
对应　260
图式　183
图卢兹　195-197
图奥梅拉　152
伪定义　89,103-104,107,116,158,173
综合方法　271
综合判断　94
综合（科学）实在论　ii,143-170,214,218,223,241,261,262
维恩　44,45
维也纳学派　159,277
维尔斯特拉斯　85

十 五 画

潜在的自我　参见"阈下的自我"
潘勒韦　ii
审美感　178,179-180,191,211
热尔工　106,107
欧拉　11
模型　173
机械唯物论　45,46,74,76
数学美　参见"科学美"
数学创造　参见"数学发明"
数学发明　ii,11,26,81,82,86,87,88,89,94,97,98,171,179-197,211
数学归纳法　77,79,81,87,89,90,92-95,97,99,115
数学归纳原理　参见"数学归纳法"

范式　155
黎曼　85,104,105,107,121,124
价值　25,27,50,51,54,62,64,66,69,100,119,125,145,158,162,173,201,202,216,226,230,234,241,272
质量　118,204,211,227
质能关系式　50
德布罗意,L.　246
德布罗意,M.　246
德谟克利特　102
刘易斯　138
鲁本斯　246

十六画

泽利希　253
激进约定论　138
诺伊曼　111,112
操作论　100,211
朴素实在论　223,232
霍耳顿　207
整体论　137,262
卢瑟福　41,76
学术自由　57,309
穆勒　132,159
阈下的自我　90,190,191,193

十七画

迈尔　49,66
迈克耳逊　36,37,38,49,251
优先权　251,253

隐喻　114,136,173
隐定义　107,116,118,274

十八画

萨顿　ii
简单性　25,108,110,119,124,127,134,153,157,177,180,211,212,213,214,250,264,265,269,270
翻译　104,105,106,107,108,116,121,123,126,132,135,156,158
归纳（法）　132,133,135,142,158,218,258,263,264,272
归纳主义　100,133,270

十九画

证实　260
证伪　100,103,121,136
证伪主义　100
怀特　136
怀疑论　51,55,65,66,69,76,168
怀疑的经验论　214,215,217,219,241
罗素　26,32,78,80,81,82,83
罗巴切夫斯基　107,109,121
关系　95,96,122,123,124,126,137,141,144,145,146,147,155,156,162,169,174,209,210,225,226,228,230,234
关系实在论　144,147,151,169,207,210,227,228

二十一画

辩证实在论　262
镭　41,42,43,49,54,59,60,61,67,167

二十二画

听觉记忆　3
权力社会　v

二十三画

逻辑　26,27,77-92,130,157,267,271,274
逻辑主义　8,79,82,83,84,85,86,88
逻辑思维　140

逻辑经验论　参见"逻辑实证论"
逻辑实证论　24,137,276
逻辑简单性原则　259,262,264-265
体视镜世界观　231

二十四画

灵感　90,140,187,188,189,267
灵感思维　140

二十五画

让内　193,194

其他

n体问题　12,13,14
X射线　17,39,40,43,54,167,246

《理性的沉思》作者后记

> 应怜屐齿印苍苔,
> 小扣柴扉久不开。
> 春色满园关不住,
> 一枝红杏出墙来。
>
> ——游小园不值
> 宋·叶绍翁

19世纪和20世纪之交,是经典科学向现代科学转变的大变革时期。昂利·彭加勒就是这个伟大时代涌现出的一位伟大的科学家和哲学家。但是,由于众所周知的原因,彭加勒在苏联和中国的命运是够倒霉的。其原因在于,对这位在科学史和哲学史上占据着重要地位的人物,一般人对他的生平、工作和思想并不了解,而学术界又无人下苦功夫对他做严肃、认真、深入的研究,甚至缺乏起码的实事求是的态度,以致认为彭加勒是反动的哲学教授、神学家手下的有学问的帮办、破坏物理学革命的罪魁祸首。

其实,这是天大的误解和曲解。在本书中,我立足于彭加勒的原著,考察了彭加勒所处时代的科学和哲学状况,阅读了国外较多的研究文献,力图勾勒出彭加勒作为一个科学家和思想家,以及作为一个普通人的比较完整的形象,并尽可能地揭示出他的内心世界和精神气质，提出了一系列不同于传统观点的估价和看法。我自信自己的研究态度是实事求是的、严肃认真的。我也相信，每一位了解到一定丰度的事实的读者，都会根据自己的健全理智和独立思考，做出自己认为公正的判断。

我无意把本书写成为彭加勒"落实知识分子政策"的"平反材料"。要是如此，那也未免眼界太狭窄了。本书的着眼点在于，试图对彭加勒整个科学生涯中的"理性的沉思"再做一番"理性的沉思"，力图发掘这位"理性科学的活跃智囊"的思想精髓，并把那些真正的精神财富置于人类思想遗产的宝库，作为人类文化发展的一个有机组成部分。我希望我的努力成果能引起读者的兴趣，并激发学术界同仁继续探索的热情。不用说，我也希望它能启迪乐于追根求源的人在此基础上做进一步的"理性的沉思"，思考一些更根本的、更广泛的问题。

我从来也不敢妄言我的看法没有商榷的余地，但是我任何时候都敢担保我的观点并非信口开河、毫无根据。对于真正想把学术问题弄清楚的人，我欢迎他们商榷、批评、争鸣，而且我也乐于进行答辩和反批评。但是，我觉得，要真正争出学术名堂来，一要深入研究彭加勒的原著，二要全面了解世纪之交的科学的历史。对原著不屑一顾或懒得去读，对历史背景一团漆黑或一知半解，就海阔天空大发议论，这既不是一个郑重的马克思主义者应有的态度，也与真正的学术工作者的严谨学风格格不入。只有在详尽占有材料的基础上独立地进行思考，才能把学术问题的研究逐步向深入。

人之所以为人，就在于他会思考；智者之所以为智者，就在于他会独立思考。我的一位朋友、香港中文大学哲学系李天命博士讲得好："教育家的理想在于启发人的思考，野心家的梦想是要取代人的思考。……提着自己的风灯,照亮未知的旅途,这就叫独立思考。"

在学术研究中,独立思考的一个显著特征是从事实出发,以材料为本。它既不是仰赖权威的现成结论,也不是惟经典的个别字句是从。权威和经典只是启发他的思考,而不是取代他的思考。独立思考的这一特征,在恩格斯和列宁的下述言论中得到充分的揭示。恩格斯曾经一针见血地指出:"原则不是研究的出发点,而是它的最终结果;这些原则不是被应用于自然界和人类历史,而是从它们中抽象出来的;不是自然界和人类去适应原则,而是原则在适合于自然界和历史的情况下才是正确的。"列宁也有一段话深中肯綮:"现在必须弄清一个不容置辩的真理,就是马克思主义者必须考虑生动的实际生活,必须考虑现实的确切事实,而不应当抱住昨天的理论不放,……"可见,要独立思考,就要"不唯上,不唯书,只唯实"。要追求真理,就要诚心正意,不谋私利,不带偏见,不徇私情。马克思主义的灵魂是实事求是,唯物辩证法的核心是一切从实际出发、具体问题具体分析。遗憾的是,有人虽然这么喊,可并不打算这样做。撇开别的动因不谈,要这样做谈何容易!十年面壁,苦心孤诣,哪有照搬现成结论,凭空杜撰想象省力、方便?

敢于独立思考和善于独立思考,是作为一个现代人的重要标志之一。因此,我总是把马克思的下述名言作为自己的座右铭:"哲学研究的首要基础是勇敢的自由精神。"外在的学术自由固然很重要,但内心的自由——用爱因斯坦的话来说,这是大自然赋予每一个人的最宝贵的礼物——则主要(或完全)在于自己。为了保持内心的自由,我时时在提醒自己:切勿蹈袭,无需畏葸;用自己的大脑思考,靠自己的双腿走路。记得18年前,正当少壮气盛之时,我乘船由津市返长沙途经洞庭湖时,曾写了〈念奴娇·过洞庭〉一词。在这里,我愿

以此作为结束语,与志同道合者共勉:

洞庭春水,
浩荡荡、
亘古向称八百[①]。
尽蓄澧沅资湘汨[②],
欲与四海竞辉。
巨浪吞天,
惊涛击岸,
声威撼南国。
气象万千
神州赖以增色。

浪迹名山胜水,
津市泛舟,
思絮伴鸥飞。
玉鉴琼田[③]何足趣,
激流勇进堪佩。
毋怨骚墨,
舞笔弄文,

[①] 从古至今,均有"八百里洞庭"之说。
[②] 指澧水、沅江、资水、湘江、汨罗江。
[③] [宋]张孝祥〈念奴娇·过洞庭〉一词云:"洞庭青草,近中秋、更无一点风色。玉鉴琼田三万顷,著我扁舟一叶。素月分辉,明河共影,表里俱澄澈。悠然心会,妙处难与君说。"

妄嗟"谁与归"④。

革故鼎新,

莫堕昔人纸堆!

李醒民

1991年7月5日二改"作者后记"于北京保福寺

【作者附记】

本书是作者数个寒暑面壁的结果,完稿于1986年。在撰写前,上海一家出版社曾向作者当面约稿,拟列入《物理学思想史丛书》出版。正当作者践约准备向出版社交稿时,该丛书出版计划因故半途而废,作者辛苦数年的研究成果也随之"搁浅"了两年。1988年,《20世纪学者文库》编委会将书稿审毕,拟由北京一家出版社出版,该出版计划还未付诸实施即因故夭折,作者心血的结晶又一次"泡汤"。加之自80年代中期以来,学术著作的出版每况愈下,愿作"赔钱买卖"的出版社愈来愈少。作者既搞不到公款"补贴",又掏不起腰包"资助",书稿就这样一直拖了下来。假使我真的能捞一大把钱给出版社,我也觉得这样做似乎有点不妥。我感到大哲学家维特根斯坦的看法是有道理的:"首先我没有钱付给自己作品的出版。……其次,即使我能设法弄来钱,我也不想付给它,因为我认为,从社会的观

---

④ [宋]范仲淹〈岳阳楼记〉有:"嗟夫!予尝求古仁人之心,或异二者之为。何哉?不以物喜,不以已悲。居庙堂之高,则忧其民;处江湖之远,则忧其君。是进亦忧,退亦忧。然则何时而乐耶?其必曰:'先天下之忧而忧,后天下之乐而乐',欤!噫!惟斯人,吾谁与归?"

点看,迫使一本书以这种方式问世,不是正派的行为,我的工作是写书,而世界必须以正当的方式接受它。"

就这样,书稿一直拖了五年。其间的酸甜苦辣,惟有作者自己心里最清楚。近三年间,作者鉴于出版现状,早放弃了有关写大部头著作的计划,代之以研究一些感兴趣的问题,撰写论文在学术刊物发表,先后倒也有数十篇论文面世,博得了编者和读者的好评。但是,已完成的书稿总不能老锁在柜子里,让蠹鱼或老鼠的牙齿去"批判"。感谢辽宁教育出版社的领导和编辑,给作者的学术研究成果以面世的机会。我欣赏他们的战略眼光和广阔胸怀,钦佩他们高度的社会责任感以及促进学术发展、重视文化积累的职业良心。

在交稿前,作者又浏览了一下书稿。删去了原稿中的§3.5和§6.6节,对1988年7月已经改写过的"作者后记"又做了重新改写,其原因不言自明。趁此次出版之机,作者增补了"代自序",修改了个别字句,添加了若干新参考文献。此外,尽量维持原貌,一切照旧。

"寒雨连江夜入吴,平明送客楚山孤。洛阳亲友如相问,一片冰心在玉壶。"我愿以唐人王昌龄的〈芙蓉楼送辛渐〉一诗作结,再次表达对辽宁教育出版社的谢忱之意和铭感之心。是为作者附识。

(本"作者后记"原载李醒民:《理性的沉思——论彭加勒的科学思想和哲学思想》,沈阳:辽宁教育出版社,1992年10月第1版,第318-323页)